陳深名，李丹丹——編著

康熙盛治

清帝國的奠基者

創建盛世背後的危機與轉機

清朝歷史上的康熙皇帝如何開創清朝盛世，奠定帝國基礎？
對內政的大力改革、對外的積極征戰，
空前絕後的龐大江山又該交由誰來繼承？

本書深入談論康熙的生平與清朝國運的演變，
帶你細看清史的繁華與血淚。

目錄

目錄

盛世暗藏危機

附：康熙朝年表大事記

前言

　　浩浩五千年的中華歷史長河，湧現出了許多帝王，他們曾經烜赫一時，有的是歷史長河中的順風船，有的是中流石，有的似春汛，有的如冬凌，有的是與水俱下的泥沙，有的是順流而漂的朽木……總之，浩浩歷史千百載，滾滾紅塵萬古名，史海鉤沉，各領風騷，薪火相傳，承繼著悠久的中華歷史。

　　在中國，帝王是皇帝和君王統稱，是封建王朝最高的統治者，擁有至高無上的權力。在周朝之前，「帝」與「王」字義相近。而在秦朝以前，帝王是至尊君主，等同「天子」。自秦嬴政稱「皇帝」後，「王」與「皇」有了區別，「王」成為地位僅次天子而掌控一方之諸侯的稱呼了。

　　在中國歷史上，「皇帝」這個名稱是由秦嬴政最先確定的，也是他最先使用的。「皇帝」取「德兼三皇、功蓋五帝」之意。秦始皇建立了皇帝制度，並自稱第一個皇帝，稱為「始皇帝」。皇帝擁有法律制定權、行政決策權和軍事指揮權。自此，中國開始了長達兩千多年的封建皇帝制度。

　　中國從西元前 221 年秦始皇稱帝起，到 1911 年宣統帝退位止，在 2,131 年的時間裡，共產生了 230 位皇帝。第一個皇帝是秦始皇，最末皇帝是清朝宣統帝。其中在位時間最長的皇帝是清朝康熙帝，在位 61 年；在位時間最短的皇帝是明朝明光宗，在位僅 1 個月。當然，關於皇帝數量還存在多種說法。

　　這麼多帝王，我們細細思量他們在歷史上的價值和分量，還是有輕有重的。他們有的文韜武略兼備，建有蓋世奇功，開創了輝煌歷史，書寫了宏偉的英雄史詩，成為了民族的自豪，十分值得千古讚頌；有的奸猾狡詐，就是混世梟雄，糟蹋了乾坤歷史，留下了千古罵名永遠被人們

口誅筆伐；有的資質平平，沒有任何建樹，在歷史上黯淡無光，如過眼雲煙，不值一提……

但是，無論怎樣，帝王是中國古代中央政權的突出代表，是最高的當權者，是政府和社會的核心，享有最高的權力和榮譽。身為歷史的重要角色之一，帝王是當時左右和影響國家、民族命運的關鍵人物。因此，有人忠從，有人利用，有人豔羨，有人嫉妒，有人覬覦，有人怒斥。他們充滿了謎一般的神奇誘惑力，我們能夠從他們身上，集中感受到歷史的豐富內涵與時代的滄桑變化。特別是歷朝皇帝的賢愚仁暴、國運的興衰更迭、政治的清濁榮枯、民生的安樂艱辛，都能給後世以鏡鑑。至於帝王本人的成長修養、家庭的維繫安頓、處世的進退取予、行事的韜略謀斷等，我們都可以從中受到震撼，獲得巨大的啟示。

當然，這些帝王身為歷史傑出人物也難免具有歷史局限性，在他們身上也有許多封建、腐朽、落後、殘酷等糟粕，這些都需要廣大讀者揚棄。而我們在講述他們的人生事蹟時，綜合參考了大量史料，盡量挖掘他們優秀、積極、陽光、勵志的正能量。因此，我們取其精華，去其糟粕。這樣難免會出現掛一漏萬等現象，也請廣大讀者理解。

總之，我們主要以這些帝王的人生軌跡為線索，並以真實歷史事件貫穿，盡量避免冗長的對日常瑣事的敘述和演繹戲說，而是採用富於啟發性的歷史故事來傳達他們的人生與時代，尤其著重描寫他們所處時代的生活特徵和他們建功立業的艱難過程，以便廣大讀者產生共鳴並有所啟迪。

安定朝廷局勢

康熙早已站在殿前，一見鰲拜走來，便威武地喝道：「把鰲拜拿下！」

只聽得一陣腳步聲響，兩邊擁出一大群少年侍衛，一齊撲向鰲拜，有的抱腰，有的扯腿，有的撑手臂，霎時間扭打成一團。

鰲拜原是個武將，力大無比，又有武藝，但是畢竟年紀大了，手腳已不靈活，同時寡不敵眾，不一會兒就被眾少年掀翻在地，捆縛起來，關進大牢。

康熙立即下令，命眾親王和大臣調查和議定鰲拜的罪行。眾親王和大臣見十四歲的皇上這麼堅決果斷，而且不動聲色就拔掉了這個天大的禍根，自然不敢怠慢，只用十天工夫便把鰲拜專橫亂政的三十條大罪調查清楚，奏請皇上將他處死。

少年榮登皇位

順治十一年，也就是 1654 年，農曆三月十八日，愛新覺羅·玄燁生於北京紫禁城景仁宮，他是順治帝福臨的第三個兒子。玄燁的生母是佟妃。佟妃的祖先佟養真本來是遼東的漢人，後來隨兄弟佟養性投靠了努爾哈赤，被列入漢軍，並受命管理漢軍事務。後來佟養真戰死，由他的兒子佟圖賴承襲了職位，最後官至三等精奇尼哈番、太子太保。有了這樣的身分，佟妃才得以被選入宮中，並於一年後生下了玄燁。

由此可知，玄燁並非一個純粹的女真人後代，他的身上，至少流淌

著三個優秀民族——滿族、漢族、蒙古族的血液。儘管其母系已經加入了八旗，也算是滿族人，但從血統上看，他的漢族血統也是永遠抹殺不了的。

儘管母親的地位沒有使玄燁在眾皇子中占據優勢，但天資聰穎的他得到了最重要的一個人的寵愛，這個人就是孝莊太后。在玄燁出生之前，有一次，佟妃到慈寧宮向孝莊太后請安，孝莊太后知道她懷有身孕，就對近侍說：「我早先身懷福臨時，左右之人即曾看見我衣服大襟有龍盤旋，赤光燦爛，後來果然誕生聖子，統一寰區。如今佟妃也有這種祥徵，異日生子，必膺大福。」

這個說法很快在宮裡傳開了，據說玄燁出生時，整個皇宮上空都飄著異香，好久都不見散去，又有五色光氣充溢在宮內，就像太陽光一樣明亮。當時，宮人以及內侍看到之後，都大聲稱：「這真是奇瑞之兆。」

不過，佟妃沒能得到順治的寵愛，玄燁也並沒有因此受到父親的特別關照。和其他的皇子一樣，他剛一出生，就被抱出宮交給乳母餵養。後來，因為玄燁沒有出過痘，乳母受命帶著他到紫禁城西的一座偏宅居住，這裡後來被改稱為福佑寺。

玄燁生下來就很惹人喜愛，據《清實錄》記載：

天表奇偉，神采煥發，雙瞳日懸，隆準嶽立，耳大聲洪，循齊天縱。稍長，舉止端肅，志量恢宏。

這段話的意思是：玄燁長得儀表堂堂，精神煥發，兩隻眼睛就像太陽一像明亮，鼻子就像高山一樣挺拔，聲音洪亮。等長大幾歲以後，舉止端莊嚴肅，志向遠大，氣量寬宏。

本來老人就喜愛孩子，孝莊太后得到這麼一個可愛的孫子，自然是當作心肝寶貝。從她對玄燁的一些特殊關照的態度來看，她確實認為這個孩子將來是個當皇帝的材料，因此才會給予他最大的關懷。

孝莊太后不但對這個孫子的飲食起居時時過問，更是按照帝王的標準嚴格要求教導：「不管是吃飯、坐立、行走、說話，你都要按規矩來。就算你自己一個人獨處的時候，也不能放縱自己，如果讓我知道你有不合規矩的地方，我就要責罰你了。」而後，孝莊太后語重心長地告訴玄燁，「不要怪奶奶狠心，我這樣做，是為了使你將來能成就大業。」

自五歲開始，玄燁正式上學讀書。孝莊太后為了更好地培養他，特地派了自己最貼心的侍女蘇麻喇姑協助照看。蘇麻喇姑聰明乖巧，知書達理，並精通滿語，有她手把手教導，玄燁進步更快了。對祖母的教誨，玄燁後來回憶說：

朕自幼齡學步能言時，即奉聖祖母慈訓，凡飲食、動履、言語，皆有規度。雖平居獨處，亦教以罔敢越軼，少不然即加督過，賴是以克有成……朕自八歲世祖皇帝殯天，十歲慈和皇太后崩逝，藐茲沖齡，音容記憶不真，未獲盡孝，至今猶憾。藉聖祖母太皇太后鞠養教誨，以至成立。

清朝的皇子教育，在所有朝代中是最為嚴格的。五更時分，天還沒有亮，皇子們就要到上書房學習。每天的日程安排得非常緊張，不但要讀書，還要學習滿族的「根本」——騎射。當時，清朝的皇帝各個都擁有一身的好武藝，完全是得益於這種自幼的嚴格訓練。

在這種嚴格的教育下，玄燁的各方面都有很大進步。他天生聰慧，加上勤奮好學，虛心求教，很快就在眾皇子中脫穎而出。《清實錄》記載，他讀書一目十行，而且過目不忘，從五歲以後，好學不倦，從早上到半夜都手不釋卷。

對於中國傳統文化典籍，他幾乎都有涉獵，啟蒙讀物《三字經》《百家姓》《千字文》，儒家經典中的《大學》《中庸》《論語》《孟子》都是他學習的對象。他還給自己規定：每一段、每一篇，都要朗誦一百二十

遍，然後背誦一百二十遍，直到滾瓜爛熟、融會貫通。

所以史書說他：「自五齡後，好學不倦。」也正因為如此，他漸漸地從書中明白了許多為人處世和治理國家的道理，「幼齡讀書，即知酒色之可戒，小人之宜防，所以至老無恙」。又說，「朕自幼讀書，於古今道理，粗能通曉。」

玄燁終生保持著讀書不倦的習慣，從而也使他成為中國歷史上素養較高的帝王之一。孝莊太后還經常給玄燁講述祖先創業的歷史，激勵年幼的玄燁很早就樹立了作為一個明君治國安民的遠大志向。

《清史稿》記載：

聖祖合天弘運文武睿哲恭儉寬裕孝敬誠信中和功德大成仁皇帝，諱玄燁，世祖章皇帝第三子也。母孝康章皇后。順治十一年三月戊申，帝生於景仁宮。天表奇偉，隆準龍顏，舉止端肅。六齡時，嘗偕世祖皇二子福全、皇五子常寧問安宮中，世祖各問其志，皇二子以願為賢王對，帝奏云：「待長而效法皇父。」世祖皇帝遂屬意焉。

這段話講了玄燁少年時的一個故事：玄燁六歲那年的一天，他和哥哥福全、弟弟常寧一起去給父皇順治帝請安。順治把他們摟在懷裡，問他們長大以後願意做什麼樣的人。

那時常寧剛三歲，還不懂事，默然不知所云。而福全回答說：「願意做一個賢王。」

而玄燁則答：「長大了，我一切都跟著父皇學習，效法您的治國之道。」一個僅僅六歲的孩童，竟然能說出這樣的話來，令順治十分驚異。

兩年後，順治帝因患天花病重，臨終前遺命玄燁即位，這與順治帝看中了玄燁的非凡志向有很大關係。當然，更主要的是玄燁深受孝莊太后的寵愛，加上他已經出過了天花，有免疫力。結合多種因素，玄燁就以清王朝的第四位也是最傑出的一位帝王身分登上了歷史舞臺。

　　順治十八年，也就是 1661 年，正月初九，玄燁在祖母孝莊太皇太后的親自主持下即位。八歲的玄燁穿上了孝服，到順治帝靈前敬讀告文，接受詔命，然後換上禮服，到皇太后宮中行禮，親御太和殿，升上寶座，接受百官的朝賀，正式登基。之後，玄燁頒詔大赦，定順治帝諡號曰章皇帝，廟號世祖，改第二年為康熙元年。

　　「康熙」是安定太平的意思，這個年號展現了清朝統治者希望鞏固統治的意願，也反映了各族人民渴望和平富足的心聲。事實證明，玄燁的統治無愧於這兩個字，他開創了中國封建社會最後一個盛世──「康乾盛世」。

　　父皇的去世，使康熙和他的祖母、生母痛苦萬分，這無疑給他造成了巨大的心靈打擊和精神創傷。本來幼年喪父已經很不幸了，誰知父親剛去世兩年，玄燁又「痛喪母親」。兩年之間，父母雙亡，這對一個十歲的孩子來說，實在可憐，從此玄燁徹底成了一個孤兒。缺少了父母之愛的玄燁比他人更早地成熟，他對撫養他的乳母也一直懷有很深的感情。康熙晚年回憶說：

　　世祖章皇帝因朕幼年時未經出痘，令保母護視於紫禁城外，父母膝下，未得一日承歡，此朕六十年來抱憾之處。

　　從這裡可以看出，康熙對沒有得到父母的愛還是很傷感的。撫養玄燁最久的乳母，就是著名文學家曹雪芹的先祖曹璽之妻孫氏。孫氏不但如生母一樣照顧他，還充當了他的啟蒙老師。玄燁對這位乳母也特別尊敬，即位後，特地封曹璽為江寧織造，封孫氏為一品誥命夫人。而曹家也是漢軍，屬於內務府包衣旗人，表面上是奴僕，實際上是心腹。

　　玄燁有漢族的血統，又從漢人乳母那裡接受了最早的啟蒙教育，這對他後來重視漢族優秀文化，實行開明統治造成了重要的作用。

　　康熙皇帝八歲登基，十六歲親政，在位六十一年。

康熙是中國歷史上最著名的帝王之一，他不但是數百位帝王中在位時間最長的，也是其中最有成就者之一。他在位期間，真正鞏固了清朝全國的統治，實現了國家的統一，粉碎了各種分裂活動，抵抗外敵入侵，發展社會經濟，繁榮科技文化。

建立在政壇上的婚姻

順治帝臨終時遺命索尼、蘇克薩哈、遏必隆、鰲拜四位大臣輔政，他們為了表示同心協力輔佐幼主，還在順治帝的靈位前立下重誓，表示：竭盡忠誠，同生共死，不私親戚，不計怨仇，不結黨羽，不受賄賂，唯以忠心，仰報先皇大恩。可是，時間不長，他們四個人就出現了分歧。

四位輔臣中，索尼是正黃旗人，遏必隆和鰲拜是鑲黃旗人，蘇克薩哈為正白旗人。由於歷史的原因，兩黃旗與兩白旗之間，一直是對立局面。因此，隸屬於兩黃旗的索尼、遏必隆和鰲拜，與蘇克薩哈貌合神離，關係並不融洽。

索尼歷事太祖、太宗、世祖，是前三朝的元老，在四人當中資歷最深，居於首位，但他年老體衰，精力不濟，在朝廷中發揮的影響已大打折扣，受到很大的限制。

鰲拜年富力強，雖然排在末位，卻是一個很有權力慾又十分能幹的人。遏必隆與鰲拜同旗，他對鰲拜畢恭畢敬，事事都順從鰲拜。這樣一來，不願完全附和鰲拜的蘇克薩哈就處於被孤立的境地，儘管他已經與鰲拜結為兒女親家，但二人之間的矛盾卻日趨尖銳。

與四位輔臣聯盟不斷瓦解相伴隨，輔政體制的弊端，也逐漸地暴露

出來。由於玄燁年幼，孝莊太皇太后雖然是大政方針的最後決斷者，但輔臣有權直接處理一切政務，有權在題奏本章上面標寫處理意見，甚至代替皇帝寫硃批。而對此清朝又沒有一定的監督機制進行約束，所以輔臣們的所作所為，特別是鰲拜的專權行徑，逐漸構成對皇權的潛在威脅，愛新覺羅家族的江山受到很大的影響。

在這一歷史背景下，成婚對少年天子康熙帝來說，其意義就非同尋常了：一方面表明他已經成年，另一方面表明他可以決策國家的大事了，輔政大臣應該開始把權力移交給皇帝了。而且這時的康熙帝已經今非昔比，有了管理國家的能力，再加上孝莊太皇太后的輔佐，就更是如虎添翼。出於這樣的考慮，孝莊太皇太后急於讓幼孫儘早舉行大婚典禮，以便從根本上遏制鰲拜勢力的進一步發展。

而皇后的人選，孝莊太皇太后已經心中有數。身為母儀天下的皇后，負責主持後宮，其位置至關重要，誰當上了皇后，就意味著誰取得了除皇帝以外的最高權力和地位。因此，有條件的權臣親貴們，莫不望眼欲穿，莫不竭盡全力為自家女兒謀取這一榮譽而奔走。

當時康熙帝后位的競爭，主要是在索尼的孫女赫舍芮氏與遏必隆之女鈕祜祿氏之間進行。四位輔臣中的索尼，希望立自己的孫女為皇后，鰲拜、遏必隆以及蘇克薩哈則為另一派，他們堅決主張立遏必隆之女鈕祜祿氏為皇后。

對此，在宮廷鬥爭中成長起來的孝莊太皇太后權衡利弊，毅然決定立赫舍芮氏為后，同時將鈕祜祿氏也納入宮中，這一方面可以防止代表鑲黃旗的鰲拜集團勢力的進一步擴大，另一方面也可以拉攏正黃旗老臣索尼及其家族，分化兩黃旗，達到加強皇權的目的。

孝莊太皇太后的決定引起遏必隆與鰲拜的不滿，他們在得知消息後，立即入宮，加以阻撓，並在私下大發牢騷，表示不滿，但已無

濟於事。

康熙四年，也就是 1665 年，農曆九月初八，遵照祖母慈旨，康熙帝與赫舍芮氏在紫禁城的坤寧宮內舉行了大婚典禮。坤寧宮，是清代皇帝舉行大婚典禮的地方，順治帝福臨的大婚典禮，就曾在這裡舉行。

結婚是人生的一件大事，平民百姓結婚還要舉行一個結婚儀式，身為封建皇帝，其大婚的儀式就更要舉行，而且要辦得隆重，顯示出皇家的氣派。所以，大婚前夕，禮部做了周密的安排。

對於舉行合巹禮的地點，他們奏報孝莊太皇太后說，坤寧宮七間，「北座向南，本年均吉。即隔首間、次間，於五間之中間合巹吉」。孝莊太皇太后閱後下達懿旨：「中間合巹，因與神幔甚近，首間、次間雖然間隔，尚是中宮之正間內北炕，吉。兩旁間既非正間，均不可用。」於是，康熙帝同皇后便在祖母精心選定的房間內舉行了合巹禮。

康熙帝大婚，代表著他已經長大成人，再也不是一個沒有發言權的幼童，而是一位即將親政、總攬朝綱的年輕皇帝了。不久，他便開始直接處理政務，從而進一步加強了他與滿漢大臣之間的連繫，密切了他們之間的君臣關係。

設下巧計除掉鰲拜

康熙登基時，不過是一個八歲的孩子，即使他後來親政的時候也只有十六歲。因此，康熙的成長和爭取最高權力的過程是同時進行的。他的第一個強大對手，就是四大輔臣之一，有滿洲第一勇士之稱的鰲拜。

順治帝臨終前，親自從直屬皇帝的上三旗中選定了四名親信大臣輔

助嗣君，這四人分別是：正黃旗，內大臣索尼；正白旗，蘇克薩哈；鑲黃旗，遏必隆、鰲拜。這樣做，主要是為了防止再出現類似多爾袞專權跋扈、侵凌皇權的現象。

滿族宗室貴族還保留著很大的特權，特別是皇帝年幼的時候，國家政務都是由宗室諸王攝理。但是宗室諸王攝政權力過大，容易擅權越位，威脅統治秩序。順治帝親身領受過多爾袞的教訓，因此臨終時留下了自己最為親信而又非宗室的大臣，既能輔佐幼主，又不會有篡奪之禍。

然而，後來的事實表明，這種做法同樣有危險，如果不是孝莊太皇太后的果決和康熙的聰敏，清王朝仍舊無法避免一場殘酷的內訌。四大臣中，索尼、遏必隆、鰲拜，原來是清太宗皇太極舊部，跟隨皇太極南征北戰，戰功赫赫，備受信任。皇太極死後，他們忠心為主，一致擁立皇子福臨即位，粉碎了多爾袞和多鐸兄弟奪權的圖謀，給予了孝莊太后最大的支持。

順治初年，他們因為不肯追隨多爾袞而多次遭受打擊，直到順治八年順治帝親政才得以復職。他們是經過多年考驗的股肱之臣，因此，他們得到順治帝和孝莊太后的信任而迅速升遷。

索尼被晉升為一等伯，任內大臣，總管內務府；遏必隆襲封一等公，任議政大臣、領侍衛內大臣；鰲拜晉為二等公，任議政大臣、領侍衛內大臣。

而另外一位，則是原屬多爾袞心腹的蘇克薩哈。但在多爾袞死後，他率先揭發多爾袞的問題，因此得到了順治帝和孝莊太后的信任，被提升為鑲白旗護軍統領。正白旗直屬皇帝以後，蘇克薩哈晉二等公，任領侍衛內大臣。這樣一來，蘇克薩哈同樣是皇帝的心腹。

不過，任命他為輔政大臣，還有權力制衡的考慮。蘇克薩哈是正白旗的代表，如果輔政大臣中沒有正白旗的人，對於穩定大局是不利的。

但由於蘇克薩哈的特殊身分，以及多爾袞時代留下的正白旗和兩黃旗的積怨，也給後來埋下了禍根。

輔政初期，四大臣還本著協商一致的原則輔佐幼帝，幾年都相安無事。越到後來矛盾逐漸顯露出來，其禍首就是鰲拜。鰲拜是滿洲鑲黃旗人，姓瓜爾佳氏。他的叔叔費英東是最早追隨努爾哈赤起兵的人之一，被列入開國五大臣。鰲拜自幼弓馬嫻熟，長大後，跟隨皇太極四處征戰，立下了赫赫戰功。

崇德二年，也就是 1637 年，鰲拜參加皮島戰役。皮島守備森嚴，清軍久攻不下，鰲拜請求自己擔任先鋒，發誓說：「不得此島，誓不回來見皇上。」於是，他駕船橫渡海峽，直衝敵陣，大叫著奮力衝殺，一鼓作氣，登上城牆，打敗敵兵，攻克了皮島。皇太極對他更加欣賞，封他三等男爵，賜號「巴圖魯」，就是「勇士」的意思。

在清軍爭奪東北和入關的多次大戰中，鰲拜都立有大功。崇德六年的松錦會戰中，他用大清最不擅長的步兵戰敗了明軍的步軍營，取得首功。明總督洪承疇率十三萬大軍來援，鰲拜率先衝鋒陷陣，連打了五次勝仗。明軍潰敗，鰲拜奉命追殺，又獲全勝。

崇德八年，也就是 1643 年，鰲拜隨阿巴泰征明，入長城，圍北京，攻略至山東兗州、臨清而返。

順治元年，也就是 1644 年，清兵入關，考核群臣功績，鰲拜「以忠勤勠力，晉一等子」，隨親王阿濟格征湖北，打敗李自成起義軍，又隨豪格攻入四川，大敗張獻忠部，「斬獻忠於陣」。他生性勇猛，作戰奮不顧身，被稱為「第一巴圖魯」。

皇太極在位時，對鰲拜非常喜歡，引為心腹，而鰲拜對他也忠心耿耿。皇太極死後，在由誰繼位的問題上，索尼和鰲拜等正黃旗、鑲黃旗將領堅決維護皇太極一系的地位，頂住了多爾袞兄弟的威壓，最終推舉

皇太極第九子福臨繼位，是為順治帝。這樣一來，他就又擁戴有功，深受順治帝和孝莊太后的信任。因此，順治帝病逝，他才會被任命為四輔臣之一。

但是，由於鰲拜好勇鬥狠，為人專橫，便被排到了四人中最末一位。四大輔臣中，索尼的資格最老，威信最高，因此位於四輔臣之首，但年紀老邁。蘇克薩哈才幹超群，位列第二。遏必隆是開國五大臣額亦都之後，屢立戰功，與鰲拜交好，同為鑲黃旗。

鰲拜名列第四，但為人最為強悍，他見蘇克薩哈爵秩雖然低，班次竟居第二，僅次於索尼，一旦索尼死了，蘇克薩哈有可能依次遞補，代替索尼總攬啟奏和批紅大權。鰲拜對此耿耿於懷，兩人遇事爭吵不休，積怨成仇。鰲拜便利用黃白旗之間的矛盾，在三旗內部挑起爭端，藉以打擊蘇克薩哈。

鰲拜首先翻起了舊帳，他重新挑起多年前圈占北京附近田地時，多爾袞利用權勢造成的黃白旗之間的矛盾，要求重新圈換土地。這一提議得到了在多爾袞時代受到壓迫的兩黃旗大臣的支持，就連索尼和遏必隆也隨聲附和。鰲拜見有機可乘，便唆使兩黃旗的旗人向戶部呈文，要求把遵化、遷安等地的正白旗屯莊改撥鑲黃旗。

大學士、戶部尚書蘇納海認為，圈地時間已經過了二十多年，康熙三年朝廷已經下令禁止圈地，因此便奏請朝廷，駁回了鰲拜等人的換地之議。

蘇納海本身就是正白旗人，他的奏疏引起了鰲拜的憤怒。他發動黨羽，採取各種辦法誣陷蘇納海和直隸總督朱昌祚、直隸巡撫王登聯等反對換地的官員，將三人逮捕治罪。年僅十三歲的康熙沒有應允，鰲拜竟然假傳聖旨，捏造蘇納海三人「遷延藐旨」「妄行具奏」等罪名，把三人處以絞刑。

這個舉動震驚了朝野，弄得百官人心惶惶，人們都看到了鰲拜的專權跋扈，因此紛紛要求皇帝親政。在百官的推動下，索尼等在康熙六年，也就是 1667 年，農曆三月，奏請皇上親政。六月，索尼去世。七月初七，康熙親政。

到了這時，鰲拜本應該見好就收，但他自恃功高，加上索尼已死，無人能控制他，他根本就不把十四歲的皇帝放在眼裡，反而有恃無恐，妄圖攫取啟奏權和批理奏疏權，成為真正的宰相。

蘇克薩哈則是個明白人，他見皇帝已經親政，便不願與鰲拜同流合汙，堅決抵制鰲拜的卑劣行徑。鰲拜對他更加痛恨，必欲置之於死地。他見鰲拜的權勢很大，自己無法與之抗爭，便打算退出權力中心。在康熙親政的第六天，他就以身有重病為由，上書要求去守先皇帝的陵寢。他希望以自己隱退的舉動迫使鰲拜、遏必隆也一併辭職交權。

而鰲拜早就想對蘇克薩哈下手，在康熙雖然親政但還沒有掌握大權的時候，他決定藉此除掉蘇克薩哈。他抓住蘇克薩哈在要求去盛京守先帝陵寢上疏中「如線餘生得以生全」這句話，大做文章，以皇帝的口吻指責說：「……蘇克薩哈奏請守陵，說『如線餘生得以生全』，不知道受了什麼人的逼迫，在此何以不得生，守陵何以得生，這讓我很不解。著議政王貝勒大臣會議具奏。」

七月十七日，鰲拜操縱議政王大臣會議，給蘇克薩哈編造了「不欲歸政」等二十四款大罪，議定之後向皇帝奏報，稱蘇克薩哈存有異心，大逆不道，應將他與他的長子、內大臣查克旦都五馬分屍，其餘子孫，無論已到年齡未到年齡，都一律斬首。

康熙堅決不同意鰲拜的意見，但是鰲拜連日強奏，不達目的不肯罷休。最後康熙只把對蘇克薩哈從分解肢體的酷刑改為絞刑，其他都按其原議行刑。康熙剛親政就被鰲拜來了一個下馬威，他對這個權臣的跋扈

也看得更清楚了。但羽翼未豐，暫時還無法用強，他不得不隱忍待機。

鰲拜則認為康熙軟弱可欺，於是更加得意忘形，越來越肆無忌憚，他結黨營私、擅權亂政，把自己的兒子和親信安插在內大臣、大學士、六部尚書等重要位置上。

輔國公班布林善死心塌地地依附鰲拜，結黨營私，利用權力擅改票籤，決定擬罪、免罪，處心積慮地配合鰲拜殺害蘇克薩哈。由於幫助鰲拜排除異己有功，他被鰲拜提升為領侍衛內大臣、祕書院大學士。

正白旗副都統瑪邇賽更是個諂媚小人，深得鰲拜信任，被提拔為工部尚書。戶部尚書蘇納海被冤殺後，鰲拜企圖把自己的黨羽打入戶部，控制中央財政，便不顧其他人反對，援引順治年間曾設兩位滿洲尚書的舊例，迫使康熙同意將瑪邇賽補為戶部尚書，又任命其兼任正白旗蒙古都統。

瑪邇賽經常和另一位戶部尚書王弘祚發生衝突，班布林善就借戶部的一次過失，將王弘祚革職。康熙八年，也就是 1669 年，正月，瑪邇賽病死，鰲拜又逼迫康熙予以封諡，康熙沒有同意，鰲拜竟將他擅自諡為「忠敏」。

鰲拜的親友更是各個手握重權。他的弟弟穆里瑪擔任滿洲都統，康熙二年，也就是 1663 年，被授為靖西將軍，因為鎮壓起義軍李來亨部有功，升為阿思哈尼哈番。他的另一個弟弟巴哈，順治時任議政大臣、領侍衛內大臣，其子訥爾都娶順治之女為妻，被封和碩額附。鰲拜的兒子那摩佛擔任領侍衛內大臣，後襲封二等公，加太子少師銜。可以說鰲拜滿門顯貴。

經過長期的勾結，鰲拜排除異己，發展自己的勢力，已經結成了以自己為核心，以穆里瑪、塞木特納莫、班布林善、瑪邇賽、阿思哈、噶褚哈為骨乾的朋黨集團。他們互相勾結，操縱朝政。他們凡事在家與親

信議定後，才奏報施行，甚至經康熙批准的奏稿，也要帶回家去另議，商量對策，再作處理，根本是目無朝廷。

一面培植死黨，一面不擇手段地排斥異己。很多官員因為違背其意願，被鰲拜處死。朝廷之中人人自危，無人敢說「不」字，鰲拜已經到了權傾朝野的地步。對於不附從的官員，鰲拜無不加害。

費揚古是重要的開國功臣，一直與鰲拜不合，他的兒子倭赫及侍衛西住、折克圖、覺羅塞爾弼四人一同在御前值勤，對鰲拜並不敬畏。鰲拜為此懷恨在心，伺機加害。

康熙三年，也就是 1664 年，農曆四月，倭赫等在景山、瀛臺值勤，私騎御馬，又用御弓射鹿。鰲拜得知後，立刻以此為藉口將四人處死。並且還誣衊費揚古對皇上心懷怨望，就將他連同其子尼堪、薩哈連一同處以絞刑，幼子色黑流放寧古塔，還沒收了其全部家產，給了穆里瑪。

鰲拜專橫跋扈，朝野有目共睹，康熙更是十分反感。但他還是個少年，無威無勢，心裡惱怒，也無可奈何，只有隱忍下來。鰲拜總認為康熙不過是個乳臭未乾的孩子，根本不把他放在眼裡。他貪戀權柄，遲遲不願歸政，仍舊恣意妄為，大臣們也是敢怒不敢言。

這樣一來，鰲拜就成了康熙執掌朝政的第一塊也是最大的一塊絆腳石。因為鰲拜不是一個人，而是形成了一個勢力龐大的集團，不將其除掉，最高權力就會旁落，甚至有江山易主的危險。除掉他，對於一個剛剛懂事的孩子，可以說一點兒勝券都沒有。這個時候輕舉妄動，只能帶來禍患。

康熙穩重的性格幫助了他。他沒有急於爭權，而是盡量控制自己，不與鰲拜發生正面衝突，有時為了迷惑敵人，他故意順從鰲拜，給他造成柔弱無能的印象。這樣一來，鰲拜更不把他放在心上，始終認為他不過是個懦弱的孩子而已。

實際上，康熙早已在暗中開始準備了。他知道，要當成真正的皇帝，必須除掉鰲拜，除掉鰲拜，必須一次成功，要穩、準、狠，絕不能有任何閃失。所以，他不動聲色，讓鰲拜放鬆警惕。

康熙考慮到鰲拜是順治的重要大臣，多年以來他一直致力於網羅親信，宮廷內外多置耳目，公開緝拿他的話，可能會激起事端。因而首先應當尋找有利的時機，選擇適當的方式，這樣才能增加勝券。

為了迷惑鰲拜，康熙下令封賞輔臣，把遏必隆、鰲拜等所有二等公，授為一等公，鰲拜的二等公爵位，由他的兒子那摩佛承襲。康熙七年，也就是 1668 年，康熙又加封鰲拜為太師，其子那摩佛加封太子少師。

有一次，鰲拜大鬧金鑾殿後，謊說自己有病，一直不上朝。康熙明知鰲拜有病是假的，但為了穩住鰲拜，還是決定親自登門去看望他。

一天，康熙帶著幾名侍衛來到鰲拜家裡。在封建社會，皇上到大臣住處對該人臣來說是非常榮耀的一件事。鰲拜見康熙不但不怪罪自己，還親自前來看望，心中也有點兒不安。但他又想到，康熙這人年紀雖不大，心機卻不少，他的到來，不可不防。

鰲拜一邊想著點子，一邊在床上欠了欠身說：「我重病在身，不能迎接皇上，望皇上恕罪。」

康熙道：「你輔政多年，也很費心思，積勞成疾，希望你多多保重。」

君臣二人有不同的心思，沒有多少話好說。康熙說了一些安慰的話，準備起身回宮，忽然看見鰲拜一隻手伸到枕頭下，臉色有了變化。康熙有了警覺，剛要說話，就見一名御前侍衛急忙走到鰲拜床前，猛一下揭開鋪席，一把明晃晃的腰刀呈現在康熙面前。

康熙見到這種情況，吃了一驚。鰲拜臉色蠟黃，氣氛頓時緊張起

來。康熙鎮靜了一下，笑著說：「這有什麼大驚小怪的，刀不離身，身不離刀，是我們滿洲人的習慣嘛。」康熙的幾句話使氣氛緩和了下來。

過了不久，康熙親自頒布聖旨，封鰲拜為「一等公」。這使鰲拜更加驕傲。他想，孩子畢竟是孩子，總還是怕我。鰲拜哪裡知道，康熙正在制定祕密除掉他的計畫呢。

回到宮中，康熙就以下棋為名，經常召索額圖進宮。索額圖是四輔臣之一索尼的兒子，從小與康熙在一起遊玩，身體強壯，很有謀略。後來鰲拜專橫，侮辱了索尼很多次，因此索額圖早就懷恨在心，經常流露出對鰲拜的不滿。康熙要除鰲拜，首先想到了他。

這天，索額圖又來到皇宮，康熙笑吟吟地迎接他。不一會兒，侍從太監搬來凳子和小案子，案面上擺著一副象棋。他們分上下坐定，跳馬飛象，拚殺起來。

棋藝高超的康熙，今天不知怎麼了，特別性急，車馬炮長驅直入，逼近對方將城。而索額圖卻十分謹慎，步步為營。康熙幾次要提車「將軍」，都被索額圖的過河卒子解了圍，使康熙不得不轉攻為守，康熙稱讚他說：「好棋！好棋！」

索額圖謙遜地說：「奴才棋藝低劣，只好以卒頂車。」

康熙微笑道：「過河卒子能吃車馬炮，不可小看。」

「奴才正是這個意思。」

康熙眼睛一亮，點頭道：「與我的心意一樣。」於是，君臣二人暫時停止了比賽，商量起了對付鰲拜的辦法。

第二天，康熙從各王府挑選了幾十名年齡和自己差不多的親王子弟，在一起練習摔跤格鬥。鰲拜看見，以為是年輕的皇上貪玩，非常高興。過了些時候，這班小孩的拳術已練得非常熟練，和康熙的關係也越來越融洽。

一天，康熙把他們召集在一起，問：「鰲拜是武將出身，武藝高強。我和你們都是十多歲的少年，你們是怕我呢，還是怕鰲拜？」

少年們齊聲答道：「鰲拜有什麼可怕，我們只怕皇上。皇上讓我們幹什麼，我們就幹什麼。」

康熙見除掉鰲拜的時機成熟，很高興，心裡說：鰲拜馬上就要成為階下囚了。

康熙八年，也就是 1669 年，農曆五月十六日，鰲拜進宮奏事，皇上正在觀看少年侍衛練武，只見千來個人正在捉對練習，皇帝還在場外指指點點。康熙看見鰲拜來了，故意站起身走進場去，笑著誇獎這個勇敢，奚落那個功夫不到家。等到鰲拜走近他，他擺擺手說：「今天玩得痛快！有事先不要說，等我……」

鰲拜連忙說：「皇上，外廷有要事奏告。皇上下次再玩吧。」

康熙這才戀戀不捨地和鰲拜進殿去了。後來鰲拜看見皇帝玩的次數多了，以為皇帝年少好玩，也就不放在心上，反而暗暗高興，覺得自己更有機會獨斷專行了。

採取行動之前，康熙不露聲色地以各種名義將鰲拜親信派往外地，削弱他的力量，避免發生不測。一切準備就緒，勝券在握，康熙決定行動。這天，康熙藉著一件緊急公事，召鰲拜單獨進宮。鰲拜一點兒也不防備，騎著馬就大搖大擺地進宮來了。

康熙早已站在殿前，一見鰲拜走來，便威武地喝道：「把鰲拜拿下！」

只聽得一陣腳步聲響，兩邊擁出一大群少年侍衛，一齊撲向鰲拜，有的抱腰，有的扯腿，有的擰手臂，霎時間扭打成一團。

鰲拜原是個武將，力大無比，又有武藝，但是畢竟年紀大了，手腳已不靈便，同時寡不敵眾，不一會兒就被眾少年掀翻在地，捆縛起來，

關進大牢。

康熙立即下令，命眾親王和大臣調查和議定鰲拜的罪行。眾親王和大臣見十四歲的皇上這麼堅決果斷，而且不動聲色就拔掉了這個天大的禍根，自然不敢怠慢，只用十天工夫便把鰲拜專橫亂政的三十條大罪調查清楚，奏請皇上將他處死。

康熙考慮鰲拜過去有功，免了他的死罪，把他革職，長期拘禁。

逮捕鰲拜後，康熙沒有忘乎所以。他馬上進行了清剿鰲拜黨羽的行動，將其一網打盡。但在處理鰲拜一夥時，他沒有感情用事，而是為朝廷的大局著想，有力有度，既清除了鰲拜的勢力，又沒有影響大局的穩定。

輔政大臣遏必隆不但沒有造成輔政的作用，反而處處順服鰲拜，這次也被拿問。經過審訊，也以「不行糾核」「藐視皇上」獲罪，共二十一條罪行。議政王大臣會議提出應擬革職立絞，妻子為奴。康熙予以寬大處理，只革去了他太師及公爵的封號。

鰲拜黨羽眾多，如果斬盡殺絕，勢必給清王朝的統治帶來極大的動盪。康熙將首惡與脅從者分別對待，對於班布林善、阿思哈、噶褚哈、泰璧圖等核心成員，非殺不可的，都下令處死；對於那些諂附而無大惡的多數黨羽，如蘇爾馬、巴哈等人，都予以從輕處置，從寬免死。這樣一來，既懲戒了奸黨，也分化、瓦解了鰲拜集團的勢力，完滿地保證了大局的穩定。

年僅十六歲的康熙憑著他過人的聰敏、沉著、果敢和智慧，在最高權力頂峰的博弈中，施展了非凡的政治謀略，不但乾淨漂亮地清除了鰲拜這個不可一世的權臣，徹底清除了反對勢力，而且穩定了大局，真是難能可貴。

削奪八旗諸王權力

　　康熙親政之初，借鑑了歷史上的經驗教訓，在統治初期，加強了自己掌握權力的力度，嚴格控制官僚系統。當時，康熙面臨的主要是滿洲貴族勢力的阻礙。畢竟清朝是由滿族建立的，在最初的幾十年間，帶有濃厚的貴族色彩，君主權力受到一定程度的制約。

　　康熙通曉中國歷史，他知道，在幾千年的歷史中，強盛的時期，往往就是君主能操控全域性的時期。這些英明的君主，善於集權，也善於用權，集中力量辦大事，國家因此而富強。反言之，當權臣當道，官僚體制腐敗的時候，君主的實際權力被分散，被他人濫用，結果自然是政治腐敗，經濟衰退，王朝趨於沒落。

　　在康熙初政時，中央對康熙決策制約最大的，就是八旗諸王以及議政工大臣會議。議政王人臣會議是在努爾哈赤建立後金政權後所創的親信重臣與宗室貴族共議政體制的基礎上發展起來的。努爾哈赤起兵初期，指定五位大臣，理政聽訟，處理有關政務，被稱為「議政五大臣」，此外還有十位大臣佐理國事。

　　隨著諸子逐漸長大，也陸續成為專主一旗或專主若干牛錄的貝勒、臺吉，這些王子貝勒開始和五大臣共議國政。後金政權建立，形成了四大貝勒議政的制度，五大臣也漸被八大臣所代替。

　　天命七年，也就是 1622 年，努爾哈赤明確下令八位皇子為和碩貝勒，共議國政，第二年，又設八位大臣為副，籌劃軍事方案，審議軍事得失，就形成了議政王大臣會議的制度。

　　這八大貝勒和八位大臣，在很多事情上有決定權，不僅可以監督皇帝，甚至可以決定廢立。但對於其中的個人，又有制衡作用，有效地防

止了個人擅權和分裂行為發生。

皇太極即位，開始有計畫地削弱議政王大臣會議的權力。他採用明朝制度，陸續設立六部、理藩院、都察院及內三院等機構，取代了議政王大臣會議的一些職權。

多爾袞攝政時，大權獨攬，排斥、削奪諸王權勢，議政王大臣會議也被架空。順治親政後，為了共同對付多爾袞，又恢復了諸王的權勢，增加了議政王貝勒大臣的人數，如順治八年至十二年任命的議政大臣就多達三十多人。其權力也得到很大擴張，甚至敢直接否定皇帝旨意。史書稱之為「國議」，記載說：

清朝大事，諸王大臣僉議既定，雖至尊無如之何……六部事，俱議政王口定。

這個時候議政王大臣會議權力達到了頂峰。康熙初年，四大臣輔政，權勢超過了議政諸王。輔臣甚至能決定諸王升遷和繼承，所以諸王貝勒都唯命是從，有人甚至依附了鰲拜。鰲拜專權，在相當程度上就是透過控制議政王大臣會議實現的。康熙六年，也就是 1667 年，鰲拜就是透過議政王大臣會議處死輔政大臣蘇克薩哈的，儘管康熙強烈反對也無可奈何。

康熙深知這裡面的厲害，於是在剷除鰲拜集團之後，就開始整頓議政王大臣會議。他透過設立南書房、內閣等機構分散議政王大臣會議的職權，另外就是削減人數，削弱其實力。

康熙八年，也就是 1669 年，農曆八月，康熙就下令：

諸王貝勒之長史、閒散議政大臣，俱著停其議政權。以後凡會議時，諸王貝勒大臣，務須慎密，勿致洩漏。

此後又逐步地裁減議政王貝勒。

康熙十一年，也就是 1672 年，參加議政的宗室諸王有和碩康親王傑

書、和碩莊親王博果鐸、和碩安親王岳樂、多羅惠郡王博翁果諾、多羅溫郡王孟峨、掌宗人府多羅順承郡王勒爾錦、宗人府左宗正多羅貝勒察尼、多羅貝勒董額、多羅貝勒尚善等人。

十二月，康熙先後批准了和碩裕親王福全、和碩莊親王博果鐸、多羅惠郡王博翁果諾、多羅溫郡王孟峨辭去議政職務，解除了他們的議政之權。其他的議政王貝勒也紛紛疏辭，但康熙為了保持穩定，沒有批准。

第二年發生平西王吳三桂、靖南王耿精忠、平南王尚可喜的「三藩之亂」，八名諸王、貝勒被派出領軍，議政的人數減少，於是康熙再次命和碩裕親王福全、和碩莊親王博果鐸參與議政。

平定叛亂實際上是一次對領軍將領的真實考驗。很多王、貝勒養尊處優，缺乏指揮才幹，陸續受到懲處。康熙認為，其中只有少數人盡心王事，建功立業，大多數表現都不好，於是，命議政王大臣等舉太祖、太宗軍法，陸續「嚴行議罪」。

自康熙十六年也就是 1677 年農曆二月，至康熙二十一年也就是 1682 年農曆十二月，八名出征的王、貝勒中，有五名被削爵、罷議政、解宗人府職。這對滿洲貴族是一次較大打擊。

康熙二十年，也就是 1681 年，農曆八月，康熙又下令罷免了和碩莊親王博果鐸的議政權力。康熙二十四年，也就是 1685 年，農曆五月，因安親王岳樂隱瞞一外蒙古喇嘛，經宗人府等衙門議奏，革去其議政及掌宗人府事。康熙二十九年，也就是 1690 年，農曆十一月，因在烏蘭布通之戰的失誤，罷大將軍、裕親王福全和恭親王常寧的議政職權。

這樣一來，原有議政宗室王、貝勒中只剩下了康親王傑書一人。而傑書於康熙三十六年，也就是 1679 年死後，至康熙朝終，實際上已經沒有了議政王。所以以後只有議政大臣會議，而不再提議政王。

從議政王大臣會議到議政大臣會議的轉變，也是康熙削奪特權、集

中皇權的一個重要轉變。不只是人數和身分的變化，其議政方式也發生了根本變化。

議政大臣人數，由康熙根據需要，加以增減，大體限制在六部及理藩院滿尚書、都察院滿左都御史、領侍衛內大臣及八旗滿洲都統的範圍之內。議政模式，一般由皇帝決定該議之事，滿大學士於議政大臣會議傳達諭旨，令其議奏。議復返回後，大學士於皇帝御乾清門聽政時，面奏請旨，由皇帝最後裁決。這樣，康熙嚴格控制了會議的內容，使之成為自己掌握下的一個普通議政機構。

與此同時，康熙在其他方面也開始削弱諸王的特權。由於諸王都是八旗的旗主，有一定的實力。康熙既要維護八旗的戰鬥力，又要強化自己的直接控制，主要目標就放在了皇帝不能直接掌控的下五旗上。主要措施有：

一、嚴禁諸王府利用特權壟斷貿易。

八旗內部有濃厚的主奴關係，很多旗下奴僕經常打著主人的旗號，或受主人指使，招搖撞騙，為非作歹。

對這種情況，康熙採取嚴屬控制，他下令：凡有此類事件發生，「在原犯事處立斬示眾，該管官革職」，宗室公以上、王以下家人，則分別罰銀七百兩至一萬兩不等，交宗人府從重議處，其家務官都要革職；如果地方文武官不行查拿，也一律革職。

二、嚴禁諸王及旗下大臣勒索官員及干預地方事務。

滿族內主奴關係往往是終身的，即使朝廷任命旗下的人為高官，其對原來的旗主，仍然是奴僕。為了防止諸王、旗主用這種關係控制地方，擴張權勢，康熙下令要「嚴拿具奏，將主使之人究出，從重治罪」。

康熙十九年，也就是 1680 年，農曆十月，他下令吏、兵、刑三部會同都察院會議制定《旗下人出境幹求處分則例》，規定：「旗人私往外省

地方，藉端挾詐，囑託行私，犯擾小民等弊者，系平民，枷號三月，鞭一百；系官，革職，鞭一百，不准折贖。失察之佐領罰俸三月，驍騎校罰俸六月。其差遣家僕之人系閒人鞭一百，系官革職。差去之僕，枷號一月，鞭一百。」

三、議處犯罪諸王，削爵。

在平定「三藩之亂」期間，很多親王、貝勒表現不佳，有的觀望逗留，不思進取，有的干預公事，挾制地方官，只顧收取賄賂，還有人沿途大肆騷擾搜刮百姓。

康熙對此大為不滿，藉機削權。八位領軍親王、貝勒中，寧南靖寇大將軍順承郡王勒爾錦、揚威大將軍簡親王喇布、定西大將軍貝勒董鄂、安遠靖寇大將軍貝勒察尼及貝勒尚善五人被削爵，大將軍康親王傑書被罰俸一年，只有安親王岳樂、信郡王鄂札因為指揮有方立下戰功而受到獎賞。

四、重新制定宗室王公襲爵法。

清初為了優寵功臣，王以下、奉恩將軍以上之子，年至十五，一概予以封爵。後來康熙發現，隨著國家漸趨安定，那些襲爵的人根本沒有臨陣經驗，更談不上立功，輕輕鬆鬆就當上了王或者貝勒，養成了驕縱習氣。

康熙認為這種做法不但起不到激勵的作用，反而對於培養新的人才不利。他曾對岳樂說：「我看這些人當中絕少成才者……他們之所以能做上高官，不過是繼承祖父、父親的爵位，有一個立過戰功的嗎？在我們前輩中見過這樣的嗎？」

在康熙二十七年，也就是 1688 年，農曆二月，康熙命議政王、貝勒大臣等確議改革辦法，最後制定了新的襲爵制度：親王以下、奉恩將軍以上之子，年至二十，看他們文才、騎射出色的，列名引見，請旨授

封。唯親王以下、奉恩將軍以上有去世的，只批准一子襲爵，不用等到二十歲。

透過這個制度，康熙取消了宗室王公原有襲爵特權，將決定其襲封的權力收歸自己手中。

五、扶植兄弟、皇子，分其權勢。

相比於其他諸王、大臣，兄弟和皇子與皇帝的關係自然要親近得多，也可信任得多。為了進一步平抑諸王特權，康熙改變「軍功勳舊諸王」統兵征伐的慣例，委任皇親出征，如康熙二十九年、三十年征噶爾丹，都是以皇兄、皇弟、皇子為帥，藉此排斥了開國諸王子孫獨攬用兵之權的傳統。

到了晚年，康熙更是直接任命皇子管理旗務。康熙五十七年，也就是 1718 年，農曆十月，康熙指責各旗都統、副都統，有的出身微賤，當官後只顧享受，曠廢公務，因而指定皇七子淳郡王胤祐辦理正藍旗滿洲、蒙古、漢軍三旗旗務，皇十子敦郡王胤䄉辦理正黃旗滿洲、蒙古、漢軍三旗旗務，皇十二子貝子胤裪辦理正白旗滿洲、蒙古、漢軍三旗旗務。

康熙此舉大大削弱了旗主王、貝勒的權力，加強了皇室對軍隊的直接控制。枝葉過於茂盛，必然威脅到主幹，清初的幾次大動盪，都與此有關。對此，康熙看得很清楚，他說：「天下大權，當統於一……今天下大小事務，皆朕一人親理，無可旁貸。若將要務分任於人，則斷不可行，所以無論鉅細，朕必躬自斷制，早夜焦勞，而心血因之日耗也。」

康熙所要建立的，就是一個君主集權的政治體制，無論是什麼力量，只能受權於君主，而不能威脅皇權。這是保證天下安定，避免內部爭權奪利的一個大前提。

透過一系列措施，康熙削奪了八旗諸王的權力，實現了天下大權統於一身的君主專制，使得清朝的統治自他之後，皇權得到了真正的鞏固。

堅韌勤奮地自學

　　康熙十年，也就是 1671 年，內閣滿漢大學士，六部滿漢尚書，都察院、通政司、大理寺、詹事府等部院官員齊集太和殿，康熙帝首次經筵大典在這裡舉行。

　　殿中已設下御前書案和講官的講臺，當精心遴選的十餘名滿漢經筵講官向皇帝行完一跪三叩頭禮後，由講官王熙和熊賜履分別進講《大學》中的一章和《尚書》中「人心唯危，道心唯微」兩句後，然後賜宴群臣，儀式便算結束。自四月十日始日講開始，從此康熙帝的學習進入了一個新時期。

　　擔任康熙帝經筵及日講講官的官員是從內閣大學士、學士、六部尚書、侍郎及翰林院官員中挑選的。這些官員都通曉儒家經典和歷代史事，都把造就一代賢君明主當作崇高的目標和榮耀，不僅盡心盡力，講解明白曉暢，條理清晰，而且十分注重引導康熙帝以古來的著名賢君為榜樣，作育君德；並注意結合為政的實際，以古喻今，提高他處理政務的能力和水準。這種學習對康熙帝的作用是顯而易見的，因此激發了他充實自己的強烈渴望，他不僅要求講官打破隔日一講的舊制，且經常要求在經筵不開的假期也能進講。

　　康熙十二年二月，也就是 1673 年 3 月，他對講官們說：「朕聽政之暇，即於宮中披閱典籍，殊覺義理無窮，樂此不疲。向來隔日進講，朕心猶然未愜。」下令改變傳統的辦法，從此講官每天都要上課，使「日講」真正名副其實。

　　從那以後，一些慣例一再被打破，不分寒暑，不論忙閒，也不管是否舉行經筵開學，凡有時間都要上課。甚至他到外地巡視也要帶著講

官，隨時進講。康熙帝傾心向學，刻苦努力的精神不僅令講官們非常感動，甚至驚嘆，認為是古今帝王中無可匹敵。在康熙帝以後執政的數十年中，除了因重大齋戒典禮節慶、巡幸出征等事偶有暫停外，他都在繁忙的政務之餘孜孜不倦、持之以恆地進行著自己的學習。

他像一個歷盡艱辛，終於尋找到了熱望已久的寶藏的開發者，懷著激動的心情不遺餘力地在千古智慧的寶庫中搜求。這個長年馳騁在馬背上，在白山黑水、冰天雪地上一代代錘鍊出的民族的後代，已將祖先吃苦耐勞、堅韌勤奮的精神凝入他安邦定國的實踐中來。

從那以後，或在乾清宮，或在弘德殿，或在懋勤殿，康熙帝與日講官員度過了一個個晨昏寒暑。常常是每天天還沒有完全亮，康熙帝便召集群臣奏報政務，處理當天的國事。因此或在聽政之前，或在聽政之後開始當天的日講。

朝臣與講官披星戴月，風雨無阻，春夏天看東方日出，秋冬日隨夜幕隱退，星稀殿角，露溼庭階。康熙帝精神振奮，不憚勞苦聽政聽講，從無厭倦之態。

康熙十四年四月，也就是 1675 年 5 月，他對講官們說：「日講原期有益身心，加進學問。今止講官進講，朕不復講，則但循舊例，漸至日久將成故事，不唯於學問之道無益，亦非所以為法於後世也。自後進講時，講官講畢，朕仍復講，如此互相討論，方可有裨實學。」

其實在此之前的講學過程中，康熙帝早已不是僅只被動地聽講，而是經常與講官反覆研討、辨析，經常闡發自己的學習體會和思想。當時南方吳三桂等「三藩」已發動叛亂，戰火燃及半箇中國，康熙帝要處理的問題實在太多，便將固定的日講時間改為「乘間進講」，並從這時開始他每次都複述講官所講解的知識。

到了康熙十六年，也就是 1677 年，他已具備了相當高的教育程度和

理解能力，又把每次進講改為由他自己先講，然後由講官復講。由被動地接受到討論式的學習逐漸過渡到自學加輔導，明顯地看出康熙帝的進步迅速，而這不過只有短短的六年時間！

此間康熙帝還經常半夜起身，甚至通宵達旦披衣苦讀。幾年中，已將《大學》《中庸》《論語》《孟子》《尚書》《易經》《詩經》等儒家經典和《資治通鑑》等史書反覆研讀一遍。

康熙帝讀書的自覺性和動力來源他對儒家典籍有益身心、有資治道的深刻認知。他二十歲時，一次與講官們的對話就已經表現很清楚了。他說：「學問之道，在於實心研索，使視為故事，講畢即置之度外，是徒務虛名，於身心何益？朕於諸臣進講後，每再三細繹，即心有所得。尤必考證於人，務求道理明徹乃止。至德政之暇，無間寒暑，唯有讀書作字而已。」

他所謂作字，是指書法。康熙帝自小便養成了愛好書法的習慣，非常喜歡董其昌的行書，後又對米芾字產生了興趣，臨摹習仿，寫得一手遒勁有力、飄逸舒展的好字。說完上面的話後，康熙帝隨手寫了一行字，給講官們傳看。

接著說：「人君之學不在此，朕非專攻書法，但暇時遊情翰墨耳。」隨後他對講官熊賜履說，「朕觀爾等所撰講章，較張居正《直解》更為切要。」

熊賜履當即回答說：「臣等章句小儒，不過敷陳文義。至於明理會心，見諸日用，則在皇上自得之也。」

康熙帝對此頗為贊同，便進一步闡明自己的見解說：「講明道理，乃為學切要功夫。修己治人，方有主宰。若未明理，一切事務，於何取則？」且說，「學問之道，畢竟以正心為本。」

熊賜履見康熙帝有如此深刻的領悟，不由得稱讚說：「聖諭及此，得

千古聖學心傳矣。」

康熙帝說：「人心至靈，出入無鄉，一刻不親書冊，此心未免旁騖。朕在宮中手不釋卷，正為此也。」

隨後康熙帝潛心寫下了《讀書貴有恆論》一文，勉勵自己不自欺，切戒始勤而終惰，不能堅持長久。其中有言：「人之為學，非好之篤嗜之深，其勢必不能以持久！」準備「無論細旃廣廈，諷詠古訓，日與講臣共之。即至鑾車帳殿之間，罔廢圖史，尋味討論，弗敢畏其艱深而阻焉，弗敢騖於外物而遷焉，蓋初終如一日也」。

康熙帝確實是在用這些認知鞭策著自己，他也是這樣做的。他是一個帝王，知道自己享有至高無上的權力，用不著與自己的臣民在文化上一較高低。

他對自己約束和激勵並不完全出自興趣和天性。因為他知道自己是一個統治者，更清楚知道自己是一個被一個文化發達的大漢民族視為野蠻的「異族」的統治者，他的謙虛好學本身就是一種政治行為。

他要用自己行為和實際能力證明自己不僅是一個皇帝，還是一個稱職的皇帝，是一個超越前代諸多帝王的皇帝。

假如說幾十萬的滿族與幾千萬的漢民族在打天下、治天下的衝突中所需要的不僅是戰爭，同時也是競爭的話，康熙帝的祖先和前輩們已然贏得了戰爭的勝利。

當他成長為一個舉國矚目的君主後所面臨的問題已別無選擇，只有治天下這唯一的任務，他要完成的只有獲取人心，取得全國人民的認同。儘管他不能想像自己可以與圍繞在身邊那些飽學詩書、滿腹經綸的漢臣的「學問」相比，但卻可以透過接受中國數千年的傳統，滿足他們的願望，換取他們的信任，贏得他們的敬服。後來的事實表明，康熙帝的成功恰在於此。

　　康熙帝透過長期對儒家經典的研習和在為政的具體實踐中的應用，深深感受到儒家思想對其安邦定國有著非常重要的作用，這種作用已遠遠超出以其籠絡漢族地主階級士大夫的工具意義。

　　經過明末以來半個世紀的戰亂和激烈的階級矛盾與民族之間的衝突，人們望治心切，使儒家思想的中庸傾向、階級調和致治以禮的內涵在緩和矛盾、恢復秩序、制定政策等方面不僅有了理論根據，而且也正符合當時的社會實際。

　　正是依照儒家經典的精神主旨和社會的實際形勢，康熙帝迅速扭轉了四輔臣嚴苛殘酷的政風，逐漸轉向追求德治，崇尚寬仁，而這也成為他一生治國理政的基本調子。儘管他在晚年將此經驗教條化，為政失之寬縱，造成嚴重的政治腐敗，但清王朝能在嚴重的戰亂和尖銳的對立中走出困境，應該說仍只能歸功康熙帝的這一明智抉擇。

　　康熙十六年五月一天，儒臣進講完畢，康熙帝對他們說：「卿等每日起早進講，皆大德、土道，修、齊、治、平之理。朕孜孜向學，無非欲講明義理，以資治道。朕雖不明，虛心傾聽，尋繹玩味，甚有啟沃之益。雖為學不在多言，務期躬行實踐，非徒為口耳之資。然學問無窮，義理必須闡發。卿等以後進講，凡有所見，直陳無隱，以副朕孜孜向學之意。」

　　其實類似的話在他一生中說過無數次。之所以如此，已經明顯地反映出他對宋明以來諸儒對儒家思想的解釋所持的保留態度。儘管他一再倡導理學，但他似乎已感覺到那種對理、氣、心、性的繁冗解釋和攻訐駁辯不僅難以分清高下，即使被尊為所謂純儒的一些人多也只限於侈談。他反覆強調學問要有資治道，「務期躬行實踐」。

　　他在與臣下談到「理學」時說：「日用常行，無非此理。自有理學名目，而彼此辯論，朕見言行不相符者甚多矣。終日講理學，而所行之

事，全與其言悖謬，豈可謂之理學？若口雖不講，而行事皆與道理吻合，此即真理學也。」

康熙帝最需要的是治國的經驗和實際的效果。終其一生，他倡導理學，也出了一些所謂「理學名臣」，可在他眼中，並沒有幾個人是值得肯定的。他晚年時曾說：「理學之書，為立身根本，不可不學，不可不行。朕嘗潛心玩味，若以理學自任，必致執滯己見，所累者多。宋、明季世人好講理學，有流入於刑名者，有流入於佛老者。昔熊賜履自謂得道統之傳，其歿未久，即有人從而議其後矣。今又有自謂道統之傳者，彼此紛爭，與市井之人何異？凡人讀書，宜身體力行，空言無益也。」

從這既倡導又厭惡的情緒中，康熙帝表現出他完全是一個實用主義政治家而非理論家，儘管他對理學理論有很精深的研究。在康熙帝所讀過的無數典籍中，歷代史籍幾乎都有所涉獵，並作了很多批註。他非常注重研究歷代王朝興盛衰亡的經驗和教訓，從帝王品德好尚到君臣關係，從整肅朝政到吏治安民，從發展經濟到固興安邊都能引起他的高度重視。

比如，他對漢武帝、唐太宗等君主的治績多有讚譽，但對漢武帝信神仙方術，唐太宗以疑殺人卻不以為然，認為「惑己甚矣」；對漢文帝的善政，宋太祖微服了解吏治民情都深深敬服。

對許多帝王的品格治跡都有很中肯明智的看法，當他讀了魏徵上唐太宗《十思疏》後，不無感慨地評道：「人莫不慎於創業，怠於守成，故善始者未必善終。唯朝乾夕惕，不敢少自暇逸，乃可臻於上理。」

他對馮道歷官幾個朝代仍揚揚自得地自稱為「長樂老人」嗤之以鼻，說他「四維不張，於茲為甚」。但卻對馮道向唐明宗所說的「歷險則謹而無失，平路則逸而顛蹶」的話大為讚賞，總結說：「粵稽史冊，國家當蒙麻襲慶之後，率以豐亨豫大弛其兢業之心，漸致廢墜者往往有之，所以

古者聖賢每於持盈保泰之際三致意焉。

馮道以明宗喜有年而設譬以對，猶得古人遺意。雖道之生平不足比數，而其言固可採也。」

這種不因人廢言、清醒知警的態度，在康熙帝讀史書時是一念常存的。

在他年輕的時候就一直很注重歷代興亡的教訓，自漢代以後的宦官、外戚之禍，親王、權臣、武臣擅政都引起他的警覺，並在制度建設上予以充分的研究。尤其明朝亡國的教訓，他可以說是念念不忘，經常與臣下們談論，總是感慨不已。他深知：人主以一人臨御天下，自身的修養深繫天下安危。

他以歷史的經驗告誡自己，為政不能怠惰，不能感情用事，要善於了解情況，聽取臣下的意見。儘管一人高高在上，可以為所欲為，但偏激致誤、縱慾亡身乃至於亡國，歷史都提供了無數的先例。

事實證明，康熙帝從一個深宮誕育的皇子成長為一位非常有作為的君主，得益於讀書學習的「作育之功」甚多。也正是他深受數千年中原王朝治國經驗的薰陶，在他手中，清廷終於從馬上打天下的趄趄武夫姿態改變了形象，開始了以文治天下的輝煌歷程。

隨著治國經驗的增長和對文化典籍領悟能力的提高，康熙帝逐漸感到煩瑣儀式的日講不如自學來得實惠、自由。況且固定的學習程式和講解，既耽誤時間又妨礙處理政務。但他很尊重自己的那些師傅，很羨慕他們的學問，不願與他們分開。

在康熙二十五年，也就是 1686 年，他宣布停止日講之前，便已在九年前設立了南書房。從那時起，甚至可能更早，在乾清門內西側，面對乾清宮的那幾間低矮的小房，已成了皇帝和他的文學侍從也就是詞臣們經常研討學問、談文論政的永久場所。

　　他保持十五年的「業餘學校」生涯儘管已經畢業，可在他的寢宮中卻常常是燭光伴隨他的刻苦攻讀，有時直亮到天明。讀書已成為他皇帝生涯的重要組成部分，直到他的晚年仍堅持不懈。因此，他區別於以往帝王的一個重要成就不僅在於他有突出的文治武功，他還給後人留下一百數十萬字的著述。

　　勵精圖治，察吏安民；選賢任能，優禮良臣；安邊恤刑，武功文治；輕徭薄賦，賑災蠲免，事無鉅細，凡有益治國安邦均掛懷在心。在他心中展開的是一幅國家安泰、物阜民豐的宏圖。

　　在他龍飛鳳舞、筆力遒勁的文字中，透射出充分的安然和自信；而在他留下的一千多首詩和數十篇文賦中雖常有憂國憂民的思緒縈繞心頭，可胸懷廣闊的浪漫主義情操卻時時揚溢，慨嘆邊塞的遼遠蒼涼、瀚海無垠，寄志於大河奔流、山河壯闊，關情於草木鳴蟬、風雨明月。其詩作中，「既有金戈鐵馬之聲，又有流風迴雪之態」。

　　這個「馬背上的民族」後代，雖然仍牢記祖輩不忘騎射的遺訓卻已是深諳治國之道並且滿腹詩書。他雖然不乏祖輩堅忍雄健的馬背雄風和叱吒風雲的氣度，但卻已更具有遠邁先祖的文化素養和治理新世界的廣闊胸懷。祖先創業的那片黑土地上留下的只是令他追想的一連串神奇故事，可當他父親走進山海關的大門時，歷史便注定了他要有一個更博大的胸懷來面對這個廣闊遼遠的國度和生於斯、長於斯的似曾相識的世界。

　　他睜開雙眼，驚異地關注著每一絲新奇，貪婪地吸吮著中國文化中的營養，以至於令深恨「夷族入寇」、很難放棄「華夷之辨」傳統觀念的漢族士大夫也睜大了驚奇的雙眼，感到非同尋常。

　　康熙帝正是以這種突破祖輩狹隘換以寬容博大、相容並蓄的全新姿態確立了自己「明君」形象，終於使清王朝在國人心中贏得了「正統」認可。康熙帝還做了三件意味深長的事：宣《聖諭十六條》、中西曆法之

爭和御門聽政。雍正帝在雍正九年，也就是 1731 年，農曆十二月二十日，為聖祖仁皇帝實錄所作的序文中稱：「綱舉目張，庶司各修其職。」意即綱舉目張，才能治國安邦。所謂綱，就是敬天法祖、勤政愛民八個大字。

敬天法祖是形式，勤政愛民是內容，前者為手段，後者為目的。所謂目，就是為綱服務的具體施政方針和各項政策，既有綜合全域性的總政策，又有各個不同時期的個別政策，即目中有目。那麼，什麼是康熙朝勤政愛民的總政策呢？

康熙九年，也就是 1670 年，農曆十月九日，即康熙親政後第三年，他曾釋出《聖諭十六條》，代表他勤政總策略，並一生為之遵行，孜孜不倦。《聖諭十六條》，即究竟如何訓練、啟發、勸導以及怎樣責成內外文武各主管部門官員們督促率先舉行等事情，禮部須詳查典制，議定後報朝廷。

十六條的中心思想是重視思想文化教育，教育上去，其他問題就迎刃而解了。為此，康熙曾說過：政治所先，在崇文教。儲養之源，由於學校。重農桑以足衣食，意即是物質建設。隆學校以端士習，是精神建設。二者相結合，如此，則綱舉目張，由天下大亂走向天下大治。康熙做了六十一年的太平天子，與此不無關係。

採取御門聽政制度

康熙初年，由順治遺留下來的「四輔臣體制」大大削弱了皇權，這對康熙履行自己的職責，親掌朝政非常不利。為了盡快投身於國家事務

之中，年僅十四歲的康熙，在親政之初就採取御門聽政的方式，實現總攬朝政的目的。

在中國歷史上，真正能夠履行帝王權力的皇帝很少。而且歷史上經常發生宰相擅權、母後專政、外戚篡奪、宦官橫行、大臣結黨等威脅統治秩序的情況。

而清朝則很少發生這樣的事情，這與皇帝親自行使國家大權，不輕易假手於人有很大關係。清初，國家的體制還帶有很濃厚的貴族制色彩，滿洲貴族特別是宗室貴族在一些國家大事上有很大的決策權。經過皇太極、順治二朝，「四大貝勒體制」和「議政王大臣會議體制」受到了制約，皇權日漸加強。

但是康熙還是感覺到「四輔臣體制」使自己不能自行其是，處處受到約束，於是便採取「御門聽政」的制度。所謂御門聽政，就是皇帝親自到一定場所，聽取各部門大臣奏報情況，提出建議，與大學士、學士們一起討論，呈上摺本，釋出諭旨，對重要國事作出決定等活動。

由於最初康熙御門聽政的地點是離他住處最近的乾清門，因此才被稱為「御門聽政」。每月除了初五、十五、二十五的「常朝」在太和殿外，其餘時間都在乾清門。後來根據具體情況和季節變化，也經常在乾清宮東暖閣、懋勤殿、瀛臺、勤政殿、暢春園澹寧居、南苑東宮前殿等地舉行聽政。御門聽政時間一般都安排在早晨，因此又稱為「早朝」。

康熙勤勉為政，無論盛暑嚴寒，他都堅持親臨聽政，幾乎是六十一年如一日，從不中輟。康熙聽政不是圖形式，走過場，其認真的程度，就連大臣們都想像不到。對於各部送上來的奏章，他一定要親自御覽。

起初，很多官員認為皇帝肯定不會字字細讀，書寫經常疏忽。但康熙連錯字都能發現，並加以改正，翻譯得不通順的，他也親自加以刪改，令大臣們感到汗顏。

軍務緊急的時候，每天奏章有三四百件之多，通常情況下，也有四五十件，不論多少，康熙都要親自批覽。因為親自動手，他才能洞察其中的弊端，隨時加以糾正，這對於扭轉一些不良風氣造成了很大的作用。

透過御門親政，康熙抵制了鰲拜等權臣專斷朝政的圖謀，為剷除鰲拜創造了條件。鰲拜為了擴張權力，壟斷了朝廷大政的處理，他甚至將奏疏帶回家中，任意更改，並且結黨營私，阻塞皇帝和臣下溝通的渠道。但康熙透過親自聽政，突破了鰲拜的封鎖，和大臣們廣泛接觸，共商國是，對鰲拜等擅權自專的行為，也能及時發現和制止。

有一次，鰲拜擅自更改已經發抄的紅本，被大學士馮溥彈劾，康熙毫不留情地當眾批評了他，鰲拜心雖不甘，但在朝堂之上，也不敢公然對抗皇帝，而康熙也透過這些行動，逐漸樹立起自己的權威。

可以說，此時御門聽政是康熙親掌國政的練習，也是為剷除鰲拜進行的鋪墊。兩年以後，康熙不動聲色，舉手之間就除去了這個經營多年的龐大集團，如果沒有御門聽政所做的準備，是不可想像的。此後，康熙正式親自掌理國家大權，他不但沒有因為鰲拜的覆亡而掉以輕心，放鬆聽政，反而更加重視。

「三藩之亂」的時候，國事繁多而重大，軍情緊急，康熙透過御門聽政，充分汲取朝廷大臣的智慧，迅速而果決地處理一系列的事務。重任在肩，他不敢有絲毫放鬆，每天天還沒有亮就起床，天剛矇矇亮就開始聽政，用他自己的話說，「唯恐有怠政務，孜孜不倦」。

當然，康熙也對各部官員提出了嚴格的要求，他下詔：「令部院官員分班啟奏，偷情安逸，甚屬不合。以後滿漢大小官員，除有事故外，凡遇啟奏事宜，都要一同啟奏，我可以鑑其賢否；那些沒有啟奏事情的各衙門官員，也要每日黎明，齊集午門前，等到別人啟奏之後同時散去。

都察院堂官及科道官員，沒有啟奏事宜，也必須每日黎明齊集午門，查滿漢部員、官員有怠情規避者，即行題參。」

官員們為了避免耽誤早朝，往往在凌晨三四點就得起床，點著燈籠上朝。在皇帝的帶動下，官員們也都養成了未明即起的習慣，整個朝廷呈現出一種勤勉高效的氛圍。

平定「三藩」之後，緊急政務相對減少，但是康熙仍然堅持御門聽政，只是對時間作了調整。在京期間，康熙御門聽政堅持不輟，外出巡幸，也堅持處理政務，因此熱河避暑山莊和各處行宮，也都成了他召見臣下處理政務的場所。每逢康熙離開京城，各部院便將奏章集中送至內閣，由內閣派人專程轉送。

康熙如果住在南苑，就一天匯送一次或隔日匯送一次；如果遠行外地，就每三日送一次。每天清晨，各部院尚書、侍郎就要趕到聽政的地方，將本部日常事務上奏給康熙。有些問題康熙當時就作出決定，命令有關部門貫徹執行。遇到重要問題，康熙要當面詢問詳情，徵求各方意見，然後仔細調查，最後作決定。

從親政之日起，除了生病，三大節，重要祭祀之日以及宮中遭遇喪葬等變故，康熙不得不暫停御門聽政外，到他去世前五十多年時間裡，他幾乎沒有一天不堅持聽政。因此，雖然御門聽政並非康熙獨創的理政形式，但在中國歷史上，像他這樣將御門聽政定為常制，注重實效，數十年堅持不輟的皇帝，絕無僅有。

康熙利用御門聽政，解決了大量的實際問題，大大地提高了國家的管理品質和行政效率。康熙四十五年，也就是 1706 年，農曆四月十二日，大學士會同戶部奏上有關「錢價太賤，需要平抑」之事，康熙當即作出和糴收買，嚴厲懲處販錢抬價者。

同年十月，為拿獲販賣大錢人犯一事，刑部侍郎魯瑚與九門提督發

生爭執，在康熙聽政時面奏請旨。康熙讓二人充分述說理由後，嚴厲批評刑部悖謬，下令交給都察院處理。許多重要、機密的事，各部還要具本奏上，面奏完畢，由大學士商同處理。

在聽政的過程中，康熙盡量發揮大臣們的積極性，讓他們暢所欲言，甚至鼓勵互相爭論。經過爭論，有時康熙發覺自己的意見也並不完全正確，就虛心接受，改變自己的決定，採納臣下的意見。

有一次，九卿會議提出請皇上親臨河上，指授方略的要求，康熙開始斷然拒絕，並且宣告：「我屢次巡察途經河道，對治河工程非常清楚，有些地方雖然沒有去過，但從地圖上也早已十分熟悉，隨時可以定奪。我幾次南巡，發現走小路十分擾民，所以沒必要親自前往。」

但是九卿一再堅持，申明利弊，說皇帝不親臨指示，就不敢動工，工程也不能圓滿完成。康熙經過通盤考慮，終於同意親自前往檢視。

這場爭論整整進行了一年。九卿有的面奏，有的遞折，都直陳己見，大大提高了中樞決策的準確程度，收到了良好的效果。對於自己的正確意見，康熙還是勇於堅持的，這也是加強權威的一種展現。

康熙四十五年，也就是 1706 年，為治理黃、淮，在分工、籌款、官吏管理等諸方面，康熙與九卿存在很多分歧，並在御門聽政時進行了多次爭論。

九卿們提出：「河務重大，需要耗費鉅額資金，應該設立民間捐資的條例。」

康熙不同意，反覆勸諭，說現在國庫裡銀錢十分充足，如果不充足，怎麼能減免各省應納的錢糧呢？康熙還批評九卿不熟悉河務，指出：「我去年視察高家堰，見堤壩再不預先修治，一定會出大問題，就命令張鵬翮開工修治。但張鵬翮卻堅持說根本不會有事，一直拖著不辦。現在修河，應當以高家堰工程為重，如果高家堰潰決，那麼黃河也難保。」

康熙仔細耐心地分析利弊，終於說服了九卿，使得自己的意見得以順利貫徹執行。對許多朝中大事，康熙都親自過問。大學士請旨的，康熙每一件都要親自定奪，甚至一些看起來並不重要的事情，他也要關注。

有一次，大學士明珠捧折面奏請示戶部奏銷前一年湖南錢糧。康熙就問：「所奏錢糧數目是不是確切？」

明珠回答說：「我核對過，是相符的。」

康熙仍不放心地問：「戶部錢糧浩繁，很容易矇混，經常在銷算當中出問題，你們要傳我的話，要戶部務必嚴加清查，排除弊病隱患。如果不改，一定嚴加查辦！」經過康熙親自安排落實，解決了許多問題。

康熙二十五年，也就是 1686 年，農曆七月的一天，康熙處理翰林官外轉的奏章，詢問大學士的意見，明珠奏報說，可以依吏部所議。

康熙聽後很是不滿，他批評道：「這是你們顧及情面，現在的翰林官，有的不善書法，不能寫文章，不能讀斷史書，只知飲酒下棋，這樣的人一旦重用，使無才之人反受寵幸，怎麼去教育後人？一定要降謫一兩個人來警誡他們。」

於是，康熙當即指示大學士、學士帶著諭旨到翰林院、吏部去質詢。當天晚上，大學士們就回來彙報了吏部與翰林院的疏誤之處，加以改正。

透過這些做法，不但解決了不少實際問題，而且也掌握了各地、各部門的薄弱之處，對加強皇權，防止權臣擅政現象的發生造成了一定的作用。御門聽政時，康熙不只處理日常事務，而且還藉機考察官員，整頓吏治，並透過這種方式增進官員們同自己的感情連繫。

康熙首先將官員是否認真按時啟奏視為勤勉與否、賢良與否的重要標準。因而對朝奏時偷情安逸的官吏嚴加訓斥，對啟奏諸臣，他也時時要求他們要注意民生疾苦。他曾多次告誡身邊的官員，身為一方大吏，

所奏必須與國計民生相關。

康熙二十二年，也就是1683年，農曆二月初六，江西布政使石琳上奏本省要政時，多舉瑣碎事情，康熙嚴屬批評說：「你身為地方大吏，應舉有關民生利弊以及應該革除的大事奏告，怎能用這種瑣事來搪塞呢？」

對官員們的升轉任命，康熙很注意聽取大學士們的意見。每當吏部或九卿推薦官吏，康熙總是讓大學士們充分發表意見，以決定取捨。有時一時無法議定，便下令有關部院或九卿再作商議。

有一年，戶部侍郎、貴州按察使、浙江按察使、山東布政使等都出現缺員，吏部報上擬升轉名單，康熙並未指點，而是下令：「著以開列人員問九卿，各舉所知。」

對吏部所開山東等九省學政名單，康熙對學士們說：「直隸地區，我已點過；江南等地學臣緊要，這本摺子裡開列的人員我不大認識，請向九卿去問詢。」但是，對各部部議及大學士們票籤的錯誤，康熙卻絲毫不加遷就。

康熙曾經問大學士馬齊：「前代君王不接見諸臣，所以諸臣也見不到君王，君臣之間怎樣通氣呢？」

馬齊回答說：「明代皇帝向來無接見諸臣之例，即使接見，也不許說話。」

康熙慨嘆道：「為人君者若不面見諸臣，怎麼能處理政務呢？」

為了增進君臣之間的感情交流，康熙對各級官員，處處表示關心。他認為只有君臣經常在一起商討國是，才能上通下達，共同籌劃，避免前明君臣相隔、依賴宦官而至亡國的局面再度重演。

康熙經常透過詢問官員的家境來連繫感情。出於對他的感戴之情，不少臣下對工作盡職盡責，甚至勇於與他爭論。他對這種大臣總是十分讚許。

康熙對大臣們說：「你們都是議政大臣，應該各抒己見，直言不諱，即使有小差錯，我難道還會因議政而加罪於你們嗎？」因此，康熙在位期間，君臣關係一直非常融洽。各級官員普遍任勞任怨，對康熙也倍加愛戴。

康熙生病期間，暫停御門聽政，但是各部院官員仍然全部趕到左門請安，使康熙十分感動，他動情地說：「君臣誼均一體，分勢雖懸，而情意不隔。」

透過御門聽政，康熙對大臣們的「感情投資」得到了回報，大大增強了官員們的向心力，從而極大地強化了他的權力，使得他的統治得到了空前的鞏固。

御門聽政作為康熙長期堅持的處理政務的主要方式，對於清朝政局的健康發展，發揮了至關重要的作用。康熙充分利用御門聽政，使朝廷上下協調一致，克服困難，戰勝了一個又一個對手。

在平定「三藩之亂」的八年中，諸多情況下，都是康熙利用御門聽政及時地作出各種決定，並貫徹執行，從而取得了平叛戰爭的勝利。之後，康熙又抓住有利時機，在御門聽政時授任姚啟聖為福建總督、施琅為福建水師提督，終於順利收復臺灣，完成國家統一的大業。

開設讀書處南書房

康熙帝曾於內廷設立南書房。此制源於清初。清初從太祖努爾哈赤創業時起，以至諸王、貝勒，皆有書房，內設秀才若干，協助自己讀書，兼管文墨。皇太極即位後，將書房改稱文館，命儒臣入直，成為國

家正式機構。

所謂文館仍是書房，只是漢文譯法不同，將「書」改譯成「文」，將「房」改譯成「館」，文館比書房聽起來更文雅一點。為什麼國家正式機構仍稱書房呢？原來書房系後金汗的私屬機構，仍稱其舊名，即意味保留了該機構的私屬性質，以防止諸王專權。

當時八旗諸王、貝勒兼管六部，唯有文館和都察院不許兼管。天聰十年，也就是 1636 年，四月，皇太極改國號為清，改元崇德，同時改文館為內三院，即內翰林國史院、內翰林祕書院、內翰林弘文院，仍是屬於皇帝的內廷機構。

皇太極時期的書房、文館、內三院，都是抵制諸王、加強皇權的有力武器。清入關後，順治帝為加強自己的權力，亦欲重建內廷書房。順治十七年六月，順治帝命於景運門內建造直房，選翰林院官員分三班值宿，以備「不時召見顧問」。此即內廷書房之雛型。

康熙初年，內三院逐漸成為輔政大臣結黨營私、侵犯皇權的工具。因此，康熙剪除鰲拜之後，馬上廢除內三院，重建內閣和翰林院，並選擇翰林入直內廷，設立南書房。

南書房位於乾清宮斜對面，偏西向北，實即乾清門之右階下。乾清宮之西廡向東者為懋勤殿，殿南為批本處，「又南西出者為月華門，門之南為奏事房。轉南向北者為南書房」。據說這裡是康熙日日讀書處所。

也許康熙即帝位之前，順治帝曾命他在此課讀，但即帝位之後則以裝置較好的懋勤殿為書房，而將原書房改成「內廷詞臣直廬」。或因其位於皇帝新書房──懋勤殿之南，所以又有人稱南書房。

南書房設立時間，一般都說在康熙十六年，實際比這要早，大約在康熙十年前後。最早入直者為沈荃和勵杜訥二人。沈荃是江南華亭人，順治九年，也就是 1652 年，高中進士，授編修，後轉外吏，歷任大梁道

副使、直隸通薊道等職，康熙九年，也就是 1670 年，又坐事遭貶，降為浙江寧波同知，可謂坎坷多難。誰知否極泰來，時來運轉。

原來沈荃自幼酷愛書法，與明代大書法家董其昌同鄉，素學其字型，頗有幾分相似。正巧這時康熙帝正在尋求善書之人，欲學名家書法，得知沈荃之名，便不等他上任，特旨召對，「命作各體書」。一看果然不錯，「詔以原品內用。十年，授侍講，直南書房」。

後來，康熙對諸子講述自己的學習經歷，說：「及至十七八……更耽好筆墨，有翰林沈荃素學明時董其昌字型，曾教我書法。」康熙帝十七八歲，即康熙九年、十年，與沈荃內用、入直時間完全相符。

勵杜訥，直隸靜海諸生，亦以善書受知。他於康熙二年應選參與繕寫《世祖實錄》。

康熙帝訪求善書之人，杜訥亦被推薦內用。康熙十一年書成敘勞，授福建福寧州州同，「命留直南書房，食六品俸」。他於康熙二十九年遷侍講，改任外廷官光祿寺少卿。康熙四十二年，擢刑部侍郎，去世。

康熙四十四年初，當時康熙帝五次南巡，駐蹕靜海縣，降諭褒獎勵杜訥說：「原任刑部右侍郎勵杜訥，向在南書房，效力二十餘年，為人敬慎，積有勤勞」，雖然品級不及予諡之例，特賜諡號文恪。他於康熙二十九年之前，在南書房「效力二十餘年」，說明早在康熙十年前，他已經參與南書房的活動。

與以上二人幾乎同時入直南書房的，還有經筵日講起居注官、翰林院掌院學士熊賜履。高士奇後來在一份奏疏中列舉「前入直諸臣」，其中即提到熊賜履之名。康熙帝對他極為信任，頻繁召對，所談內容極為廣泛，凡國計民生、用人行政、弭盜治河、諸子百家，無不論及。

雖未見起草制誥的記載，但諮詢、顧問的作用非常明顯。

可見，南書房從其設立的初期階段，實際上已經發揮國家中樞機構

的作用。然而，康熙十三年，沈荃外擢國子監祭酒。康熙十四年，熊賜履升為內閣學士，並超授武英殿大學士兼刑部尚書；康熙十五年，他因事奪官，僑居江寧。至此，南書房只剩勵杜訥一人，急待補充。

早在康熙十二年春，他曾想增加南書房入直人員，並賜第內廷。他在御經筵時對學士們說：「朕欲得文學侍從之臣，朝夕置左右，唯經史講誦是職，給內廬居之，不令外事。」但是，不知何故，此事當時沒能實現，可能未選準人才，故拖延下來。

康熙十六年，平叛戰爭已度過最艱難的時期，進入決戰勝負的關鍵時刻，此時康熙學問日益長進，所以急需補充水準更高、才品兼優的儒臣入直南書房，並賜第內廷，以備隨時諮詢、應對。

康熙帝乃於十二月二十日御門聽政時，對大學士勒德洪、明珠說：「朕不時觀書寫字，近侍內並無博學善書者，以致講論不能應對。今欲於翰林內選擇博學善書者二員，常侍左右，講究文義。但伊等各供其職，若令仍住城外，則不時宣召，難以即全。著於城內撥給房屋，停其升轉，在內侍從幾年之後，酌量優用。再如高士奇等善書者，亦著選擇一二人，同伊等在內侍從。爾衙門滿漢大臣會議具奏。」

內閣大學士李霨、杜立德、馮溥等遵旨會同翰林院掌院學士，選送張英等翰林五員具奏。康熙經過將近一個月醞釀，至十月十八日，選定侍講學士張英在內供奉，食正四品俸。書寫之事，只令高士奇在內供奉，加內閣中書銜，食正六品俸。並傳諭二人：「在內供奉，當謹慎勤勞，後必優用，勿得干預外事。」

這時入直南書房的有張英、高士奇、勵杜訥三人，均於皇城之內賜第。張英、高士奇賜居西安門內，勵杜訥賜第厚載門。漢官賜第皇城之內自此始。此後賜第皇城者還有康熙二十年入直南書房的朱彝尊，賜宅在景山北黃瓦門東南。

　　自從張英、高士奇入直起，南書房發展到一個新階段。入直南書房的內廷翰林，不僅輔導皇帝讀書寫字、提升學業、時備顧問，還代擬諭旨、編輯典籍，使得南書房在交流民族文化、緩和民族矛盾方面也發揮了極為重大作用。

　　張英，字敦復，江南桐城人，康熙六年進士，選庶吉士。康熙十二年七月，以翰林院編修充日講起居注官，在皇帝身邊工作；入直南書房後，成了皇帝的親密顧問。他每天「辰而入，終戌而退」，即從早七時到晚九時都在南書房工作。史載：「退或復宣召，輟食趨宮門，慎密恪勤，上益器之。幸南苑及巡行四方，必以英從。一時制誥，多出其手。」皇帝稱讚他「供奉內廷，日侍左右，恪恭匪懈，勤慎可嘉」。

　　高士奇，字澹人，浙江錢塘人。最初因為家貧，徒步來京，鄉試落第，覓館為生，賣文自給，並書寫春聯、扇面，遍贈朝貴悍僕。後被大學士吏部尚書明珠發現，薦於內廷，授詹事府錄事。皇帝一見甚為滿意，特旨選入南書房，從事「書寫密諭及編輯講章、詩文」等事，甚至也參與起草詔書，自稱：「有時召餘至內殿草制，或月上乃歸。」

　　至於勵杜訥是否參與草制，未見明確記載。但禮親王代善的後代昭槤則認為幾乎所有詞臣都參與這一工作。他寫道：「本朝自仁廟建立南書房於乾清門右階下，揀擇詞臣才品兼優者充之，康熙中諭旨，皆其擬進。」這裡當然也會包括勵杜訥。

　　然而南書房並不撰擬一般性質詔旨，而只起草「特頒」之詔旨。它與內閣、議政處關係是：「章疏票擬，主之內閣。軍國機要，主之議政處。若特頒詔旨，由南書房翰林視草」，完全類似現代的機要祕書處。

　　繼張英、高士奇之後，康熙帝於十七年閏三月二十八日又「召翰林院掌院學士陳廷敬、侍讀學士葉方藹、侍讀王士禎入侍內廷」。此後至康熙二十七年之前，陸續入直的還有張玉書、孫在豐、朱彝尊、徐乾學、

王鴻緒、陳元龍、戴梓等人。

其中關於著名詩人王士禎入直南書房，還有一段小插曲。王士禎原為戶部郎中，由於張英等人的推薦，從部曹改為詞臣。張英盛讚士禎詩名，康熙亦大略知道情況，因召入懋勤殿，出題面試，令其賦詩。士禎詩思本遲滯，加以部曹小臣，乍者見天顏，戰慄不已，竟不能成一字。

張英萬分焦急忙代作詩草，撮為墨丸，私置案側，使士禎得以完卷。康熙帝見此光景，裝作不知，邊看卷，邊笑問張英：「人言王某詩為豐神妙悟，何以整潔殊似卿筆？」

張英掩飾說：「王某詩人之筆，定當勝臣多許。」皇帝亦未加深究，改王士禎為翰林侍講，遷侍讀，併入直南書房，「因之得置高位」。有清一代從部曹改詞臣者共六人，唯有王士禎得以入直南書房，由此可見康熙對儒臣的信任和優容。

康熙二十年平定「三藩」叛亂之後，南書房的主要工作轉入以修書為主。如浙江秀水布衣朱彝尊，博學鴻詞科中試，授檢討，於康熙二十年充任日講起居注官，入直南書房，其主要任務仍是講讀和修書，不經常直接參與政事，故其詩云：「講直華光殿，居移履道坊。……承恩還自哂，報國只文章。」

江南崑山人徐乾學，於康熙二十四年入直南書房之後，擢內閣學士，充《大清會典》《一統治》副總裁，教習庶吉士，與學士張英日侍左右，「凡著作之任，皆以屬之」。至康熙三十三年，也就是 1694 年，農曆五月，實行翰詹諸臣普遍輪流入直南書房之制。

康熙帝諭令禮部尚書兼翰林院掌院學士張英說：「翰林系文學親近之臣，向因日講，時時進見，可以察其言語舉止。近日進見稀少，講官侍班不過頃刻，豈能深悉？著將翰林院、詹事府、國子監官員，每日輪四員入直南書房，朕不時諮詢，可以知其人之能否，以備擢用。」

　　凡入直者，不論官職高低，亦不管原來是否為翰林院官員，均授以翰林職銜，稱南書房翰林。如內閣中書高士奇、食原品州同俸勵杜訥，入直數年之後，至康熙十九年五月，分別授為侍講和編修。王士禎則於入直之前改侍講、遷侍讀。浙江錢人戴梓以軍功入見，也是試「春日早朝」詩，授侍講之後，「與高士奇同直南書房」。

　　此後入直者「特賜進士」之例甚多，如史載「高郵賈國維，以工書侍內廷食俸，聖祖常以內翰林呼之，舉順天鄉試，以冒籍被劾，蒙恩賜覆會試，落第，又特賜進士，一體殿試，遂以第三人及第」；無錫杜雲川，以諸生迎聖祖駕於惠山，獻詞，蒙召見御舟，後被召至京入直南書房，命纂修《歷代詩餘》《詞譜》，參加康熙五十年鄉試及次年會試，「欽賜進士」。白衣入直者唯桐城方苞一人。

　　方苞以《南山集》案牽連入獄，因其文才素著，康熙帝於五十二年宥其罪，出獄隸漢軍，試過文才之後，「命以白衣入直南書房」，但不久又「移蒙養齋，編校樂律」。

　　清朝中央機構一般都是滿漢復職制，唯有南書房基本都是漢人。康熙後期始有個別滿人入直，如三十三年佟國綱次子法海中進士，改庶吉士，「命在南書房行走」。不僅人數微乎其微，且不占重要地位。

　　康熙與入直諸臣吟詩作畫，釣魚賞花，剖析經義，討論時政，無異同堂師友，感情極為融洽。他還向沈荃學習書法，沈亦悉心指教，「每侍聖祖書，下筆即指其弊，兼析其由」。康熙不僅不惱，反「深喜其忠益」。

　　直到沈荃離開南書房幾年以後，康熙仍然經常將其召入內殿，優禮有加，並將臨摹字型賜之，以求指正。其後沈荃子宗敬，以編修入直，康熙命作大小行楷，猶憶及往事，使內侍傳諭李光地說：「朕初學書，宗敬之父荃實侍，屢指陳得實，至今每作書，未嘗不思荃之勤也。」

　　康熙帝喜歡高士奇才智敏捷，「好學能文」，吟詩、書畫，無所不

能，凡出巡、狩獵必令同親近侍衛並馬扈從。高士奇也確能領會意圖，處事應對使皇帝滿意。

有一天皇帝狩獵時，因馬蹶險些墜地，心中有些不高興。高士奇聽到後，便故意把自己弄得滿身汙泥，「趨於侍側」。康熙很奇怪，問他何以弄得這般模樣。士奇謊答：「臣適落馬墜積潴中，衣未及浣也。」

康熙聽後大笑說，你們南人竟至如此懦弱，「適朕馬屢蹶，竟未墜騎也」。與之相比，自己仍不失為勇武之君，不快之感，頓然消失。

康熙帝於二十三年九月第一次南巡，一路由高士奇扈從陪伴，登攀泰山，觀閱河工，考察風土人情，遊覽名勝古蹟。二十四日，乘沙船至京口，次早登金山，游龍祥寺，登高遠眺，縱目千里，「題江天一覽四字，並賦二詩」。

據說康熙遊至龍祥寺，寺僧求賜額，正考慮未定，士奇送上一紙，上書「江天一覽」四字，康熙一見，正合心意，即蘸墨書寫，由於是觸景生情之作，筆鋒猶為剛勁有力。晚上登舟揚帆，順風飛進，一晝夜行三百六十里達蘇州。

康熙遊獅子林，見設計奇妙，非尋常蹊徑，連稱「真有趣」。後賜額也是採納士奇建議，去「有」字，書「真趣」。皇帝每天由士奇扈從遊覽，晚上亦由士奇陪同讀書，簡直達到時刻不可分離的程度。

據康熙親筆所書《南巡筆記》記載：「夜坐舟中與侍臣高士奇探論古今興廢之跡，或讀《尚書》《左傳》及先秦兩漢文數篇，或談《周易》，或賦一詩，每至漏下三十刻不倦，日以為常。」

第二次南巡是康熙二十八年正月，時士奇已因張行賄賂案牽連被解任。康熙仍令扈從，並直達士奇原籍杭州，親臨其家西溪山莊，御書「竹窗」榜額賜之。遊靈隱寺，寺僧跪求賜額。康熙提筆寫字，因誤將「靈」的雨字頭寫得過大，其下實在難以對仗。

正躊躇間，高士奇於手掌上寫「雲林」二字，在假裝磨墨時，邊磨邊側著手給皇帝瞄。康熙帝心領神會，趕緊在雨字頭下面彎了兩下，寫下了「雲林禪寺」四字。靈隱寺就這樣變成「雲林寺」了。

康熙帝對入直者，以師友之情，備加信任，不次擢用。張英入直不滿三年，即被指名提升為翰林院學士兼禮部侍郎，後晉禮部尚書兼翰林院掌院學士，仍管詹事府事；康熙三十八年，即致仕前兩年，又拜文華殿大學士兼禮部尚書、經筵講官，仍「總督南書房」。康熙稱讚他「始終敬慎，有古大臣風」。

康熙四十年張英致仕後，康熙南巡仍一再召見，詢問地方吏治。自張英之後，桐城張氏日益顯赫，「以科第世其家，四世皆為講官」，子孫五人入直南書房。其子廷玉曆事康熙、雍正、乾隆三朝，官至保和殿大學士兼吏部尚書、軍機大臣，總理事務，進三等伯，死後配享太廟。

勵杜訥以諸生受知，入直後加封博學宏詞科，授編修，遷侍講，轉外吏後歷任光祿寺少卿、宗人府府丞、左副都御史、刑部侍郎等職。自他發跡，「子孫繼起，四世皆入翰林」，三世入直南書房。其他入直者，亦有不少人成為達官顯貴。如陳廷敬、張玉書官至尚書、大學士，王士禎、徐乾學官至刑部尚書，王鴻緒官至左都御史，葉方藹官至刑部侍郎，孫在豐官至工部侍郎等等。

入直諸臣如有過失，康熙亦盡量加以保全。特別是大學士熊賜履，他於康熙十五年因票擬錯誤欲諉咎另一大學士杜立德，「改寫草簽，復私取嚼毀，失大臣體，革職」，僑居江寧。康熙帝念及他的才能及其對自己事業的傑出貢獻，第一次南巡至江寧，曾親切召見，御書「經義齋」匾額以賜。康熙二十七年六月，復起禮部尚書，仍直經筵，後調吏部。

康熙三十四年，其弟熊賜瓚以奏對欺飾下獄，御史藉機疏劾吏部選官以意高下，尚書熊賜履竊道學虛名，負恩溺職，請予嚴懲。都察院議

欲降三級呼叫。康熙不僅不問，並赦其弟賜瓚，更於康熙三十八年授熊賜履東閣大學士兼吏部尚書，充《聖訓》《實錄》《方略》《明史》等大型叢書總裁官。

康熙四十二年，熊賜履以年老乞休，溫旨許解機務，仍食俸，留京備顧問，「以示優眷」。康熙四十八年，去世，命禮部遣官視喪，賜銀千兩，贈太子太保，諡曰「文端」。康熙五十一年，猶憶及熊賜履講幄、輔弼之功，命吏部擢用其子，下令說：「原任大學士熊賜履，夙學老成，歷任多年。朕初立講官，熊賜履早夜唯勤，未嘗不以內聖外王之道，正心修身之本，直言講論，務得至理而後已。且品行清正，學問優長，身歿以後，朕屢加賜卹，至今猶軫於懷。原任大學士張英、張玉書，朕因眷念舊勞，擢用其子，熊賜履之子自應一例推恩，著調取來京，酌量錄用，以示不忘者舊之意。」後因其子年幼，「命俟年壯錄用」。

康熙二十七年，也就是 1688 年，法司逮問湖廣巡撫張汧，審問其貪汙行賄事，供詞涉及工部尚書陳廷敬、刑部尚書徐乾學、左都御史王鴻緒、少詹事高士奇。康熙帝聞報降諭，戒勿株連，僅依法處置張汧等審實人犯，其他「置弗問」。四人感到無顏出入禁廷，分別疏請致仕。

康熙見他（陳廷敬）留任有困難，便「准以原官解任」，但仍領修書事，「其修書總裁等項，著照舊管理」。並且，不到兩年，又於康熙二十九年二月重新起用陳廷敬為左都御史，七月，遷工部尚書，此後，歷任戶部尚書、吏部尚書、文淵閣大學士等職。至康熙四十九年十一月以耳請病假致之後，到第二年，復召入直辦事，康熙五十一年四月，卒於京師。康熙命皇三子率侍衛大臣奠酒，並御製輓詩，加祭一次，諡曰「文貞」。

高士奇等解職之後，也都保留修書副總裁、總裁等頭銜，照常出入禁廷。然而御史等仍攻擊不止。次年九月，左都御史郭琇再次專疏劾奏

高士奇、王鴻緒等「植黨營私」「奸貪壞法」等罪狀，「仰請皇上立賜罷譴，明正典刑」；御史許三禮連疏劾奏徐乾學與高士奇子女姻親相為表裡，透過科舉而「招搖納賄」諸弊，並引「五方寶物歸東海，萬國金珠貢澹人」之謠以證。

康熙對高士奇等人貪墨之事早有所聞，嘗對近侍說：「諸臣為秀才，皆徒步布素。一朝得位，便高軒駟馬，八騶擁護，皆何所來貲可細究乎！」因極力保全，不欲細究，故接到劾疏之後，僅令高士奇、王鴻緒等人「休致回籍」。

康熙對徐乾學更為優容，儘管許三禮列舉一系列貪贓枉法事實，人贓俱在，仍不處理，僅以給假省墓名義回籍。徐乾學等回籍之後，地方官員仍復吹求不已。江蘇巡撫鄭端，根據加派獲罪嘉定知縣聞在上招供，嘗以銀分饋徐乾學子徐樹敏及王鴻緒，便上疏劾乾學縱子行詐，鴻緒竟染贓銀，有玷大臣名節，「乞敕部嚴議」。

康熙覽奏，降諭制止說：「朕崇尚德教，蠲滌煩苛。凡大小臣工，咸思恩禮下逮，曲全始終；即因事放歸，仍令各安田裡。近見諸臣彼此傾軋，伐異黨同，私怨相尋，牽連報復；雖業已解職投閒，仍復吹求不已，株連逮於子弟，顛覆及於身家。朕總攬萬機，已三十年，此等情態，知之甚悉。媚嫉傾軋之害，歷代皆有，而明季為甚。公家之事，置若罔聞，而分樹黨援，飛誣排陷，迄無虛日。朕於此等背公誤國之人，深切痛恨。自今以往，內外大小諸臣，宜各端心術，盡蠲私忿，共矢公忠。倘仍執迷不悟，復蹈前非，朕將窮極根株，悉坐以朋黨之罪。」

這時，鴻緒等已被逮捕，等待審訊，因詔書下達而獲釋。康熙三十三年，康熙帝諭大學士等，舉長於文章文學超卓者，王熙、張玉書等薦徐乾學、王鴻緒、高士奇，命來京師修書。乾學已卒，遺書以所纂《一統志》進，詔復故官。

　　鴻緒至京，授工部尚書，充經筵講官。康熙四十七年，因保舉皇子胤禔為太子，均遭切責，以原品休致，但仍「原銜食俸」，在家修《明史》列傳部分，共二百零八卷。康熙五十四年，復召來京師修書，充《省方盛典》總裁官。雍正元年，也就是 1723 年，卒於京。

　　高士奇回到北京，仍留在南書房。康熙三十六年，允其歸家養母，特授詹事府詹事。後擢為禮部侍郎，以母老未就。康熙四十二年，康熙南巡，士奇迎駕淮安，陪同至杭州，及迴鑾，復從至京師，屢入對，賜予優渥。遣歸，卒於家。士奇等人因入直書房，與皇帝建立深厚友誼，雖得罪，仍受到保護和任用。

　　康熙曾向侍臣講，厚待士奇等人是由於他們對他治學有很大的幫助，說道：「朕初讀書，內監授以四子本經，作時文；得士奇，始知學問門徑。初見士奇得古人詩文，一覽即知其時代，心以為異，未幾，朕亦能之。士奇無戰陣功，而朕待之厚，以其裨朕學問者大也。」

平「三藩」定臺灣

金鑾殿正中的明黃雕龍寶座上坐著頭戴金頂皇冠，身著天子朝服的康熙皇帝。雖然這時康熙只有二十歲，長得不算魁偉，但目光炯炯，眉宇間透著一股英氣，給人一種英俊幹練的感覺。

康熙銳利的目光向眾大臣一掃，從容地說：「不久前已命令平南王撤藩，還未撤，現在又接到平西王和靖南王的上書，也要求一塊兒撤，不知大臣們對此有什麼看法？」

「平南王的藩鎮撤得，平西王和靖南王的藩鎮卻撤不得。」大臣索額圖說道。他由於在捉拿鰲拜的過程中立了功，現在已經是大學士了。

「為何撤不得？」康熙問道。

先發制人釋出撤藩令

在智擒鰲拜後，康熙收回了朝中大權，但他依然面臨著嚴峻的形勢，那就是「三藩」。所謂「三藩」，就是清初朝廷分封的三個異姓王：吳三桂、尚可喜、耿繼茂。吳三桂、尚可喜及耿繼茂的父親耿仲明都是降清的明朝將領。

順治年間，清朝利用原明朝的降將吳三桂、耿繼茂之子耿精忠、尚可喜等人消滅了李自成、張獻忠的農民起義軍和南明王朝之後，封吳三桂為平西王，鎮守雲貴；耿仲明及子耿繼茂死後，由孫子耿精忠襲爵為靖南王，鎮守福建；封尚可喜為平南王，鎮守廣東：當時並稱為「三

藩」。

朝廷這樣做表面上是獎勵功臣，實際上是防範功臣。吳三桂等人明白，之所以把他們封在遙遠的邊疆，是因為清王朝對手握重兵的漢人決不會真正信任。如果讓吳三桂仍回錦州，一旦吳三桂造反，很快就會打進北京，遠在雲南就好辦一些。這種考慮是很有遠見的。

康熙清除鰲拜的勢力後，十分重視國家的統一和權力的集中，又將「三藩」、河務及漕運三件大事，書寫成條幅懸於宮中柱上。其中將處理「三藩」，看成是治國安邦的頭等大事。

康熙即位之初，朝廷內部在討論是否撤藩的問題上，存在著不同意見。有的人畏懼「三藩」的力量，怕把他們惹急了反而有麻煩；還有的人認為「三藩」對建國有功，不宜撤除。

康熙透過學習歷史認為，「三藩」不能與宋初的開國功臣相比，而是屬於唐末的藩鎮之流，勢在必除。因此，康熙從鞏固君權的角度駁斥持不同意見的大臣：「天下大權，唯一人操之，不可旁落。……三藩撤亦反，不撤亦反，不若先發制之。」

「三藩」並建後，在南方形成了各據一方的態勢。到康熙初年，「三藩」勢力迅速膨脹，各擁重兵。尚、耿二藩，各擁有八旗兵十五佐領，約四千五百人，綠營兵約六千人；吳三桂原來在山海關外，擁有精兵四萬，投降清朝以後東征西討，四萬精兵損失大半，但他又收降了李自成、張獻忠的義軍殘部，這些都是身經百戰、勇敢善戰的部隊，此外在雲貴又不斷招兵買馬，擴充實力，此時兵力已達十餘萬人。「三藩」的軍隊多，糧餉開支巨大，出現了「天下財賦，半耗於『三藩』」的局面。「三藩」以邊疆未靖為藉口，向清廷要挾軍需，額餉必不可減。

首先是戶部向朝廷提出報告，說「三藩」的開銷，國庫已經負擔不起了，建議把「三藩」的滿洲兵通通調回北京，並裁去兩萬綠營兵。這

等於釜底抽薪，吳三桂當然不會同意，他不斷地挑起戰爭，屠殺苗、彝等少數民族，以此來抵制裁軍。

吳三桂自率兵入緬甸，抓回了南明永曆帝朱由榔而被封為親王後，更是勢眾權重。他控制的雲貴地區成了獨立王國；他任命的官吏、將領，吏部和兵部不得干涉；他使用的軍餉，戶部不得查核；他需要的人員可以從全國各地調，還可以委派部下親信到別的省裡去任職，稱之為「西選」，造成「西選之官滿天下」的局面。

吳三桂在昆明將朱由榔的桂王府改為藩王府，將明朝黔國公沐天波的七百頃莊田全部占為己有，改名為藩莊。他在雲南十餘年，常與西藏達賴喇嘛通使，每年透過西藏買進蒙古馬上萬匹。每天操練士兵馬隊，製造兵器，水陸要衝，都安排了心腹之人把守。

在京城，吳三桂還透過當了皇帝女婿的兒子吳應熊掌握了解朝廷的動靜；在雲南，他還強行圈占明代衛所軍田，將耕種這些田地的農民都變為他的佃戶，強行納租納稅。

吳三桂部下為虎作倀，搶劫殺人，無惡不作。又強迫平民做壯丁，不從者則被誣陷為逃犯。此外，還以放牧、狩獵等各種藉口，強徵土地，霸占老百姓的產業。

尚可喜、耿繼茂二藩，開始同駐廣州一城，所以廣州受害特別嚴重，他們創設了「總店」，徵收苛捐雜稅，每年所得的銀兩，不下數百萬。尚可喜還壟斷海上對外貿易，乘朝廷厲行海禁之時，指派部下大搞走私，其獲利難以估算，均入私囊。

耿精忠移駐福建後，效仿在廣州的做法，苛派伕役，勒索銀米。

「三藩」肆虐，不僅引起民眾的強烈不滿，而且與朝廷其他文武大臣之間的矛盾，也十分尖銳。但凡與藩王發生矛盾的，就要遭到迫害。

巡按四川的御史郝浴，因揭發吳三桂擁兵觀望、驕橫跋扈，卻反被

吳三桂誣為「欺妄冒功」，而流放戍邊了十八年。

御史楊素蘊劾奏吳三桂擅自補授官員，是「輕名器而褻國體」，主張「防微杜漸」「一切威福大權，俱宜稟自朝廷」。這下激怒了吳三桂，他抓住了「防微杜漸」這句話大做文章，歪曲是「意含隱射，語伏危機」，上疏質問。因當時吳三桂正在率兵追擊南明永曆帝朱由榔，朝廷不敢得罪他，只好處罰楊素蘊，罪名為「含糊巧飾」，降職使用。

清廷因為要依靠「三藩」平定和守衛南方的邊疆地區，因此對他們百般遷就。結果消滅了南明，穩定了南方的局勢，同時也釀成了「三藩」隱患。

隨著形勢的發展，清廷與「三藩」的矛盾日益尖銳。所以康熙清除鰲拜勢力後，日夜懸念的就是撤藩問題。他說：「生老病死是自然規律，我從來也不顧慮，只是天下大權，必須歸於一統。」因此他密令各部院，加緊進行整頓財政，籌措經費；加強訓練，提高京師八旗兵的戰鬥力等，做好應付撤藩的準備工作，等待時機。

到了康熙十二年，也就是 1673 年春，平南王尚可喜因為看到自己的兒子尚之信太過囂張，明哲保身，所以向康熙上疏請求回到遼東養老。同時，請求讓其子尚之信襲封王爵，繼續統兵鎮守廣東。

康熙接到了平南王尚可喜的奏摺，非常高興，認為這是千載難逢的良機！於三月十二日下令，一方面肯定尚可喜「欲歸遼東，情詞懇切，能知大體」；另一方面又以「廣東已經平定」為理由，以及不使尚可喜父子、官兵兄弟親族分離，撤退全部王下官兵家口歸遼東，其所屬左右兩營綠營官兵，仍留廣州，歸廣東提督管轄。

撤藩命令由欽差大臣於五月三日送到廣州。尚可喜對朝廷比較恭順，接到命令後，即陸續上報起程日期及家口、馬匹的具體數目等。

吳三桂與耿精忠得知尚可喜主動疏奏撤藩，受到很大的震動。為試

探朝廷的態度，便分別於七月三日和七月九日向朝廷呈送了要求撤藩的報告。

當時，吳三桂的謀士劉玄初說：「朝廷從很早以前就想撤藩，苦於沒有藉口，王爺這份奏書遞上去，豈不是給了朝廷撤藩的藉口？那撤藩是鐵定了，請王爺三思。」

而吳三桂卻自作聰明地說：「朝廷決不敢撤藩，我這樣做，只是為了使皇上放心罷了。」

康熙接到疏報後，立即降旨稱讚二王「請撤安插，恭謹可嘉」，並以雲南、福建已經徹底安定，同意將二藩撤離，令議政王大臣合議。

金鑾殿正中的明黃雕龍寶座上坐著頭戴金頂皇冠，身著天子朝服的康熙皇帝。雖然這時康熙只有二十歲，長得不算魁偉，但目光炯炯，眉宇間透著一股英氣，給人一種英俊幹練的感覺。

康熙銳利的目光向眾大臣一掃，從容地說：「不久前已命令平南王撤藩，還未撤，現在又接到平西王和靖南王的上書，也要求一塊兒撤，不知大臣們對此有什麼看法？」

「平南王的藩鎮撤得，平西王和靖南王的藩鎮卻撤不得。」大臣索額圖說道。他由於在捉拿鰲拜的過程中立了功，現在已經是大學士了。

「為何撤不得？」康熙問道。

「皇上您想，平西王吳三桂自鎮守雲南以來，雖說有些事兒做得過分了點，但地方上總算安定。現在如果撤藩，將他遣移，就不得不另外派兵把守。三位藩王加在一塊有幾十萬兵馬，如果一撤藩，士兵往返，勞師動眾，必然騷擾地方，空費錢財。再說，他們的上書並非出自真心，如果真要撤藩，難免引起不測。漢景帝削諸侯王的封地，導致『七國之亂』，這不能不引起我們的注意……」

兵部尚書明珠對索額圖的說法不以為然，他打斷索額圖的話說道：

「吳三桂鎮守雲南，圈占民田，搶掠人口，私開金礦鹽井，攫取暴利，搞得民不聊生，怨聲載道，哪裡談得上什麼安定？他恃功自傲，專橫跋扈，培植個人親信，用人吏部不能過問，甚至還向全國選派官吏，就是總督、巡撫這樣高的朝廷命官，還要聽他節制。朝廷也不能過問他花費的錢財，他願用多少就用多少。他用這些錢廣招兵馬，擴充勢力。他雖說名義上還隸屬朝廷，但實在與分裂割據沒什麼區別！另外兩藩也好不了多少，他們互相串通，根本就沒把朝廷放在心上。所有這些，各位大臣都是有目共睹的。所以，皇上應該當機立斷，借他們要求撤藩的機會，將他們帶領的軍隊全部調往山海關以外，以免生出禍患！」

聽了明珠的一席話，大臣們紛紛議論。一時間，眾大臣分為兩派：有的同意明珠的意見，要求撤藩；有的附和索額圖，不同意撤藩。爭來爭去，大部分大臣由於懼怕吳三桂的威勢，怕引來麻煩，慢慢地都倒向了索額圖一邊。

康熙一直耐心地聽著，他見再爭論下去也不會有什麼結果，就揮了揮手說：「兵部尚書等人的意見很有道理。『三藩』各據一方，現已造成尾大不掉的局面，不可不撤。朕親政後，見『三藩』勢力越來越大，時刻憂慮。既然三位藩王主動請求撤藩，這再好不過，我們正可順水推舟……」

康熙說到這裡，看了一眼索額圖，又接著說：「大學士怕撤藩引起不測，這也不是沒有道理，朕也曾考慮過。歷史上的漢景帝聽從大臣晁錯的建議，削減諸侯的土地，引起了七個諸侯的叛亂。其實，漢景帝和晁錯都沒有什麼不對的地方，相反，應該說是很英明的。因為當時的諸侯存心造反，削地反，不削地也會反。可惜漢景帝一時糊塗殺了晁錯！要論前車之鑑，唐玄宗姑息遷就邊將安祿山，導致『安史之亂』、藩鎮割據，那才是真正的教訓。現在的局面，和漢景帝時非常相像，撤

藩也反，不撤藩也會反。與其讓他日後羽毛豐滿時反，還不如讓他現在就反。」

大臣們靜靜地聽著康熙的話，感到很有道理，不住地點頭稱是。於是，康熙下詔撤藩，並分別派大臣前往各藩鎮傳達詔命。

平西王吳三桂根本沒把上書請求撤藩當作一回事，仍舊每天在藩王府對酒當歌，尋歡作樂。吳三桂自恃功高，料想朝廷不會把他怎樣，即使撤掉其他兩藩，也不會撤到他頭上。他之所以上書請求撤藩，不過是做樣子，試探一下朝廷對他的態度。

這天，吳三桂正在藩王府欣賞由四十個歌伎表演的歌舞，忽然聽到禮部侍郎折爾肯、翰林院學士傅達禮前來宣詔。

吳三桂懶洋洋地回到府中，設香案跪接聖旨。等折爾肯把撤藩的詔書宣完，吳三桂不禁倒吸了一口冷氣，就像當頭捱了一悶棍，只覺得腦袋嗡嗡直響，竟忘了還要謝恩。

吳三桂派人安置好兩位宣詔的大臣後，就急忙請手下的幾位得力大將吳應麒、吳國貴、馬寶、夏國相、胡國柱等人來藩王府商量對策。

吳三桂剛把康熙的詔書唸完，都統吳應麒就叫道：「王爺，您看這詔書上說的都是些啥玩意兒？這分明是譏諷王爺……」

「我請個屁？！」還沒等吳應麒說完，吳三桂皺了皺眉，憤憤地罵道，「我請求撤藩，不過是裝裝樣子，沒想到給他個毛驢他就當馬騎。」

「這藩萬萬撤不得！如果一撤藩，離開我們多年經營的地盤，無兵無權，那還不是任人擺布？」吳三桂的女婿、都統夏國相說道。

「說得有理！」中營總兵馬寶接著說，「現在天下已經平定，皇上哪裡還用得著我們？所謂撤藩，不過是調虎離山之計。常言說得好：『虎落平陽遭犬欺。』我們一旦離開根基之地，只有等死。就是不死，也沒我們的好果子吃。與其束手被擒，還不如趁此反了吧！反去北京，也讓膽

大妄為的皇上嘗嘗咱王爺的厲害！」

「反了吧！反了吧，王爺！」幾位大將一起吼道。

「反，反，你們當我不想反！狗急了還跳牆呢，何況我吳三桂征南闖北、打敗過李自成、絞殺過南明永曆帝……」吳三桂說得激動，臉膛漲得發紫，像煮得半熟的豬肝一樣。他半躺在雕花鑲背的太師椅上喘著粗氣，稍微平靜了一下，說道：「皇上雖說年輕，但也不是三歲小兒……」

「怕他怎的？打仗在於將帥，也不在於一個皇上！」都統胡國柱說。

都統吳國貴接著道：「現在朝廷上下，老將死的死了，亡的亡了，剩下的不是乳臭未乾，就是懦弱無能，沒有一個是王爺的對手。王爺手下精兵數萬，糧草充足，彈藥齊備，只要王爺把反旗這麼一樹，平南、靖南二藩自然響應不說，就是其他邊將舊部也會群起響應。」

吳國貴的幾句話給在場的每個人都打足了氣，他們都來了精神，吵吵嚷嚷地說：「現在不反，還要等到什麼時候？！」

在部將的鼓動下，吳三桂認為自己勢力足夠強大，決定起兵謀反。吳三桂叛亂的消息傳到北京。太和殿內，大臣們吵吵嚷嚷，失去了往日的鎮靜和謙恭。

索額圖兩眼看著康熙道：「皇上，恕臣直言，當初就該聽奴才的話，不該急急躁躁地撤藩……」

「反都反了，還說什麼撤不撤？！」不知哪位大臣冒了一句。

索額圖沒去管他，繼續說道：「事到如今，也只有一個法兒……」「只有派兵平叛！」明珠接過話說。

索額圖「哼」了一聲：「照你的話辦，總沒好事。」

康熙平靜地問：「那麼，照你的意思，又該如何？」

索額圖說：「只有誅首倡撤藩之人，取消撤藩令，安撫吳三桂，方可無事。」

明珠等人聽索額圖請求康熙誅殺自己，嚇了一跳，心中叫苦不迭，他們不由自主地一齊跪下道：「臣等死罪，請皇上發落！」

康熙和藹地說道：「起來，都起來。這從何說起？各位雖是首倡撤藩之人，但撤藩一直是朕的主張，今日豈能因為吳三桂反叛，就歸罪於你們。如果說撤藩有過錯的話，那也在於朕一人。」

明珠等人叩頭謝恩而起。索額圖急忙趨前一步說：「皇上……」

康熙擺手道：「當年七國反叛漢廷，漢景帝殺了晁錯，但反叛並沒有因此而停止，反而鑄成了大錯。朕就是再糊塗，也不會做出這等誤國誤民的糊塗事來！」

索額圖囁嚅著退到一邊。這時，另一個大臣說道：「我皇聖明！逆賊吳三桂不念我朝之恩，上背天時，下違人情，公然反叛，皇上理應派兵討伐！」

康熙點點頭，用深邃的目光掃視了一下群臣，最後把目光落在索額圖身上，緩緩地問道：「大學士還有什麼話要說嗎？」

索額圖很了解康熙的脾氣，他見皇上主意已定，就低頭說：「奴才謹遵聖命！」

康熙毅然地說：「為維護我大清帝國的一統帝業，藩不可不撤，而今，逆賊反了，也不可不伐。討伐逆賊，朕意已決！」康熙說完，把一隻拳頭重重地砸在御案上。

群臣齊聲讚道：「我皇聖明！」隨後，康熙下達了武裝平叛的命令。康熙作出這個決定，雖然顯得操之過急，如果先撤二藩，使吳三桂失去援手，同時在策略要地部署軍隊，戰爭的形勢可能改觀，不至於曠日持久，生靈塗炭；但從另一方面也表現出他決心不可動搖，處事果斷。

吳三桂表面上對朝廷使臣很尊重，表示於十一月二十四日啟程遷移，背地裡加緊進行謀叛的準備，派遣心腹將領扼守關隘，控制人

員出入。

十一月二十一日，吳三桂集合部下官兵，當眾殺害了拒絕從叛的雲南巡撫朱國治等，扣留了朝廷使臣折爾肯、傅達禮，自稱天下都招討兵馬大元帥，蓄髮換服，旗幟皆用白色，以明年為「周王元年」，併發檄文於全國，聲稱為明室復仇才起兵反清。

雖然吳三桂擁有雄厚的軍事實力，但當時天下大局已定，康熙的施政又很得當，人們剛剛從戰爭中走出來，過了幾年安穩日子，吳三桂挑起戰亂注定不得人心。

因此，就連剛開始時擁護吳三桂的一些前明遺老在看清了他的真面目後也紛紛離去，機關算盡的吳三桂從一開始就注定了日後滅亡的命運。

打敗吳三桂的叛亂

康熙清除了鰲拜集團，開始乾綱獨斷，自主地治理國家。為時不久，便爆發了以吳三桂為首的大規模武裝叛亂，剛剛安定下來的中國，再次陷入內戰的深淵。這一事變，遠比同鰲拜集團鬥爭要嚴重得多，它對於剛邁入青年時期的康熙無疑是一次命運攸關的考驗。

康熙十二年，也就是 1673 年，康熙下令「三藩」全部撤還山海關外，但沒想到吳三桂卻在十一月二十一日正式起兵反清。起兵前後，吳三桂先後致書尚可喜、耿精忠和在臺灣的鄭成功之子延平王鄭經，以及貴州、四川、湖廣、陝西等地官吏中的老相識，尤其是明朝降清的官員，與他們約定一起發兵，「三藩之亂」由此開始。為了師出有名，吳三桂佯稱擁立明朝的「朱三太子」，興明討清，到處散發《吳三桂奉天討

滿檄文》：

　　原鎮守山海關總兵官，今奉旨總統天下水陸大師興明討虜大將軍吳，檄告天下文武官吏軍民等知悉：

　　本鎮深叨明朝世爵，統鎮山海關。一時李逆倡亂，聚賊百萬，橫行天下。旋寇京師，痛哉毅皇烈後之崩摧，慘矣！東宮定藩之顛踣，文武瓦解，六宮恣亂，宗廟瞬息丘墟，生靈流離塗炭，臣民側目，莫可誰何。普天之下，竟無仗義興師勤王討賊，傷哉！國運夫曷可言？

　　本鎮獨居關外，矢盡兵窮，淚乾有血，心痛無聲，不得已歃血訂盟，許虜藩封，暫借夷兵十萬，身為前驅，斬將入關，李賊逃遁，痛心君父，重仇冤不共戴，誓必親擒賊帥，斬首太廟，以謝先帝之靈。幸而賊遁冰消，渠魁授首，正欲擇立嗣君，更承宗社封藩，割地以謝夷人，不意狡虜遂再逆天背盟，乘我內虛，雄踞燕都，竊我先朝神器，變我中國冠裳，方知拒虎進狼之非，莫挽抱薪救火之誤。本鎮刺心嘔血，追悔莫及，將欲反戈北逐，掃蕩腥氣，適值周、田二皇帝，密令太監王奉抱先皇三太子，年甫三歲，刺股為記，寄命託孤，宗社是賴。故飲泣隱忍，未敢輕舉，以故避居窮壤，養晦待時，選將練兵，密圖恢復，枕戈聽漏，束馬瞻星，磨礪竟惕者，蓋三十年矣！

　　茲彼夷君無道，奸邪高漲，道義之儒，悉處下僚；斗筲之輩，咸居顯職。君昏臣暗，吏酷官貪，水慘山悲，婦號子泣。以至彗星流隕，天怨於上；山崩土震，地怨於下；賣官鬻爵，仕怨於朝；苛政橫徵，民怨於鄉；關稅重徵，商怨於塗；徭役頻興，工怨於肆。

　　本鎮仰觀俯察，正當伐暴救民，順天應人之日也。爰率文武臣工，共襄義舉，卜取甲寅年正月元旦寅刻，推奉三太子，郊天祭地，恭登大寶，建元周啟，檄示布聞，告廟興師，刻期出發。移會總統兵馬上將耿（精忠），招討大將軍總統使世子鄭（經），調集水陸官兵三百六十萬

員，直搗燕山。長驅潞水，出銅駝於荊棘，奠玉灼於金湯，義旗一舉，響應萬方，大快臣民之心，共雪天人之憤。振我神武，剪彼氛，宏啟中興之略，踴躍風雷，建劃萬全之策，嘯歌雨露。倘能洞悉時宜，望風歸順，則草木不損，雞犬無驚；敢有背順從逆，戀目前之私恩，忘中原之故主，據險扼隘，抗我王師，即督鐵騎，親征蹈巢覆穴，老稚不留，男女皆誅；若有生儒，精諳兵法，奮拔巖谷，不妨獻策軍前，以佐股肱，自當量材優擢，無靳高爵厚封，其各省官員，果有潔己愛民、清廉素著者，仍單仕；所催徵糧谷，封貯倉庫，印信冊籍，齎解軍前。

其有未盡事，宜另頒條約，各宜凜遵告誡，毋致血染刀頭，本鎮幸甚，天下幸甚！

這篇檄文雖然是為了蠱惑人心，利用民族情緒妄想讓漢族人民為吳三桂的「大周朝」賣命而炮製出來的東西，但文章用詞精練、氣勢磅礡、情真意切，所以還是有一定的迷惑力。

在吳三桂的煽動下，先後共有總督、巡撫、提督、總兵等地方大員二十六人參加叛亂，其中明朝降清武將有二十人。

此外，吳三桂還煽惑徵集雲、貴土司苗彝各族兵丁數萬。一時間，長江以南數省，叛亂烽起。吳三桂叛軍主力東侵黔、湘，很快集結了十四萬兵力；側翼北攻川、陝，兵力亦不下數萬。

十二月二十一日，當吳三桂叛亂的消息傳到朝廷時，康熙召開御前會議商討對策。明珠主張派兵平叛，而當初反對撤藩的索額圖則主張將撤藩的明珠等人殺了換取吳三桂等人的諒解，以阻止叛亂。

康熙面對種種議論，十分冷靜。他否定了索額圖的意見：「在我還小的時候，就認為『三藩』勢力慢慢強大，不可不撤，豈能因為吳三桂反叛就把責任推到別人身上呢？漢景帝錯殺晁錯並未制止吳楚七國之亂，這是歷史教訓，應該記取。可令福建、廣東兩地暫停撤藩，削去吳三桂

爵位，速行剿滅。」

康熙分兵遣將，指揮若定，總的方略是：以荊州、岳州為根本，沿長江布防，阻止叛軍北進，再由陝西、四川進軍阻擊叛軍西北之路。

大學士王熙建議道：「請將吳三桂的兒子吳應熊和孫子吳世霖處死，以寒老賊之膽，以絕群奸之望，以激勵軍心。」康熙同意，遂下令賜死吳三桂的兒孫。

康熙在處理地方官員和將領反叛問題上，也極有謀略和氣度，他下令處死吳三桂兒孫，卻不株連其他在京的吳三桂舊部，只要他們不做內應，朝廷照舊信任他們。他命新任雲南提督胡拜、貴州提督趙賴以皇帝的名義釋出廣告，告誡軍民人等，不要聽從吳三桂的威脅利誘，對誤入歧途者，只要能幡然悔悟，棄暗投明，朝廷一概既往不咎，歡迎歸來。

康熙在平「三藩之亂」中，把吳三桂當作主要敵人，把湖南作為主要戰場。他在康熙十四年，也就是 1675 年，就指示大將軍岳樂：江西收復要地稍有頭緒，就進兵湖南。

那一年，吳三桂企圖乘陝西王輔臣叛亂，留兵七萬守長沙、萍鄉等地，以擋住江西岳樂部隊；又分兵七萬守住岳州、澧州等地各個水口，以阻止江北清軍南渡；又遣一部分兵力逼湖北襄陽，和陝西的王輔臣叛軍勾結，聯合作戰；吳三桂自己親赴荊州上游的松滋，居中排程指揮。

康熙十五年，也就是 1676 年，農曆二月，康熙針對吳三桂的兵力部署和作戰意圖，將勒爾錦、尚善、岳樂等三名大將軍所統的數萬兵力投入湖南戰場。

吳三桂急忙從各地調集了十八名將領、十餘萬人，全力守長江，自己率岳州、澧州部分兵力援助。康熙早料到吳三桂會採取這一行動，馬上命貝勒尚善為安遠靖寇大將軍，與荊州的勒爾錦將軍一起，渡江進攻岳州和澧州。

但尚善和勒爾錦於三月分相繼渡江後，進展非常緩慢。勒爾錦在太平街失利後，又退回荊州去了，使康熙的這次迂迴包圍計畫未能實現。

康熙對諸王、貝勒擁兵自重，畏縮不前，貽誤戰機的現象十分憂慮。為了改變這種局面，康熙大膽地破格任命前鋒統領穆占為征南將軍，給他調了和岳樂等大將軍相近的兵力，還將他召到北京，當面交代了策略意圖。

康熙十六年，也就是1677年，農曆二月，穆占率兵抵達長沙外圍，經過一個多月的準備，即開始攻城。由於大將軍岳樂不予配合，長沙沒有攻下來，而且造成了重大傷亡。而這時，吳三桂為了擺脫清軍的三面包圍，率眾往衡州，另遣兵三萬往湖南南部的宜章，企圖進兵廣東。

康熙一面派兵堅守廣東韶州，一面令穆占等進攻衡州，堵住吳三桂進廣東部隊的後路。至康熙十七年，也就是1678年初，徹底粉碎了吳三桂向廣東發展的圖謀。

吳三桂在康熙調兵遣將、步步緊逼的打擊下，軍事上完全喪失了主動，處處陷於被動挨打的境地，便於康熙十七年，也就是1678年，農曆三月初匆匆稱帝，立年號為昭武，這時吳三桂已經六十七歲了。他改衡州為定天府，封了百官和諸將，封妻子張氏為皇后，孫子吳世璠為太孫，確定實行新的曆法。

八月，吳三桂集中兵力猛攻永興，雙方激戰二十晝夜，大砲轟鳴，聲震長江，戰鬥甚為慘烈。清軍都統伊里布、護軍統領哈克山等戰歿，前鋒統領碩岱率兵入城死守，浴血奮戰，戰況十分危急。康熙聞報為之寢食不安。然而就在此時，吳三桂聽說他的女婿胡國柱密謀降清，心力交瘁，突然一命歸西了。

吳三桂死後，他的孫子吳世璠從雲南趕到衡州繼位，改年號為洪化。但他不敢留在衡州，便向貴州貴陽撤退。此時的叛軍已經是軍心渙

散、鬥志全無。

康熙審時度勢，抓住了這一大好時機，命大軍水陸夾擊，迅速收復了岳州、長沙、衡州等地。至此，康熙取得了平定「三藩」的決定性勝利。

平復耿精忠的叛亂

所謂「三藩之亂」，實際上只有吳三桂一藩是鐵心反叛。尚之信和耿精忠，與其說是反叛，不如說是見吳三桂勢大，也想渾水摸魚，撈取自己的利益而已。對於他們，康熙更多是以招撫為主，把主要精力放在對付吳三桂一方上，分清主從，區別對待。

耿精忠是耿繼茂的長子，為籠絡耿藩，清朝初期，順治帝將自己的姪女，也就是肅親王豪格的女兒下嫁給耿精忠。耿繼茂死後，這位「和碩額附」承襲了王爵。

康熙十三年，也就是 1674 年，靖南王耿精忠響應吳三桂，和部下曾養性、江元勳、馬九玉、白顯忠等密謀反叛，囚禁總督范承謨，率部眾剪掉髮辮，改易漢服，自稱「總統兵馬大將軍」，分兵攻占延平、邵武、福寧、建寧、汀州等地，占據了福建全省，並派人連繫吳三桂和臺灣的鄭經。

至此，江南及沿海一線，只剩廣東、江西和浙江三省還在康熙掌握中。這時，康熙能做的便是盡最大的努力安撫鎮守廣東的尚可喜和拚死保住江西，使雲貴、廣西與福建叛軍無法聯手。

他一面下詔削奪耿精忠的王爵，聲罪致討。一面任命康親王傑書為

奉命大將軍、貝子傅剌塔為寧海將軍，由浙江攻打福建；命貝勒尚善為安遠靖寇大將軍，協助勒爾錦由荊州入湖南攻擊岳州；命安親王岳樂為定遠平寇大將軍出江西；以簡親王喇布為揚威大將軍，統師鎮江南；以貝勒洞鄂為定西大將軍，由陝西攻四川；命尚可喜和總督金光祖由廣東擊廣西。並迅速整頓驛遞，使至西安、浙江的情報和命令四五日便可抵達，直接指揮著各地的防務。

同時，康熙降旨招撫，派工部郎中周襄緒以及原來耿精忠屬下的一等護衛陳嘉猷前往福建宣詔，諭旨中說：在我看來，耿精忠肯定是一時無知，誤信了奸人的蠱惑，與吳三桂不同，所以將吳三桂子孫正法，耿精忠在京的幾個兄弟照舊寬容，所屬官兵並未加罪……耿精忠從祖父、父親以來，受恩三世四十餘年，他和吳三桂這種蓄謀已久的叛亂首犯不一樣……如果耿精忠真能追念累朝恩德及他父親讓他忠於朝廷的遺言，洗心革面，徹底悔悟，誠心歸順朝廷，將侵犯內地的海賊鄭經速速剿滅，那我就當他戴罪立功，就像沒發生過叛亂的事一樣。

後來，耿精忠拒絕了康熙的招降，囚禁了周襄緒，並且派兵攻打浙江、江西。

於是，康熙命令康親王傑書和固山貝子傅剌塔由浙江進擊，連敗耿軍。借勝利之機，康熙再次頒詔，派耿精忠的弟弟耿聚忠前去招降。

在詔書中，康熙歷數耿精忠祖孫三世的功勞，陳說利害，苦口婆心勸其歸降，他說：「你如果立刻悔罪率眾歸誠，我馬上恢復你的王爵，仍舊鎮守，所屬人員職位與原來不變，兵民人等依舊和從前一樣。如果能剿除海寇，替我辦事，仍按立大功進行爵賞。你不讓前使臣周襄緒等回來向我覆命，或許有別的原因，我心裡並不怪罪。我以誠心待天下，決不會食言。」

但耿精忠仍然毫無悔意，連他的弟弟都沒有見，依舊調兵遣將，派

江元勛等據守關隘，督促馬九玉等進攻衢州。在這種情況下，康熙命令清軍加大進攻力度，叮囑傑書不可因為招撫而耽誤進剿，並且提出了「海寇鄭經宜用招撫的辦法，耿精忠宜用剿滅或用離間之計」的策略方針，將耿精忠作為打擊重點。

在康熙遙控指揮下，清軍英勇作戰，取得了一個又一個勝利。浙江總督李之芳率部在金華和衢州擊潰了耿精忠的部將曾養性和馬九玉。正在此時，據守臺灣的鄭經也趁火打劫，從耿精忠身後進攻，試圖吞併福建。

耿精忠世居福建，和臺灣鄭家集團長期戰爭不斷。耿精忠發動叛亂，希望聯合鄭經一同反清，但鄭經對耿精忠貌合神離，不但不願出兵，反而藉機登陸擴張。

康熙十三年，也就是 1674 年，農曆六月，泉州提督王進功之子王錫藩殺死了耿精忠的總兵賴玉等人，獻城投降鄭經。耿精忠派人向鄭經索要泉州，鄭經嘲笑說：「天下乃我大明太祖朱家的天下，和你主子有什麼關係？況漳州、泉州那是我大明父母之邦，又是你家主子請本藩渡海，齊心合力，共扶明室，所以我才不惜跋涉，提師前來，怎麼墨跡還未乾，你就說話不算數了呢？」反而倒打一耙，讓耿精忠無計可施。

這樣一來，耿精忠聯合鄭經的圖謀就破滅了。兩個月後，鄭經派馮錫範在福建海澄等地張貼檄文，稱讚吳三桂，卻指責耿精忠「從不遵及大明正統」「妄自尊大，待以附庸」，因此「唯鄭王為盟主，復我大明三百年之基業，澄清東南之半壁」。實際上已經發出了宣戰書。

不久，鄭經就占據了漳州、泉州、潮州等重要地方，兵馬強盛。耿精忠屢戰屢敗，不得不派人求和。雙方雖然暫時和好，但聰明的康熙知道，他們勢不兩立，因此定下了撫鄭剿耿的方略。

康熙十五年，也就是 1676 年，農曆三月，尚之信反清，吳三桂約鄭

經和耿精忠進兵江南，不料鄭經企圖藉機吞併整個福建，攻占了重鎮汀州，又攻克興化府，兵鋒直指福州。耿精忠的部下紛紛依附鄭經。

耿精忠這才意識到鄭經的險惡用心，但為時已晚。這樣一來，耿精忠進攻江西和浙江的陰謀都破產了，自己根據地卻被鄭經奪去了大半。此時，耿精忠面對鄭經的進攻，加上連年征戰，民怨沸騰，軍餉匱乏，軍士紛紛逃亡，敗相已現，他不得不撤回攻打江西的耿繼善，回守福建。

康熙意識到耿精忠撤回建昌叛軍，必是受鄭經逼迫，下令康親王傑書，率軍直取福建，他下詔說：「我兵宜乘機前進，其令大將軍傑書，將軍貝子傅剌塔、賴塔，總督李之芳等，速剿閩寇，酌量招撫，勿坐失事機。」於是，清軍一路長驅直入，進逼福建。耿精忠受腹背夾擊，越來越難過了。這時，部下將領白顯忠等率軍投降，更是雪上加霜。

康熙見時機成熟，再次令傑書前往諭降。康親王傑書致書耿精忠說：「現在我的大兵就駐紮在仙霞嶺，長驅直入，已經拿下蒲城，蒲城乃福建省的財賦要地，咽喉既失，糧運不通，建寧、延平也是早晚的事，必將被我們攻下，與其到那時被抓到處死，不如現在及早投降，皇上仍然保留你的王爵，更重要的是，還可以保全百萬生靈。況且鄭經與你有不共戴天之仇，不顧舊情搶奪你的屬地，你應該助大兵進剿他立功贖罪，為什麼執迷不悟，竟然和這群叛賊混在一塊呢？」

耿精忠得書，猶豫未決，回覆道：「我自己已經願意投降，只是恐怕部下們不同意，到時又會導致叛亂。希望你奏明皇上，讓皇上給我一個明詔，許我赦罪立功，以平定眾心，那我就率部下投降。」

傑書見耿精忠仍舊拖延，不給他喘息之機，命大軍迅速進攻延平，守將耿繼美投降。耿精忠見大勢已去，決意歸降。然而，被耿精忠囚禁的福建總督范承謨還在，他已經被囚禁了兩年多，備受折磨，仍堅貞不屈，每天寫一首七言絕句，表明自己對朝廷的忠心和對耿精忠的憤懣。

耿精忠想投降，又擔心范承謨揭露他的罪狀，於是他決定殺人滅口，派人逼迫范承謨自殺，並將范承謨的幕僚、親屬等五十多人全部殺害。然後，耿精忠才派兒子耿顯祚獻印請降。

十月初四，傑書大軍進入福州，耿精忠率領屬下官員出城迎降。至此，「三藩」之一被平定了。康熙遵守諾言，仍然保留了耿精忠的王爵，命他率領部下協助征剿，戴罪立功。

到康熙十六年，也就是1677年，清軍就將鄭經所部逐回廈門，各地的叛軍紛紛投誠，福建、浙江、江西相繼平定。

康熙在平復吳三桂、耿精忠叛亂的同時，一刻也沒放鬆對付尚可喜的行動。本來，鎮守廣東的尚可喜一直忠於清朝，對抗吳三桂的叛軍，得到康熙的信任。

但他年老體弱，長子尚之信代為理事，吳軍攻勢很猛，手下不少部將投降了吳三桂。尚之信不聽父親的勸告，也藉機作亂，接受了吳三桂招討大將軍的任命，囚禁了父親，奪得兵權。

康熙聽到消息之後，沒有驚慌失措，他認為叛軍內部矛盾重重，很快就會發生內訌。只要解決了福建問題，廣東的問題自然迎刃而解。

尚之信起兵後，以為會得到吳三桂的大力支持，不料吳三桂卻不斷向其索要餉銀，又派親信董重民取代金光祖為兩廣總督，馮蘇取代佟養鉅為廣東巡撫，馬雄駐肇慶，企圖乘機奪占他的廣東地盤。

同時，鄭經也受吳三桂挑唆，攻占了惠州和沿海一帶。尚之信不但沒有得到好處，連老巢也幾乎不保。更要命的是，清軍這時已經占領了福建，和耿精忠所部一起，攻打過來。就這樣，尚之信陷入了四面楚歌的困境之中。

耿精忠降清仍受重用提醒了尚之信，於是他也決定投降。康熙十五年，也就是1676年，農曆十二月，尚之信派人到簡親王喇布軍前乞降。

喇布上奏康熙，康熙降特旨說：「將爾以往之罪，並爾屬下官兵，概行赦免。」並說，「倘能相機剿賊，立功自效，仍加恩優敘。」

第二年五月，尚之信率省城將士歸順，其餘部下也相繼投降。康熙讓尚之信襲封平南親王，部將也各復原職。

康熙對大學士們說：「叛亂之罪在吳三桂，與被脅從之人無關，只要能悔罪投誠，應一概寬免。」因此就連吳三桂任命的總督董重民等也予以免死釋放，以此來爭取更多的叛軍歸順。

康熙鑒於這些人反覆無常，沒有放鬆對他們的警惕。在保留他們的利益的同時，他也加強了控制。康熙最後的目的仍然是撤藩，不過他知道吳三桂不滅，徹底撤藩就難以實現。相對吳三桂而言，尚之信、耿精忠不過是附和者。

康熙分清首從，分化瓦解，對他們區別對待。因此才保留了尚之信和耿精忠的王爵。康熙對耿精忠最不放心。

康熙十六年，也就是 1877 年，農曆四月，他命耿精忠把自己的兒子耿顯祚送入京城做侍衛，其實就是充當人質。同時，他命令康親王傑書率軍駐紮福建，防備鄭經，另外也是為了監視耿精忠。不久，耿精忠殺害范承謨等人的罪行被揭露。

原來，看守范承謨的獄卒感念他的忠貞，偷偷到荒野上撿了他的一些遺骨，暗地裡收藏起來，來到京城，報告了事情的經過。康熙知道後非常傷心，命令用隆重的禮儀為范承謨舉行祭葬，追贈他為太子太保、兵部尚書，康熙還親自為范承謨在獄中所作的《畫壁集》題寫了序言。

康熙十六年，也就是 1677 年，農曆十一月，耿精忠屬下的參領徐鴻弼、佐領劉延慶、護衛呂應錫等人也聯名揭發他，列舉了他「歸順後尚蓄逆謀」五項罪行：違背康親王令，不全部舉出叛黨；私下和鄭經通音信；和劉進忠耳語，說自己本不願投降；密令心腹藏火藥鉛彈，說是為

日後所用；遣散士兵歸農，讓他們攜帶武器，不留給大軍。

但康熙看了之後，將這個奏疏留下未發，而是在等待時機。按理，耿精忠的一系列做法足以處之死罪，但康熙深知，如果這個時候處理他，勢必會影響到全域性，因此，他假作不知，以安眾心。

康熙十七年，也就是 1678 年，吳三桂病死，吳軍逃回雲貴，鄭經也退守廈門。這時，康熙擔心耿精忠留在福建會發生意外，打算讓耿來京，又擔心他心中懷疑，所以就密令康親王讓耿精忠奏請陛見。

康親王上書請求將耿精忠治罪，但康熙認為時機還沒有到。他在給康親王的密諭中說：「我認為，凡行一事必前後計慮，如果真於國家有利始可舉行，若輕率妄動，必然導致失誤。今廣西、湖南、漢中、興安等處俱已底定，逆賊餘黨大小頭目希望歸順朝廷的不止百千，若將耿精忠即行正法，不但已經投誠之人以為後日亦必如此宣告其罪，即未經投誠之人看了之後也會寒心，這些都要考慮到，關係實在重大。前幾天我下手諭欲令耿精忠來京，原因是我想撤回在福建的一半滿兵，並不是立刻就處決他，所以讓他先到京城來。」

康熙考慮得非常仔細周到。他所擔心的不是耿精忠，而是如果過早處理他，會造成不利影響，對於迅速結束戰爭不利。

康熙十九年，也就是 1680 年，農曆四月，耿精忠上疏請求進見，康熙當即允准。

八月，耿精忠到京，他的弟弟耿昭忠、耿聚忠就舉報他的不法行為。議政王大臣請求將他交給法司審理。法司判決將其革去王爵，與其子耿顯祚及部屬曾養性一併凌遲處死。

康熙批准了拘審，但一直沒有最後處理。直到康熙二十一年，也就是 1682 年，「三藩之亂」徹底平定，才下令將耿精忠革去王爵，立即凌遲處死，其子耿顯祚被處斬。其手下大將如曾養性、白顯忠等凌遲處

死，其他一些主要的叛將也都做了處理。與此同時，撤除靖南王藩的工作也順利完成。

尚之信的命運比耿精忠似乎好一些。由於康熙對他父親尚可喜很信任，也給他留了後路，希望他能夠真心為朝廷效力。但尚之信雖然歸降，仍然心懷叵測。康熙多次命他進軍湖廣、廣西，他都按兵不動，坐觀成敗，直到吳三桂死了之後，他才聽從朝廷調遣。

另外，尚之信十分殘暴，肆意虐待下屬，酒後動輒發怒，拿刀殺人。他的部將孫楷歸順清廷後，朝廷赦免其罪，尚之信卻殺了他。護衛張永祥替尚之信送奏章到京，被提為總兵，尚之信卻故意從中阻撓，還鞭打他以示侮辱。護衛張士選言語觸怒尚之信，尚之信竟斬斷了他的雙腳。其殘暴行為令人髮指，激起了將士們的憤怒。

康熙十九年，也就是 1680 年，農曆三月，張永祥、張士選赴京告發尚之信預謀造反。康熙當即命刑部侍郎宜昌阿等人以巡視海疆為名赴廣東調查，都督王國棟、副都統尚之璋都揭發了尚之信的不法行為。

於是，康熙命令王國棟將尚之信逮捕，押解京師，當庭對質。

尚之信知道後，非常憤怒，就指使其弟尚之節與長史李天植將王國棟誘殺。七月，康熙知道了事情真相，大為震怒，以尚之信「不忠不孝，罪大惡極，法應立斬，姑念曾授親王，從寬賜死」，對尚之節、李天植則就地正法。

尚之信一死，平南王藩封相應撤去。其所屬人員編為十五佐領，分入正黃、鑲黃、正白三旗，駐防廣東。三總兵標下官兵，裁去一總兵之官兵，剩下兩總兵留鎮廣州。平南王府庫金銀，全部充作國用，以濟軍需。就這樣，康熙用數年時間，平定了「三藩之亂」，也實現了撤藩的初衷。

康熙當時才二十歲，做事卻非常老到。從他處理耿精忠和尚之信的

過程來看，不露聲色，遊刃有餘，實在是令人佩服。難怪法國傳教士白晉佩服地說道：「康熙是在法國以外，連做夢也未曾見過的偉大人物，是自古以來統治天下的帝王中最聖明的君主。」

化解叛亂導致的危機

當吳三桂發動叛變的消息傳到京城，很快就引起了全國的強烈震憾。一些早就懷有異心的人認為，康熙不過是個少不更事的毛孩子，怎麼會是久經沙場的吳三桂的對手，覺得有機可乘，蠢蠢欲動。由於防守京城的禁旅八旗先後奉調南下平叛，京城其實已經空虛，楊起隆就利用這一時機，在天子腳下首先發動叛亂，史稱「朱三太子案」。

崇禎有七個兒子：二、五、六、七這四個兒子都過早去世；長子朱慈烺被立為皇太子；三子朱慈炯為周皇后所生，封為定王；四子朱慈炤生母為田貴妃，受封永王。

李自成進北京，抓獲朱慈烺、朱慈炯之後，將朱慈烺封為宋王，朱慈炯封為宅安公，朱慈炤則下落不明。李自成退出北京後，朱慈烺和朱慈炯兄弟也不知存亡，去向。

可是不久之後，竟然有人自稱是故太子朱慈烺，投奔南京福王朱由崧，因真偽莫辨，被朱由崧囚禁。剩下最尊貴的就是朱慈炯了，漢人正好利用他的名號反清。清朝初年，各地人民反清起事，多以朱三太子為號召。

楊起隆也不例外，當他得知吳三桂叛亂時，就利用一些人對明朝的懷念，詐稱「朱三太子」，祕密起事。經多方連繫，他組織了京城百姓

和貴族家奴一千餘人，相約以額前裹白布、身扎紅帶為標記，定於康熙十三年，也就是 1674 年的元旦之日，以放火為號，在內城一起舉事。準備趁各官員入朝時，各自殺死自己的主人，將來建立政權時，被殺官員的官職就由該官的家奴擔任，因此得到了一些家奴的擁護。一場肘腋之變正蓄勢待發。

就在他們即將舉事的時候，消息洩露了。康熙十二年，也就是 1673 年，農曆十二月二十一日，郎廷樞的家奴黃裁縫在夜裡喝醉了酒，胡言亂語，郎廷樞覺得奇怪，就趁他醉意正濃時誘導他說出更多的話。

原來黃裁縫也參與了楊起隆的陰謀。郎廷樞得知後大驚失色，當即擒住黃裁縫等三人到旗主處，舉報了這件事。與此同時正黃旗人周公直也發現了動靜。他報告說，他的家奴陳益正聚集三十多人在家中密謀舉事。康熙得到彙報後，大吃一驚，但他沒有慌亂，而是果斷地命令正黃旗都統圖海、祖永烈迅速率領官兵前去擒拿，結果當場拿獲了案犯三十多人。

接著，康熙又下令關閉城門，嚴行搜查，捕獲首要人犯數百人。首犯楊起隆聞風而逃，但不久之後就被拿獲，並且被判處了死刑。這時的康熙鎮定自若，舉手之間平定了一場大亂。在審理案件的時候，康熙十分重視，他知道叛亂分子敢在京城發難，一旦得逞，後果便會不堪設想。

刑部審完了案犯，提出一份判決報告書，擬將李株、黃裁縫等二百餘人按「謀反律」凌遲處死，其親屬自祖父以至子孫，還有叔伯兄弟及其兒子，凡男子年滿十六歲者，都予以處斬；十五歲以下之男子和案犯的母親女兒妻子姐妹，以及財產都籍沒入官。

案件交到康熙手中稽核之時，他本著從寬處理的原則，改定只將李株、黃裁縫等九人凌遲處死，蔡文以下一百九十四人改為斬首。案犯親屬，康熙不忍株連過多，一律免罪釋放，其家產也免入官，受牽連之人

亦不予追究。康熙採用寬嚴結合的處理方法，使一場足以震驚全國的大案無聲無息地得到處理，沒有引起大恐慌，使京城很快安定下來。

一波未平，一波又起，緊接而來的更大危機繼續考驗著康熙的定力。康熙十三年，也就是 1674 年，農曆四月初，河北總兵蔡祿準備叛亂響應吳三桂。蔡祿和襄陽總兵官楊來嘉原都是鄭成功的部將，鄭成功去世後，他們率部降清，被從優提拔，授以總兵官。

當獲知吳三桂在雲南起兵後，蔡祿也萌生了反叛之意，開始和起兵反清的楊來嘉書信往來，購買駿馬，製造兵器，命令士卒以捕魚為名，進行軍事演習，密謀發動叛亂。正巧侍衛關保到河北出差，無意間探聽到這個消息，當即火速報告給了康熙。

河北屬於京畿重地，一旦發生叛亂，首先就會嚴重威脅到京城的安危。而且，和楊起隆等烏合之眾不同，蔡祿率領的是久經沙場的強兵悍將，對於京城是致命的威脅，形勢萬分危急。這時，康熙不慌不忙，他始終保持冷靜的頭腦。經過認真思考後，他立即派內大臣阿密達領護軍速赴蔡祿駐防地懷慶。在蔡祿還沒有將士卒鼓動起來之際，阿密達就已率部迅速包圍了他的衙署。

蔡祿的部下企圖負隅頑抗。阿密達指揮若定，率部衝進衙署，將蔡祿父子同謀一併擒獲，四月二十四日，押解北京處決。這樣，一場叛亂又被撲滅在萌芽之中。在不足五個月的時間裡，京畿重地先後發生的兩次叛亂，引起了康熙的高度警覺。

康熙感覺到，吳三桂叛亂已在各階層產生了廣泛的影響，但此時吳三桂的長子吳應熊尚在京城，雖然已被拘禁，但終究是一大隱患，萬一再度變生肘腋，結果實難預計。朝中一些大臣紛紛請求將吳應熊處死，以絕後患。

康熙十三年，也就是 1674 年，農曆三月九日，兵部尚書王熙上疏康

熙，請求處死吳應熊，奏疏稱：

逆賊吳三桂負恩反叛，肆虐滇黔，毒流蜀楚，散布偽札，煽惑人心。今大兵已抵荊南，刻期進剿，元凶授首在指日間。獨其逆子吳應熊，素憑勢位，黨羽眾多，擅利散財，蓄養亡命，依附之輩，實繁有徒。今既被羈守，凡彼匪類，蔓引瓜連，但得一日偷生，豈肯甘心受死！即如種種流言，訛傳不止，奸謀百出，未易固防。大寇在外，大惡在內，不早為果斷，貽害非輕。為今之計，唯速將應熊正法，傳旨湖南、四川諸處。老賊聞之，必且魂迷意亂，氣阻神昏；群賊聞之，內失所援，自然解體。即兵士、百姓聞之，公義所激，勇氣倍增。至應熊親隨人等，繫累之中，益成死黨，聞發刑部者不下五六百人。人眾則難防，時久則易玩。速敕法司，訊別情罪，重者立決，次者分給各旗，消除內變之根源，掃蕩逆賊之隱禍，洵今日第一要著也。

議政王大臣會議經過討論，一致支持王熙的建議。但康熙還是有些於心不忍，因為吳應熊是自己的親姑父，從親情方面說，他不願意處死吳應熊。他又從國家大局考慮，他不能冒這樣大的風險，因此必須處死吳應熊以防患於未然。

經過激烈的內心糾結，最後，康熙以大局為重，批准了王熙的奏疏，同意處死吳應熊。為此，他特地頒下了一份諭旨，其中說道：

吳三桂以梟獍之資，懷狙詐之計，陰圖不軌，自啟釁端，藉請搬移，輒行叛逆，煽亂奸宄，荼毒生靈，極惡窮凶，神人共憤！已經遣發大兵進剿，刻期蕩平，諸王大臣會議，反逆子孫，理應誅戮，以彰國法，再三奏請。朕尚冀其悔禍自新，束身待罪，未忍加誅。近覽吳三桂奏章，詞語乖戾，妄行乞請，諸王大臣咸以吳三桂怙惡不悛，其子孫即宜棄市，義難寬緩。

朕思亂臣賊子，孽由自作，刑章具在，眾論僉同，朕亦不得而曲貸

之也。本當照廷議，將吳應熊、吳世霖並其餘子俱凌遲處死，但以應熊久在近侍，朕心不忍，故將應熊及其子世霖處絞，其餘幼子俱免死入官。應坐人犯，分別正法。所有干連人等，情罪稍可矜原者，敕所司概行省釋，以昭法外之仁。

兩次叛亂的平定和吳應熊的處死，消除了京城的隱患，穩定了人心。

當吳三桂得知兒子變成刀下之鬼的時候，他正在飲酒。一聽到這個消息，頓時臉色大變，雙手發抖，酒杯從手中掉了下來，摔到地上被打得粉碎，喪子使得這個叛臣也嘗到了切身之痛，他老淚縱橫，長嘆一聲，說：「今日真是騎虎難下了啊！」當即魂迷意亂，氣阻神昏。

失望、痛心、憤恨一齊湧向吳三桂心頭，他原想康熙還會顧及其子與清廷的關係而不致傷害，「初得湖南還望生得其子」。可如今子孫都被殺死，他才領教到康熙的屬害，心中懊悔不迭，但已成騎虎之勢，只好硬著頭皮拼下去了。

又一場危機過去了，但歷史給康熙出的難題卻沒有結束。當時，清軍在和吳三桂的戰鬥中，幾乎是節節敗退。不久，陝西提督王輔臣叛亂，耿精忠叛亂，四川提督鄭蛟麟叛亂。叛亂席捲全國，南方大部分領土都落入叛軍之手。

恰恰就在這個時候，康熙十四年，也就是 1675 年，農曆三月，蒙古察哈爾部布林尼也趁機興兵叛亂。布林尼是蒙古林丹汗的孫子。清太宗時將林丹汗征服，林丹汗死後，清廷封其子阿布奈為和碩親王，並將清朝公主嫁給他為妻。

康熙八年，也就是 1669 年，農曆九月，因阿布奈沒有對朝廷實行外藩朝賀之禮，康熙免除了他的親王爵位，帶入京師，爵位由他的兒子布林尼承襲。布林尼是清朝公主所生，但對清廷的做法深懷不滿，一直圖謀報復。

　　吳三桂叛亂後，康熙無暇北顧，將京城八旗兵大部分南調平叛。布林尼野心勃勃，積極準備，圖謀叛亂，企圖藉此良機一舉實現祖父林丹汗的夙願。公主長史辛柱得知內情之後，設法派他弟弟阿濟根至京城告發。

　　康熙覺得叛亂還未顯露，而且京城兵力空虛，不能武力鎮壓，就希望盡力安撫。於是，他派侍衛塞稜等去召見布林尼兄弟以及巴林、翁牛特部王公等進京朝見。布林尼內心生疑，不但不進京朝見，反而扣留塞稜，同時煽動蒙古各部造反。三月二十五日，布林尼與奈曼王扎木山一同發動叛亂，率軍直逼張家口。

　　察哈爾叛亂，對京城的安全構成嚴重威脅。得知這一消息，康熙十分憂慮，此時京城駐防的軍隊幾乎全部南下，他手中已無兵可派。

　　這時，又是老祖母孝莊太皇太后指點了他。孝莊給他推薦：「圖海才略出眾，可當其責。」

　　圖海是順治帝破格提拔的人才，曾因犯錯被革職。康熙初年被授為正黃旗滿洲都統，不久任大學士。孝莊經歷了皇太極、順治、康熙三代，幾十年的時間，使她對所有大臣都瞭如指掌，在此關鍵時刻便將有才幹的能臣推薦給了康熙。

　　康熙馬上任命信郡王鄂扎為撫遠大將軍，圖海為副將軍，率師征討布林尼。京師無兵，圖海就把八旗家奴組織起來。由於圖海領兵有方，這支從來沒有打過仗的家奴部隊，顯示了很強的戰鬥力。

　　圖海率部日夜兼程，趕往前線。為了激勵這些人的鬥志，他允許眾家奴沿途搶掠，所獲金帛歸個人所有。又號召說：前此所掠，都是士庶之家，財寶不豐厚。察哈爾部是元朝大汗的直系後代，有數百年的基業，珠玉寶貨不可勝數，你們如能獲取到，可富貴終身。

　　正所謂「重賞之下，必有勇夫」，隊伍不幾天就到達察哈爾。全軍將

士鬥志高昂，甚至被形容為「無不以一當百」。四月二十二日，圖海與布林尼在達祿決戰。

布林尼在山谷間布置伏兵，列陣以待。鄂扎與圖海率家奴兵分頭進擊，冒著布林尼的炮火，奮勇向前，衝亂了布林尼的陣腳。布林尼的部屬下都統晉津陣前倒戈，反攻布林尼，布林尼大敗而逃。

與此同時，科爾沁和碩額駙沙津亦率兵來援，不久，沙津率兵將布林尼及其弟羅卜藏全都追殺，獻首朝廷。不到一個月，就將這次叛亂徹底平定。察哈爾之亂的平定，使康熙穩定了自己的大後方，得以後顧無憂，全力平定「三藩之亂」，進而實現國家的統一大業。

面對著京城附近接連發生的這幾次叛亂，年少的康熙臨大亂而不驚，指揮若定，將大難消弭於無形之中，使京畿形勢很快穩定下來，從而也就穩定了人心。這充分反映了康熙過人的膽識和能力，顯示了他高超的統治能力。

寵臣鑄就成功撤藩

吳丹，姓納喇氏，滿洲正黃旗人，是海西女真葉赫部主金臺石的曾孫。康熙初年，吳丹於宮中任一等侍衛，曾奉命與大學士郭廷祚前往淮安，巡視黃河決潰之事。從《清聖祖實錄》多處記載來看，吳丹深為康熙所寵信，許多事情都親命吳丹辦理。

吳丹受皇帝親囑，身懷重託離京南下。吳丹等人到達昆明後，吳三桂親自陳兵演武場，予以隆重迎接。在授賞儀式上，吳三桂率左右梅勒章京、固山額真、牛錄章京等將官依次接受所賜，並遙對京師向聖祖皇

帝謝恩。

儀式結束之後，吳三桂陪同吳丹檢閱將士佇列，又命官兵較射箭法，但他隱匿精壯善射士卒，只以老兵上場比射。吳丹看在眼裡，在返回宮中後，將雲南情況如實向康熙作了彙報。

康熙十年，也就是 1671 年前後，擁兵自重的「三藩」已經形成更大氣勢，而清廷方面也加緊了撤藩準備事宜。首先，為削弱吳三桂在雲貴的軍政勢力，由吏、兵二部銓選、皇親欽命一許可證武官員到雲貴各地任職，使吳三桂不能再插手軍政要員調遷任免之事。

其次，康熙親自提擢和升調一批吳三桂藩下的可用將領，命其在雲貴當地或外地出任高官，或派吳丹等前去傳達自己親旨，或調進京師親授機宜。這種做法除了可以削減吳三桂個人力量，也可造成籠絡吳三桂舊部並摸清其底細的目的。

康熙十二年，也就是 1673 年，農曆二月，為更好地安撫「吳藩」和了解其內幕情況，他再次派出吳丹等人前往雲南，所行使命仍是賞賜吳三桂，其真正目的也不言自明。

是月初四，一等侍衛吳丹、二等侍衛塞扈立奉康熙之命出宮赴昆明，給平西王吳三桂帶去御用貂帽、團龍貂裘、青蟒狐腋袍各一襲，束帶一圍。與此同時，又有一等侍衛古德、二等侍衛米哈納奉旨前去廣東，賜賞平南王尚可喜御用貂帽、團龍天馬裘、藍蟒狐腋袍各一襲，束帶一圍（見《清聖祖實錄》）。其賞賜尚可喜的目的，更多是為了表彰這位始終效忠朝廷的開國勳臣，造成牽制吳三桂的重要作用。

在吳丹等人前往雲南、廣東之後不久，三月分，平南王尚可喜欲「歸老遼東」，忽然上疏皇帝，希望朝廷撤除本藩，自己率家人官兵歸回東北原籍定居。康熙在米思翰、明珠、莫洛等廷臣的支持下，經過認真商議，立即決定撤藩。

　　尚可喜上疏請求撤藩並得到朝廷批准的消息很快傳到吳三桂、耿精忠那裡，吳、耿二藩迫於形勢只好作出姿態，在當年七月初也先後上疏朝廷請予裁撤。吳三桂原以為年輕的玄燁不敢違背順治帝立藩屏疆的祖制，而自己又功高蓋世，誰也奈何不得，所上奏疏只是形式而已。

　　不過，康熙認為「三藩」終為國家之患，一日不除則一日不寧，因而藉此機會決意撤「三藩」。當時，朝中一些大臣擔心急撤「三藩」，必造成吳三桂等引兵反叛，故反對立即撤「三藩」。但康熙堅決地說：「三桂等蓄謀久，不早除之，將養癰成患。今日撤亦反，不撤亦反，不若先發。」康熙本人對吳三桂有如此深刻的了解，自然與他數次派吳丹等人深入雲南探視其內部情況有直接關係，可以說吳丹等人作為皇帝的耳目，在皇帝撤藩決策發揮了非常重要的作用。

　　康熙力排眾議，降旨同意「並撤三藩」之後，十一月，吳三桂在昆明正式反叛。戰爭之初，吳兵進展迅速，又得到各地漢族官兵的響應，故很快占據了雲貴以及川湘各省。之後，有福建耿精忠、廣東尚之信、廣西孫延齡和陝西王輔臣等清朝封疆重臣從逆反叛，造成叛軍統據長江以南、陝甘部分地區的危急局面。

　　康熙調兵遣將，堅決平叛，削吳三桂爵號，派兵征伐。經八年戰爭，耗用了大量的人力物力，終於取得了平叛戰爭的徹底勝利。在平定「三藩之亂」的戰爭中，吳丹等宮中侍衛發揮了巨大的作用。

　　康熙十三年，也就是 1674 年，大將軍順承郡王勒爾錦率兵征討吳三桂，吳丹奉命出使軍中，面授機宜。四月，宮中侍衛關保奉差至河北懷慶，當地的安塘筆帖式向他密報河南、河北鎮總兵官蔡祿與襄陽總兵官楊來嘉策劃起兵應叛之事。關保得知此事後即飛馳回京，直接向皇帝奏報。

　　康熙深知懷慶臨近畿腹，若發生變亂則天下難保，即速遣內大臣阿

密達率護軍趕往懷慶，經戰鬥攻下城中衙署，擒獲蔡祿父子及其他同謀者，將這起叛亂消弭於無形之中。

又如在守護和攻取湖南岳州戰役中，康熙因該城處「水陸衝要之地」，故在吳軍未至之先，即派都統覺羅朱滿、一等侍衛畢桑阿率部隊趕往增援，只是因清軍未及固守，該城為吳軍攻克。九月，為奪回岳州城，康熙又派侍衛吳丹、塞扈立前往荊州，向領兵攻城的將帥釋出指令，命其必須盡快全力拿下岳州。

康熙十三年底，陝西提督王輔臣兵變反叛。吳丹被授予署副都統一職，隨鄂泰駐太原。不久，又命吳丹署建威將軍，移師潼關。康熙十五年，也就是 1676 年初，撫遠大將軍圖海出征王輔臣，吳丹率所部從征，經過激戰，六月，將其圍困在平涼城內。

王輔臣舊時多受清廷恩賞，其反叛態度一直不堅決，此次受困絕境，圖海等又反覆勸降招撫，終使其開城請降。圖海即命吳丹率數騎入城中安撫城中官兵民等，秋毫無犯，從而使西北戰事平息下來。

康熙十七年，也就是 1678 年，吳丹被授為護軍統領，協助圖海進兵漢中等地，多有戰功。圖海入京覲見，吳丹即以建威將軍暫統大軍。再後，吳丹在攻四川保寧、瀘州等地戰役中屢建戰功，甚至擒獲了吳三桂親信將帥吳之茂。後來因為永寧、仁懷復失，吳丹被劾不急赴援，乃被解除將軍印，還守漢中。

平叛戰爭結束後，吳丹因事被議罪奪職，不久又被授三等侍衛兼佐領。康熙二十九年，也就是 1690 年，吳丹隨撫遠大將軍裕親王福全遠征噶爾丹叛軍，大敗其於烏蘭布通。此後，吳丹與參領色爾濟等往偵噶爾丹逃竄蹤跡，歸途中為喀爾喀叛兵所害。康熙聞訊，深憫曾在自己身邊效力的吳丹，親賜其散秩大臣。

侍衛吳丹，在平定「三藩」的戰爭中造成了重要作用，特別是他幾

次奉旨出使「吳藩」，忠勇機智，膽識過人，使康熙了解到了吳三桂擁兵自重、割據西南的真實情況，因而下決心撤藩。

爭取王輔臣盡心效力

平定「三藩之亂」，有一場驚心動魄的較量是非常關鍵的，那就是對陝西提督王輔臣的爭取。那麼，王輔臣究竟是什麼人呢？王輔臣，河南人，本來姓李，後被王進朝收為義子，遂改姓王。後來，農民軍勢大，王輔臣隨明朝大同總兵姜瓖歸附了李自成，被任命為副將。

王輔臣是一員出色的猛將，作戰英勇，萬夫難擋，人送外號「馬鷂子」。順治六年，也就是 1649 年，阿濟格率領清軍圍攻大同，王輔臣經常突入敵營，掠人而歸，敵不敢當。大同陷落，王輔臣也跟著姜瓖降清，隸屬於漢軍正白旗，後來被調入京師。

順治帝對王輔臣非常賞識，授予他御前一等侍衛之職。順治十年，也就是 1653 年，順治帝命令洪承疇出征西南，並叫王輔臣隨軍出征，當洪承疇的貼身侍衛。當時去洪承疇軍中的有兩個御前侍衛，一個是張大元，一個是王輔臣，張大元自恃是大內派出的，所以不把洪承疇放在眼裡，而王輔臣對洪承疇是畢恭畢敬，忠心耿耿，隨侍左右，寸步不離。行軍時遇有險阻，他必下馬，親手為洪承疇牽馬。遇到山澗，他一定背負洪承疇過去。他的忠心讓洪承疇極為感動，戰爭結束後就保舉王輔臣做了總兵官。

雲南平定之後，王輔臣留鎮雲南，隸屬於吳三桂。當時，平西王吳三桂極力籠絡著名武將，王輔臣當然也在他的視野之中，吳三桂請示了

順治帝後，授予王輔臣援剿右鎮總兵官，隸屬於自己的部下。

而王輔臣對吳三桂，也同樣盡心盡力，竭盡忠誠。其實，吳三桂這個時候已經有了割據的野心，為了擴大自己的實力，他當然不會放過王輔臣這樣能征善戰的大將，因此竭盡籠絡之能事，他對待王輔臣，比對待自己的子姪還要親密。

因此，在吳三桂的推舉下，康熙三年，也就是 1664 年，王輔臣被加銜左都督。康熙一直關注著吳三桂，他親政的第二年，也就是康熙九年，他就開始謀劃削弱吳三桂的力量，同時也打起了王輔臣的主意。正好，這一年陝西提督缺空，康熙認為王輔臣智勇雙全，是難得的人才，於是將他從吳三桂那裡調出，升任陝西提督。

別看王輔臣只是一個提督，卻對戰局的走向起著至關重要的作用。如果說康熙和「三藩」成為天平的兩端，王輔臣這個砝碼加到哪一方，哪一方就有可能獲得最終勝利，其重要性可想而知。在爭取王輔臣這件事上，吳三桂和康熙都使出了渾身解數，各有優劣，但最終還是康熙剿撫兼施，勝了一籌，從而也獲得了最終的全勝。

任命王輔臣為陝西提督的旨意下達之後，吳三桂才知道，他深感惋惜，如失左右手。王輔臣臨行前，吳三桂拉著他的手，涕泣不止，說道：「你到了平涼，不要忘了老夫。你家裡窮，人口多，萬里迢迢，怎麼受得了！」隨後，他便贈王輔臣白銀二萬兩作為路費。王輔臣心中也對吳三桂感激不已。

陝西是策略要地，可以說是京城的西部門戶，必有得力之人方能守衛。康熙將這麼重要的職位交給王輔臣，就是對他最大的籠絡。王輔臣去平涼上任前，進京謁見了康熙。康熙語重心長地對他說：「朕真想把卿留於朝中，朝夕得見。但平涼邊庭重地，又非卿去不可。」

康熙讓欽天監給王輔臣選擇動身吉日，又特地讓他過完元宵節，且

親自與他一道看燈。臨行前，康熙再次召見王輔臣，把一把豹尾槍贈給王輔臣，康熙說：「這把槍是先帝世祖章皇帝留下來的，一共是兩把，朕每次出獵都一定把它們懸掛於馬前，現在你遠去平涼代表朝廷鎮守邊鎮，為了宣揚你的威名和表示朕對你的信任，把這把槍送給你，朕是先帝的兒子，你是先帝的臣子，其他的物品不足以表示珍貴，唯有這把槍可以讓你經常想到先帝對你的託付和朕對你的期望。」

這些可以說是很多大臣一輩子都難以享受到的，相比之下，吳三桂的恩德又在其下了。王輔臣被感動得痛哭流涕，他拜伏於地，發誓道：「聖恩深重，臣就是肝腦塗地，也不能報答萬一，怎麼敢不竭盡全力，報效皇上呢！」

可以說，在爭取王輔臣的第一戰中，康熙就占據了優勢。三年之後，吳三桂發動叛亂，他首先想到了擔任陝西提督的王輔臣和甘肅提督張勇等舊部，以為靠他以前的恩惠，只需一紙號令，二人就會聞風響應，這樣一來，他的勝券就大得多了。

對吳三桂的這一手，康熙早已料到。康熙十二年，也就是 1673 年，農曆十二月，他就給王輔臣、張勇和陝西總督哈占頒布特急詔諭：「逆賊吳三桂，如果祕密地用書信來迷惑你們和百姓，當曉諭官兵百姓，令其向朝廷報告。」

果然不久之後，吳三桂就派王輔臣原來的親信汪士榮，帶著給王輔臣、張勇的信函和任命札二道來到了平涼。這時的王輔臣正面臨著情感和利益的雙重煎熬。他想到吳三桂的舊恩和當下的聲勢，又想到康熙對他的寵信，一時左右為難。

最終，還是和康熙的情義占了上風，他立即命令拿下汪士榮，連同吳三桂給他及張勇的信、任命札，派他的兒子王繼貞一同解往京城。康熙獲知後大喜，當即將汪士榮處死，並授給王輔臣三等精奇尼哈番世

職，任命王繼貞為大理寺少卿。

為了加強對西北地區的控制，康熙派刑部尚書莫洛率兵前往陝西，讓王輔臣堅守平涼，與莫洛同攻四川。王輔臣對莫洛經略陝西，凌駕於其上，有些不滿。他從平涼前往西安，向莫洛陳述征戰方略，但莫洛不以為意，還顯示出輕蔑之意，王輔臣懷恨在心。

康熙十三年，也就是1674年，農曆八月，王輔臣一再要求莫洛給他添馬兵，但莫洛卻先將王輔臣所屬固原官兵的好馬盡行調走，大大影響了王輔臣所部將士的心情。莫洛的歧視和壓制，終於引發內訌，在莫洛進軍不利，屯兵修整時，王輔臣殺死了莫洛，舉起叛旗，響應吳三桂。

定西大將軍董額得知王輔臣叛亂，急忙飛報康熙。康熙得到王輔臣反叛的消息，也著實吃了一驚，他想：王輔臣反叛非同小可，西北的重要將領多是漢族人，一直都和吳三桂有連繫，有可能一反俱反；同時，王輔臣一反叛，等於給吳三桂開闢了一條通道，可以由側面進攻北京，蒙古部落也可能由此受到煽動，這樣一來，局面就會變得不可收拾。

康熙心中非常焦急。想來想去，終於想出了一個法兒，決定恩威並用，招撫王輔臣。正好王輔臣的兒子王繼貞還在京中，康熙急忙傳下聖旨，讓王繼貞入見。王繼貞還不知道他父親叛應吳三桂，猜不透皇上召他有什麼事。

「你父親叛亂，你知道嗎？」

王繼貞一聽此話，「啊」的一聲跪在了地上，說：「不知道，不知道，奴才確實不知道……」

康熙和顏悅色地說：「起來吧。這裡有一份奏書，你看看就知道了。」

王繼貞接過奏書一看，渾身抖個不停，撲通一下又跪在了地上，連連叩頭：「該死！該死！……」

「你也不必害怕，」康熙說，「你父親雖然在明朝末年結夥為盜，但從順治年間降於我朝後，屢立戰功。逆賊吳三桂叛亂後，又派你進京，表達他的忠誠。這次他舉兵叛亂，雖說罪不可赦，但也不能全怪你父親，他受到了別人的引誘。你可速去陝西，把朕的意思告知你父親，如果破賊立功，朕可既往不咎。」

王繼貞慌忙謝恩。康熙又說：「口說無憑，這裡有朕的詔書，可一併帶給他。」

王繼貞接過詔書，心中十分感動，叩頭謝恩道：「皇恩浩蕩，我家父子就是肝腦塗地，也難報萬一！奴才這次前去，一定不負聖望。」

王繼貞下去後，康熙輕舒了一口氣。同時又派蘇拜攜招撫諭旨前往陝西，會同總督哈占商酌，招撫王輔臣。康熙深知攻敵必先攻心的道理。不久，他又給王輔臣發去一封親筆信，深情地陳述了他與王輔臣交往的一樁樁往事，絲毫沒有責備他忘恩負義，反而處處顯示著體諒與寬容。在這篇敕諭中，康熙說道：

近據總督哈占奏稱，進剿四川，軍中噪變，爾所屬部伍潰亂，朕聞之，殊為駭異。朕思爾自大同隸於英王，後歸入正白旗，世祖章皇帝知爾賦性忠義，才勇兼優，拔於儔伍之中，置之侍衛之列。繼命爾隨經略洪承疇進取滇黔，爾果能殫心抒忠，茂建功績，遂進秩總戎，寵任優渥，追及朕躬，以爾勳舊重臣，巖疆攸賴，特擢秦省提督，來京陛見，面加訊問，益悉爾之忠貞天稟，猷略出群，朕心深為嘉悅，特賜密諭，言猶在耳，想爾猶能記憶也。

去冬吳逆叛變，所在人心，懷疑觀望，實繁有徒。爾獨首倡忠義，舉發逆札，擒捕逆差，遣子王繼貞馳奏。朕召見爾子，面詢情形，愈知爾之忠誠純篤，果不負朕。知疾風勁草，於今見之。後爾請入覲，面陳方略，朕以爾忠悃夙著，深所倚信，且邊疆要地，正資彈壓，是以未令

來京。經略莫洛奏請率爾入蜀，朕以爾與莫洛，和衷共濟，毫無嫌疑，故令爾同往建功。茲兵變之後，面詢爾子，始知莫洛於爾，心懷私隙，頗有猜嫌，致有今日之事，則朕之知人未明，俾爾變遭意外，忠藎莫伸，咎在朕躬，於爾何罪。朕之於爾，誼則君臣，情同父子，任寄心膂，恩重河山。以朕之惓惓於爾，知爾之必不負朕也。至爾所屬官兵，被調進川，征戍困若，行役艱辛，朕亦悉知。今變起倉卒，情非得已，朕唯加矜恤，並勿致譴。頃已降諭，令陝西督撫，招徠安插，並遣爾子，往宣朕意，恐爾尚懷猶豫，茲特再頒專敕，爾果不忘累朝恩眷，不負平日忠忱，幡然悔悟，斂戢所屬官兵，各歸隊伍，即令率領，仍還平涼原任，已往之事，概從寬宥。或經略莫洛，別有變故，亦系兵卒一時憤激所致，並不追論，朕推心置腹，決不食言，勿心存疑畏，有負朕篤念舊勳之意。

康熙為了使王輔臣回心轉意，將其反叛原因歸咎於自己，表示如果王輔臣反正，仍復提督原任，既往不咎。

在招撫的同時，康熙也嚴加防備。他下令徵調鄂爾多斯蒙古兵三千多人，歸化城土默特兵七百人，前往西安駐守。此外還派駐守京城的部分八旗兵，迅速起程，前往西安協守。調副都統穆舒渾、鄂善和希福率兵馳赴興安，以加強西北策略要地防守，防止不測。

由此可以看出，康熙並非是一個只知發善心的老好人，更是一個運籌帷幄的偉大統帥。他在用恩招撫的同時，也做好了戰爭的準備。

王輔臣接到康熙的詔書後，內心頗不平靜，想到康熙對自己恩重如山，不能自已，於是率領人馬向北跪下，痛哭流涕。後來王輔臣擔心自己殺死了莫洛，康熙遲早要和自己算帳，得到吳三桂餉銀二十萬兩後，遂繼續發兵。

康熙急命張勇、王進寶等率兵進剿，將王輔臣壓縮在平涼、固原，

久攻不下。此後，清軍節節勝利，康熙仍然想招降王輔臣。

康熙十四年，也就是 1675 年，農曆七月，他又給王輔臣發去一道招降敕諭說：「平逆將軍又取延安，蘭州、鞏昌依次底定。大兵雲集，平涼滅在旦夕。大兵交戰之時，百姓多遭殺戮，由於你一個人的原因，而讓百姓遭受苦難，我實在於心不忍。現在我仍然盼你能改過自新，如果你真能悔改，還可以將功贖罪，以觀後效。」並將其罪行概加赦免。

王輔臣回奏康熙，表明很想回心轉意，但又擔心朝廷將來變卦，心存疑懼，不敢貿然歸降，盼望康熙能給一個明確的承諾。

康熙十五年，也就是 1676 年，農曆二月，康熙命令圖海進攻平涼，圖海原來和王輔臣就認識，對他十分了解，知道王驍勇善戰，作戰有方，一旦強攻，必然是兩敗俱傷，因此他堅決執行康熙用恩招撫的策略，攻心為上，勸誘其降。

一些大將主張強攻，圖海沒有同意，他說：「仁義之師，先招懷後攻伐。吾奉皇上的旨意討伐王輔臣，當然打敗他不在話下，只是顧念城中數十萬生靈，都是我們大清朝的百姓，遭賊劫持至此，戰亂之下，必然會有很多人遭到殺害。如果能勸他投降，以展現聖主好生之德，不更美乎？」他採取圍而不攻、圍而不戰的策略，逐漸掌握了主動。

平涼城北有一山岡，名為虎山墩，是平涼餉道咽喉，也是全城的制高點。要破平涼，必先攻占這裡。圖海率部輪番進攻，經過激烈戰鬥，終於拿下了虎山墩，斷絕了平涼城的餉道。清兵在墩上安上大砲，轟擊城內，讓叛軍惶惶不可終日。

在這個時候，進行招撫就能占據主動，而且成功也是水到渠成的事了。六月六日，圖海命幕僚周昌冒死進城撫慰。在康熙真心的感召下，第二天，王輔臣終於宣布投降。圖海立即上奏。

康熙覽奏大喜，他誇獎圖海說：「宣布恩威，剿撫並用，籌劃周詳，

布置神速。」馬上頒布詔令，赦免了王輔臣等人的罪行，寬言撫慰，命王輔臣恢復原職，加太子太保銜，封靖寇將軍，令其立功贖罪，和圖海一同留鎮陝西，助剿吳三桂。

不久，王繼貞升任太僕寺卿。投誠的參將黃九疇升任布政使，總兵陸道清為左都督兼太子太保，其他官員都各加一級從優升賞。叛軍不但沒有受到懲罰，反而得到重用，無不感激，奮勇殺敵，以圖報效。

康熙對王輔臣的寬大處理具有榜樣的力量，許多原來投靠吳三桂的將領也動了心思。當清軍戰場上漸漸得勢之後，吳三桂部下紛紛投誠。康熙十七年，也就是 1678 年，閏三月，吳三桂的水師將領林興珠在湘潭率眾投降。林興珠是福建人，熟悉水性，率軍駐守洞庭湖。他精通水軍，善於用兵，清軍屢攻不下。但他和岳州吳軍守將吳應麒不合，吳應麒在吳三桂面前進讒，吳三桂於是將他調往湘潭，不予重用。

林興珠一怒之下，憤而降清。吳三桂大怒，殺其二子。林興珠發誓報仇雪恨，獻計奪取岳州。康熙採納了他的建議，封為侯爵，命他在安親王岳樂帳下效力。林興珠的投降，為清軍攻占岳州創造了良好的條件。

康熙十七年，也就是 1678 年，農曆十二月，吳三桂的水軍大將杜輝請降。康熙十八年，也就是 1679 年，正月，又有吳三桂手下總兵王度衝等率舟師歸降。岳州是平「三藩之亂」的主戰場，雙方主力在此激戰了四年多。占領岳州，湖南門戶大開，吳軍的最後滅亡也就隨之而來了。

由此可見，收服王輔臣對於全域性有著至關重要的影響。收服王輔臣，是平定吳三桂這個大棋局中所下的一個勝負手。康熙剿撫兼施，不僅解除了對京師的巨大威脅，而且剪除了吳三桂在西北的羽翼，使吳三桂失去了一個有力的臂膀，頓時扭轉了整個西北戰局。

康熙於十六年後，將剿撫兼施的策略陸續在湖南、四川、雲南、貴州等省全面推行。明確規定，凡參加叛亂的文武官員兵民等，只要能悔

罪歸正，他們的罪行可以一概不究；如有獻城或捕獲首領來歸的，要給予特別優賞。

由於王輔臣重新歸附，其他叛軍都迎刃而解，這盤棋也被康熙一下子走活了。這規定一實行，迅速見效，投誠的官兵絡繹不絕。

剿滅「三藩」餘黨威脅

「三藩」造反後，氣焰非常囂張，戰禍滋蔓了半箇中國。但戰爭進行了幾年後，戰場形勢發生轉變，叛軍陸續被清軍擊破，耿精忠、尚之信等相繼降清。

康熙十七年，也就是 1678 年，農曆三月初一，六十七歲且勢窮力竭的吳三桂在衡州稱帝，國號大周，改元昭武，改衡州為定天府，大封百官諸將。但這一政治行動絲毫不能改善叛軍的處境，這年秋天，吳三桂病死。吳三桂死後，其孫吳世璠繼位，改元洪化，並退居貴陽。

康熙十八年，也就是 1679 年，正月，岳州被清軍攻下，康熙得到這一勝利消息後，靈感迸發，他在詩中稱讚這次勝利是「群臣盡力，將士用命」。岳州一被清軍攻破，湖南其他地方的叛軍紛紛棄城逃遁。至此，湖南大局已定。清軍不斷的勝利和吳三桂的病死，使得叛軍已經是日暮窮途。但為了盡快結束戰爭，康熙依然採取恩威並施的策略，勸誘叛軍投降。

康熙十八年，也就是 1679 年，四月，康熙敕諭雲貴文武官員：「當時倡叛，罪止吳三桂一人，所屬人員均系脅從，今當爭先來歸，到各路大將軍、將軍等軍前投誠，都赦免以前的罪過，論功敘錄，加恩安插。」

他還親自分別給胡國柱、馬寶、郭壯圖、夏國相、吳應期等叛將寫了招撫的諭旨，爭取他們投誠，減少征剿的壓力。

這種剿撫並用的平叛策略，收到很大的效果，先後收服了王輔臣、耿精忠、尚之信等人。現在群龍無首，各懷心思，康熙又施招撫，大大瓦解了叛軍的鬥志。

康熙十九年，也就是 1680 年，農曆九月，清軍展開了剿滅雲貴叛軍的戰鬥。十二日，蔡毓榮率先出征，章泰率領大軍隨後，一路收復了鎮遠、清平、平越，逼近貴陽。

十月二十一日，清軍進抵貴陽城下。吳世璠時正困守貴陽，其大將夏國相、高啟隆、馬寶、胡國柱則在四川，吳世璠與其叔父吳應期、將領劉國炳自覺難以抗拒，就趁夜逃回昆明。郭昌同文武官員二百零二人以及原任清提督李本琛都相繼歸降清軍。清軍輕而易舉地收復了貴陽。十一月，貴州全省基本平定。章泰、蔡毓榮在貴陽休整了一個多月，康熙二十年，也就是 1681 年，正月，又揮師殺向雲南。

康熙十九年，也就是 1680 年，農曆九月，趙良棟指揮的大軍正待出發時，叛將郭壯圖選派胡國柱、馬寶、王會、高啟隆、夏國相等突襲四川，接連攻陷瀘州、永寧等地。已經降清的叛將譚洪、彭時亨等趁機再叛。趙良棟受阻，與叛軍角逐，無法南下。

康熙二十年，也就是 1681 年，農曆二月十五日，章泰大軍趕到交水城，與賴塔所率廣西大軍會合。兩軍聯合，水陸並進，十九日，進抵昆明郊區。二十一日，叛將郭壯圖派胡國柄等人統兵萬餘人出城三十里迎戰。叛軍抵擋不住清軍的猛攻，敗回昆明。清軍乘勝追擊，陣斬胡國柄等九員將官，進抵昆明城下，掘壕圍戰。

吳世璠抗拒絕降，並招四川的馬寶、高啟隆等回來救援。康熙命令趙良棟應將馬寶、高啟隆等就地殲滅。同時，再次向他們發出了招撫

令。在清軍的凌屬攻勢下，高啟隆、馬寶從四川撤軍，四川形勢馬上改觀，趙良棟指揮大軍從後面追擊，四川的叛軍基本被肅清。

趙良棟又統率清兵殺入雲南。叛軍將領高啟隆、楊開運、劉魁、趙玉抵擋不住清軍的兩面夾擊，只好向清軍投降。五月，馬寶部在雲南烏木山被清軍將領希福擊敗，馬寶僥倖逃脫，走投無路之際，想起了康熙的招撫令說：「只要悔罪歸誠，可以將從前的一切罪行都赦免，並且以後立了功仍然論功行賞。」

於是在七月五日，馬寶和將軍巴養元、趙國祚等人到姚安府希福軍中繳印投降。清軍圍城半年多，吳世璠盼望馬寶等人的救援早已化為泡影，但他們仍不願投降。清軍亦未攻下。

九月，趙良棟率軍抵達昆明，從水道上加緊了對昆明的封鎖。

十月，昆明城內糧盡，趙良棟揮師攻城，章泰積極配合，仍未攻下，於是，清軍向城內射了很多份招降書，以瓦解叛軍的鬥志。

十月二十二日，叛將餘從龍、吳成鰲出城投降，並將城中虛實盡告清軍。

二十八日，吳國柱、吳世吉等準備發動兵變，以逮捕吳世璠、郭壯圖獻給清軍。吳世璠事先獲知風聲，遂在大殿上自刎而死，時年十六歲，郭壯圖與其子郭宗汾也都自殺。

二十九日，方光琛開啟昆明城門向清軍投降。

三十日，清軍開入昆明城內，將叛軍的老巢搗毀。

當年方二十八歲的康熙半夜裡接到捷報，揮筆作了《滇平》詩一首，以「回思幾載焦勞急，此日方同萬國歡」的詩句，表達他的喜悅心情。

至此，持續八年的平定「三藩之亂」的戰爭結束，康熙徹底取得了勝利。

作為叛亂的罪魁禍首吳三桂，康熙是恨之入骨，雖然他已死去好幾

年，但是康熙還是在二十一年，也就是 1682 年，正月，下令將他剖棺戮屍，付之一炬，將其骨灰分發各地，以此告誡那些不忠不孝的臣子。將吳世璠的首級交刑部懸掛城門示眾，吳三桂的女婿夏國相同時被凌遲處死。

慫恿吳三桂起兵併為其謀劃的方光琛和他的兒子方學潛、姪子方學範被擒獲後，康熙下令將他們軍前正法。康熙同時下令，馬寶雖然投降，但他罪大惡極，而且是在走投無路的時候才投降的，不能饒恕，將馬寶押赴到京，凌遲處死。

「三藩之亂」平定之後，康熙宣示天下：宣布將雲南、貴州、福建、浙江、廣東等地的「三藩」家產沒為軍餉；令藩兵全部撤回京師，於福州、廣州、荊州等地，各設八旗兵駐防，派遣將軍、副都統駐鎮，取消世襲兵權及土地之權，大大加強了國家的統一。

平定吳三桂叛亂，廢除「三藩」，使整個大陸重新獲得了統一。康熙又乘「平吳」之餘烈，抓住時機，開始著手解決長期懸而未決的臺灣問題。

分化瓦解鄭氏力量

自從康熙親政，一直計劃收復臺灣，將其列為三大政事之一。這一方面是出於消除反清力量的威脅，另一方面也是國家統一的需要。但同除鰲拜、平「三藩」相比，收復臺灣無疑更具有挑戰性。因為對於不善水戰的清軍來說，越過幾百里的海峽攻打鄭氏長期據守的臺灣，是非常困難的。

　　臺灣在福建省東南的東海和南海之間，東西寬 15 ～ 144 公里，南北延伸約 394 公里，全島面積約 3.6 萬平方公里。

　　一千多年來，大陸沿海人民相繼渡海到臺灣定居，特別是福建、廣東兩地的人最多。僅明末，鄭成功之父、福建游擊鄭芝龍一次就組織數萬多人到臺灣墾荒。

　　天啟四年，也就是 1624 年，荷蘭殖民軍指揮官宋克率艦 13 艘，占領了臺灣西部，在南鯤身山上築臺灣城，又在本島西南部建起赤嵌城。天啟六年，也就是 1626 年，西班牙殖民軍占領了臺灣北部的基隆、淡水等地。明崇禎十五年，也就是 1642 年，荷蘭殖民軍打敗了西班牙軍，又占領了臺灣的北部。自此，臺灣本島就為荷蘭殖民者侵占。

　　崇禎十五年，也就是 1642 年，臺灣全島被荷蘭殖民者占領。順治十八年，也就是 1661 年，民族英雄鄭成功率領大軍，出征臺灣，驅逐了荷蘭殖民者。

　　鄭成功收復臺灣之時，清朝基本上奠定了在中國的統治地位。雖然如此，全國各地仍然噴發著抗清的戰火，既有南明朝廷的抗清鬥爭，又有農民軍餘部的抵抗活動，作為明朝遺民的鄭成功也一直在東南沿海一帶與清軍周旋，戰事不斷，給清朝以沉重的打擊。

　　臺灣收復後他就把這座寶島作為反清復明的基地，繼續他的反清復明的壯舉，然而天不佑命，康熙元年，也就是 1662 年，鄭成功去世。其弟鄭世襲與其子鄭經為爭奪王位而火併。清廷趁機招撫駐守廈門的鄭經，鄭經交出了明朝敕命及玉印等。

　　次年五月，鄭經殺死鄭世襲，臺灣內亂平息。鄭經向清廷請求仿照琉球的藩國形式，占據臺灣，永不登陸，不剃髮，不改漢族衣冠，否則，雖死不降。

　　就康熙初期而言，清朝與鄭氏勢力之間一直處於膠著狀態，雖然不

時地發生一些小規模的軍事衝突，但雙方誰也無力吃掉對方。這是因為：從鄭氏勢力來看他的力量相對單薄，不足以對清朝構成大的威脅；從清朝當局來看，他雖然比鄭氏勢力強大，但一時間還無力集中兵力解決臺灣問題，況且又無得力的水師可用，茫茫大海成了清軍面前的一個天然障礙。

不過臺灣問題是必須要解決的，既然一時之間武力解決不了，那就採取別的途徑看看能否解決。於是和談成了康熙初年對臺的主要政策。康熙八年，也就是 1669 年，康熙帝派刑部尚書明珠到泉州，負責主持與鄭氏的談判工作，條件是允許鄭氏世守臺灣，稱臣納貢。

但鄭經卻堅持「照朝鮮事例，不削髮」。也就是以朝鮮為模範，將臺灣作為一個國家，名義上是清朝的「附屬國」，稱臣納貢，不削髮。這雖然已經違背了他父親鄭成功原先確定的擁明抗清的本意，但並沒有得到清朝的首肯。康熙帝認為鄭氏是中國之人，中國之人就不應該引朝鮮之例。結果談判破裂，清廷招撫行動失敗。

於是，朝廷就把目標轉移到中下層將領和士兵上，透過招撫，分化瓦解鄭氏的力量。鄭成功去世後，臺灣的鄭氏集團內部接連發生爭權奪利的內部鬥爭。

首先是鄭氏家族中鄭經及其伯父鄭泰的矛盾。鄭泰輩分高，長期為鄭氏管理錢糧事務，又率部留守金廈，勢力更盛，招致心胸狹窄的鄭經的疑忌。鄭泰偏偏又在鄭氏政權的繼承問題上一度擁護鄭世襲，並曾致書鄭世襲集團骨幹黃昭。

鄭經入臺後發現了鄭泰勾通黃昭的信，頓起殺心。康熙三年，也就是 1664 年，農曆六月七日，鄭經設計誘鄭泰至自己帳中飲酒，將其縊殺，並派兵抄家。

鄭泰的弟弟鄭鳴駿以及兒子鄭纘緒被逼無奈，率水陸各鎮官員四百

餘人，兵馬一萬餘眾，船三百餘艘來到泉州港，投降了清朝。當時康熙還沒有親政，朝廷認為這是收復臺灣的大好機會。經過一番準備，海澄公黃梧、福建總督李率泰、提督馬得功分別從海澄、同安、泉州三路攻打鄭氏盤踞的金廈。

十月十九日，馬得功所部與鄭軍在金門烏沙港大戰，被精通水戰的鄭軍打敗，馬得功投海自盡。黃梧和李率泰兩路人馬都打敗了鄭軍，迫使守護高崎的鄭將陳昇投降。鄭經退守銅山，清軍收復金廈。隨後，李率泰派人四處招降，擾亂了鄭軍軍心，很多人紛紛歸降。但鄭經仍舊拒絕投降。

經過這一戰，朝廷認為爭取鄭氏將領的希望是很大的，於是從兵部、戶部各派兩名官員長期駐在福建、廣東、浙江、江蘇四省，誘降鄭軍中下級軍官，還提出了極其優厚的條件：不問真偽，凡海上武官率眾投降者按原銜補官，單身投降者降四級敘用，有立功者降二級敘用。為了安插降官，允許武職改授文官。

在這種強大的誘惑之下，鄭軍人心浮動，各思投身之路。康熙三年，也就是 1664 年，春，鄭經將領林順為舊友施琅所招而投誠，共計帶來文武官 3985 人，士兵 40962 名，歸農官弁兵民 64330 名，眷屬人役 63000 餘人，大小船隻 900 餘隻。

鄭經見諸將紛紛叛降，自知銅山必難堅守，又恐變起肘腋，遂退居臺灣，令周全斌、黃廷二人斷後。周、黃二人不願意遠離故土，也歸附了清朝政府。

康熙十二年，也就是 1673 年，「三藩之亂」爆發。鄭經見有機可乘，派船隊集結澎湖待變。康熙十三年，也就是 1674 年，三月，耿精忠反叛。鄭經應其所請，率眾攻打廈門。當時，清軍主力與吳三桂作戰，耿精忠又率主力北上江浙，鄭經遂趁機攻占閩海、粵東沿海地區，連占

泉州、漳州、汀州、興化、邵武等府和廣東潮州、惠州、廣州府的一些州縣。

鄭經並非真心和「三藩」合作，而是藉助這次機會，恢復原來占據的閩粵之地。而這兩個地方原來在耿精忠和尚之信的控制之下，他們的矛盾也就越來越激化。

針對這樣的情況，康熙採取了更穩健的做法。他沒有全面出擊，而是把精力放在對付「三藩」上。他命軍隊重點打擊耿精忠，對鄭經則採取暫時不理的策略。

康熙十五年，也就是 1676 年，十月，康親王傑書親率大軍從浙江攻入福建。耿精忠南有鄭經牽制，無力抵抗，被迫降清，並擔任嚮導，轉而攻打鄭經。康熙藉助鄭經之手逼降了耿精忠，然後才轉頭攻打鄭經。

經過兩個月的大戰，鄭經連敗於烏龍江、邵武等地，丟失了廣東全省，不得不收縮戰線，退守汀州。第二年春天，清軍連陷興化、泉州、漳州，鄭軍全線崩潰，鄭經退守廈門、金門及附近島嶼。

當時對吳三桂的作戰正在激烈進行，朝廷無力立即攻打臺灣。康熙仍然堅持勸降策略，他指示康親王傑書派人前往廈門招撫鄭經，希望趁鄭經新敗之機，和談會有所收穫。但鄭經仍堅持照朝鮮例，不剃髮，不上岸。

八月，康親王傑書再派人去廈門見鄭經，提出可以按照朝鮮的例子辦理，每年納貢，通商貿易。但鄭經更進一步，轉而要求沿海諸島也必須由鄭軍把守，糧餉由福建供給。因而談判功敗垂成，再起戰端。

但康熙仍然沒有放棄招撫，他下令：「鄭經雖無降意，其附逆人民有革心向化者，大將軍康親王仍隨宜招撫。」

康熙十七年，也就是 1678 年，農曆二月，鄭經突然派手下大將劉國軒猛攻漳州，屢敗清軍，乘勝攻克同安、海澄，之後分兵北上，留一部

繼續攻打漳州。

康熙認為福建總督郎廷相指揮不力，經過康親王傑書的舉薦，任命署福建布政使姚啟聖繼任福建總督。姚啟聖接任後不久，就密陳方略，提出破敵妙計。康熙看到他的奏疏，高興地說：「閩督今得人，賊且平矣！」

姚啟聖嚴格貫徹康熙的平臺策略。他一面扭轉戰局，收復失地，圍攻退守海澄的劉國軒；另一面派人到廈門招撫鄭經。軍事上，他大力整頓充實綠營兵，革除各種軍役，招募壯丁入伍以足兵額，加強軍力，做好和談不成武力攻臺的準備。政治上，他首先穩定福建民心，解除民困。

同時，姚啟聖改變了郎廷相懷疑閩人與鄭氏官兵勾通的做法，廣貼告示，不許挾嫌陷害。此舉使得民心大定，為對臺用兵打下了良好的基礎。姚啟聖按照康熙的安排，特別注重策反、招降工作。其方法多種多樣，效果也十分顯著。

首先，姚啟聖下令保護沿海各地與鄭軍有鄉鄰戚黨關係之人，嚴禁挾隙陷害，消除鄭氏官兵疑惑之心及後顧之憂。

其次，姚啟聖採納鄭氏投誠人員黃性震的建議，在漳州設「修來館」，不論官爵、資財、玩好，凡宣告來自鄭氏者，都一律好好安置。並規定文官照原銜報部補官，武官一律保留現職。士兵及平民頭髮長者，賞銀五十兩，頭髮短者賞銀二十兩，願入伍者立即收入軍營，並領取軍餉，願回鄉者送回原籍安插。對屢次逃走而復來者一樣對待，不加追問。

命令一經發出，鄭軍紛紛來降，絡繹不絕。康熙十八年，也就是1679 年初，鄭軍投誠者更是紛至沓來，五鎮大將廖瑞、黃靖、賴祖、金福、廖興及副總兵何遜等都各自帶領所屬官兵來歸，共文武官員 374員，士兵 12124 名。

不久，陳士愷、鄭奇烈、紀朝佐、楊廷彩、黃柏、吳定芳等人也相

繼率部投誠。後又有水師五鎮蔡中調、征夷將軍江機、楊一豹等人率所部十餘萬人降清。

招降的同時，姚啟聖還用反間計擾亂鄭氏後方。他派人攜帶重金潛入鄭軍，廣散謠言，揚言鄭軍某將將投降，或派人帶信及禮物送予鄭氏將領，又故意將此事傳播，以引起鄭軍內部自相猜疑。對鄭經派來的間諜，不僅不究，反誘以厚利，為我所用。這些措施取得了良好的效果。

康熙對姚啟聖的招撫政策給予了大力支持。海澄公黃芳泰原駐漳州，後移汀州，在二州頗有勢力。因黃芳度及其家眷被鄭軍殺害，鄭軍官兵因此不敢來漳州歸順。為此，姚啟聖上疏康熙，請求遷海澄公黃芳泰出汀州。康熙立即下旨，命黃芳泰攜家回到京師。

同時，康熙對於姚啟聖所做的其他各項工作也都大力支持，授姚啟聖兵部尚書銜。這樣，不長時間，姚啟聖便充實了清軍實力，穩定了民心，大大削弱了對手力量，使得清軍逐漸擺脫被動局面，轉入反攻。

在這種情況下，康熙命姚啟聖連續致書鄭經，加以招撫。姚啟聖遵照康熙的旨意，在信中對鄭經動之以情，曉之以理，言辭頗為懇切。經過一再爭取，鄭經也有了和談之意。

康熙十八年，也就是 1679 年，康親王傑書派蘇埕再赴廈門，請鄭經罷兵議和，並允諾「依朝鮮事例，代為題請，永為世好，作屏藩重臣」。鄭經也很高興，和談之事，已經接近成功。但因為馮錫範等阻撓，功虧一簣。

清廷內部對臺灣鄭氏一直存在著招撫和攻剿兩種主張，福建水師提督施琅一貫主張以武力攻剿臺灣。施琅是福建晉江人，原來是明朝的游擊將軍，後為鄭芝龍手下左先鋒，因為誅殺逃將得罪了鄭成功，被迫降清，任清朝福建水師提督。

施琅曾上了一道《盡陳所見疏》給康熙，詳述武力統一臺灣的方略。他提出「因剿寓撫」的策略，即安撫與攻剿並用，但側重點在於攻剿，

以攻剿促安撫。剿撫都需根據具體情況，敵順則撫，敵逆則剿，既然朝廷三番五次招撫無效，就應以武力征剿，以強大軍事壓力迫使鄭經就撫。

可惜當時正值鰲拜輔政，對施琅的奏章非但不理，反而解除了他的兵權，留在京師，授內大臣職，實際上是閒散供養。朝廷繼續對臺灣進行招撫而沒有結果的現實，讓康熙逐漸意識到，收復臺灣不能放棄武力。於是他決定建立一支強大的水師，做好充分準備。

康熙十八年，也就是 1679 年，正月，他下令重建福建水師，調鎮江將軍王之鼎為水師提督。四月，康熙改調在洞庭湖大敗吳三桂水軍的萬正色為提督，從江南、浙江挑選百艘戰船撥入福建水師，建立起足以抗衡鄭氏水軍的一支海上力量。

水師建立，很快就發揮了作用。第二年二月，清軍水陸兩路進攻，勢如破竹。鄭經慌忙逃回臺灣，廈門守將陳昌、海澄守將蘇湛等紛紛獻城而降，朱天貴也率文武官員六百餘人，水師精銳兩萬餘人，戰艦三百艘歸降。金廈及沿海諸島嶼都回到清朝的手中。

經過八年之久的金廈拉鋸戰，鄭經的勢力在政治和軍事的雙重打擊下，已經大大削弱，他僅率千餘人逃回臺灣。而清軍在戰鬥中重建了水師，鍛鍊了海戰能力，統一的條件日臻成熟。

統一臺灣並設立知府

康熙一直認為：「主權領土是涉及國家大利害的問題，在這個問題上，必須寸土必爭，不容有絲毫讓步。」因此，康熙在是否留守臺灣的問題上，他目光長遠，堅決抵制了放棄的意見，在臺灣設立府縣，建立

長期駐軍制度。這對於臺灣的發展、祖國的統一、領土的完整都產生了深遠的影響。

康熙二十年，也就是 1681 年，鄭經病死，鄭氏集團再次發生內亂。馮錫範、劉國軒發動政變，殺死了鄭克臧，擁立年僅十二歲的鄭克塽。主幼臣疑，人心不穩，馮錫範等企圖殺人立威，更導致人心惶惶，軍中上下都打算叛變投降大清。經過這番折騰，鄭氏集團已經處於風雨飄搖中了。

這時候，姚啟聖立即上疏朝廷，建議趁機攻取臺灣。康熙召開大學士會議，商議攻剿臺灣方略。李光地舉薦施琅重新擔任福建水師提督，認為他熟悉海上情形，並富有謀略，鄭氏對其頗為畏懼。姚啟聖更是一再上疏保舉施琅擔任此職。施琅十三年前所上《盡陳所見疏》，現在也得到了康熙的重視。

經過深思熟慮，康熙毅然起用熟悉臺灣情況、善於海戰的施琅替換萬止色為福建水師提督。在施琅離京之前，康熙特在內廷召見，激勵他說：「臺灣一天不解決，民生一天得不到安寧。現在上天給了我們這個好機會，臺灣出現了內亂，所以我決定收復它。讓你掛帥出征，不知道你有什麼意見？」

收復臺灣，一直是施琅的願望。以前，他就曾上書康熙說要收復臺灣，但因為要除鰲拜、平定「三藩」，康熙當時沒有同意。現在施琅聽康熙說要收復臺灣，又讓他掛帥出征，當然同意。

但施琅並沒有馬上答應下來，而是謹慎地說：「收復臺灣，是大家都希望的事情，皇上的決斷非常英明，我也想盡一份力。但我是漢人，又是投降過來的將領，以這樣的地位和資格，恐怕辜負了您的託付。再說，自我朝成立以來，每次出征，都是由滿族的王公貴族掛帥。」

康熙見施琅有為難之處，就誠懇地說：「你不要擔心，我讓你掛帥，

是經過長時間考慮的。我朝大臣雖然很多，但說到陣法、水戰的經驗，沒有一個比得上你。當年，你向我陳述攻取臺灣的計畫，我就知道你很有把握。你在我身邊做內大臣十三年，我很了解你，希望你不要推辭。聽說你閒暇的時候，經常閱讀史書，留心各朝各代的興旺與衰落和有名大臣的言行……」

「是的，我覺得要想成為一個有用的人，應該有文武才幹。」施琅答道。

康熙點頭道：「這就是了，你平時就很努力。你剛才說的地位和資格，這算不了什麼，我向來用人只重視才幹，並不計較是漢人或投降的人。『三藩』叛亂時，王輔臣投降又叛變，叛變後又投降，我都沒計較。對漢族的將領趙良棟、張勇等人，我也是有功勞就獎賞；對勒爾錦等滿族王爺，我也是犯了罪就懲罰。」

施琅感動地說：「既然皇上如此信任我，我就是戰死在疆場上，也沒有什麼遺憾的。收復臺灣，從國家的方面說，是一項偉大的事業；從我私人的角度說，我父親和弟弟都被鄭成功殺害，我怎能不盡力？不過，也請皇上相信，我這次出征，不會計較個人私仇，會以國家為重的。」

「我等著你的好消息。」康熙微笑著說。

施琅終於被起用。他請求給予專徵之權，總督和巡撫只負責後勤給養，不必干預軍務，可是朝廷不允。施琅知道自己仍受到朝廷的懷疑，萬一有人打小報告，自己還是不容易自我洗刷，他請求皇上派遣身邊的侍衛吳啟爵，隨自己一起去。他任內大臣十三年，深知侍衛與皇帝關係密切，受皇帝信任，可以保護自己。

但是兵部不同意這麼辦，認為如果皇帝的侍衛也發號施令，與當年派太監做監軍有什麼區別？如此必然貽誤軍機大事。康熙明白施琅的用意，就說：「吳啟爵只是一個侍衛，留在京城有什麼用處？如果去福建，

也可以通消息，就照施琅所請辦吧。」並特別設宴為他赴任餞行，以示信任。

康熙二十年，也就是 1681 年，農曆十月，施琅奉康熙之命到達福建後，就與總督姚啟聖等一起抓緊時間整頓軍備，製造戰船，訓練水軍。同時，派遣總兵董義、曾成，率戰船赴澎湖偵察敵情，探測航路。到康熙二十一年，也就是 1682 年，夏，準備工作基本就緒。

就在即將要進兵的時候，施琅和姚啟聖對於如何攻取臺灣產生了分歧。主要表現在兩方面：

一是取臺灣和取澎湖的先後。姚啟聖認為應先取臺灣，只要臺灣一取，澎湖就不攻自破。姚啟聖主張，他與施琅各率一支船隊，同時進取臺、澎。

而施琅則主張先取澎湖，認為只要攻下了澎湖，便扼住了咽喉。他說：「鄭軍以劉國軒最為驍勇，如果打敗劉國軒，臺灣可不戰而下。」施琅反對兩路出擊，因為即使集中兵力也難以輕易取勝，何況分散兵力，兩路出擊。而且，兩路進兵，萬一有一路打了敗仗，就會影響另一路，使整個戰役受挫。

二是關於利用風向上。姚啟聖主張利用北風。施琅則認為北風剛強，驟發驟息，規律難掌握。南風風輕浪平，將士不會發生暈船，而且居於上風上流，容易取勝。

兩種意見，各不相讓，影響了進兵計畫。施琅在和姚啟聖爭執不下的情況下，給康熙送去了密奏，請求給予專徵之權。他表示：「如果皇上信任我的愚忠，那就讓我獨立完成討賊的任務。」

同時要求總督和巡撫為他保障糧餉供給，並請允許他率水師時常在海上操練，不限時日，一旦風利可行，即發兵攻取，攻其無備，出其不意，則可「一鼓盪平臺灣」。並表示「如若失敗，請治臣之罪」。

康熙感到自己對海戰不熟悉，對施琅的意見，沒有把握認定，便交給議政王大臣議復。他在聽取彙報時，徵求武英殿大學士明珠的意見。明珠認為，若以一人領兵進剿，可得行其志，兩人同往則未免彼此掣肘，諸多不便，所以不必命姚啟聖同往，令施琅一人進軍，似乎可行。

明珠是首輔大臣，於是眾臣們都表示贊成。康熙認為大臣們的意見很好，就改變了原來合兵進取的決策，決定讓施琅獨立專任，相機進兵。令總督和巡撫負責辦理糧餉，不得有誤。

臺灣方面，早在康熙二十年，也就是 1681 年，農曆九月，康熙任施琅為福建提督的消息傳到臺灣後，鄭氏集團就緊張起來了。他們知道施琅是個很難對付的水師將領，但此時，他們對清軍的作戰意圖，一時搞不清楚，所以防守的重點放在哪裡，一時難以決定。

可巧這時破獲了兩名要員給姚啟聖的一封密信，寫有「澎湖無備，可速督兵前來，一鼓可得。若得澎湖，臺灣即虛，便將起兵相應」的內容。這樣，鄭氏集團才確定加強澎湖的防守。鄭克塽命劉國軒為正總督，統水陸諸軍兩萬餘人、戰船二百餘艘，自副將以下，許其先斬後奏。又以征北將軍曾瑞、定北將軍王順為副，共守澎湖。

康熙二十一年，也就是 1672 年，農曆十月，施琅接到康熙命其專徵臺灣的命令，那時他會齊各路總兵在海上操練。為混淆鄭氏集團的視聽，他一直聲稱要利用北風進攻臺灣，到十一月，又稱北風太硬，不便進軍，令各部仍回原地待命，自己率船隊又回廈門。施琅這一招，讓在澎湖的劉國軒也搞不清楚是怎麼回事，連福建總督姚啟聖也弄不清楚施琅的意圖。

六月十四日凌晨，施琅率領水師官兵兩萬餘人、各類戰船三百餘艘從銅山起程。澎湖鄭軍大將劉國軒對施琅集師於銅山的消息，早已知道，但他認為六月分是颱風驟發季節，施琅懂得海上風候，不會冒險

進兵的。

十五日晨，劉國軒突然得報，清軍戰船風帆如葉，直奔澎湖而來，心中驚恐不已，慌忙命令各島守將，移大砲羅列海島應戰。施琅督師迅速占領了澎湖以南的各主要島嶼。第二天即命令全師出動，向澎湖本島進攻。因遇逆風，船隊被鄭軍大隊戰艦包圍，施琅乘樓船衝入重圍解救，被炮火擊傷右目，被迫命各部撤出戰鬥，初戰失利。

二十二日，清軍再攻澎湖。此時正逢南風勁吹，波濤洶湧，施琅督戰船揚帆而進，占據上風，乘勢將鄭軍分割包圍。這場戰鬥異常激烈，炮火矢石猶如雨點，硝煙蔽日，幾尺之外都看不清楚，自早晨七點打到下午四點，終於打退了鄭軍。

這一仗，共殲滅鄭軍一萬兩千人，其中副將、千總以上將領四十七人，游擊以下軍官三百餘人，焚毀戰船二百餘艘，鄭軍主力幾乎全軍覆滅；清軍也傷亡數千人，總兵朱天貴陣亡。

劉國軒戰敗後，率殘兵敗將退回臺灣，澎湖守軍隨即投降。鄭氏集團澎湖失守，臺灣失去了屏障，精銳部隊也已經所剩無幾，眼看臺灣朝不保夕，大家六神無主，各懷鬼胎。鄭克塽反覆考慮：現在民心已散，無人為自己死守；浮海而逃，又沒有生路，唯一的亦只有求撫這一招了。

八月十一日，施琅率官兵前往臺灣受降，鄭克塽率馮錫範、劉國軒列隊恭迎，在天妃宮舉行受降儀式。十八日，鄭克塽等剃髮，遙向北京叩頭謝恩。鄭氏所爭「剃髮」二字，終於有了結局，臺灣從此與大陸統一。

八月十五日，康熙接到施琅的報告，異常興奮，揮筆寫了《中秋日聞海上捷音》一詩：

萬里扶桑早掛弓，水犀軍指島門空。

來庭豈為修文德，柔遠初非黷武功。

牙帳受降秋色外，羽林奏捷月明中。

海隅久念蒼生困，耕鑿從今九壤同。

康熙將那天自己穿的衣服脫下來，派人疾馳送給施琅，寫詩讚揚施琅智勇雙全，建立奇功，安定南海疆，流芳百世。後又授施琅靖海將軍，封為靖海侯。

收回臺灣後，清廷內部發生了一場對臺灣的棄留之爭。許多大臣對臺灣的歷史、地理缺乏了解，竟然認為臺灣地域狹小，得到了不會增加領土面積，失去了也不會有太大損失。因此，有人極力主張把人員遷回大陸，放棄海島。認為臺灣是「海外丸泥，不足為中國加廣」，只需留澎湖為東南沿海的屏障就行了。

就連原先積極主張收復臺灣的大學士李光地，也主張將臺灣放棄，他認為臺灣遠離大陸，朝廷不便管理，還不如讓給荷蘭人，令他們世代向朝廷納貢，這是永逸長安之道。眾大臣中只有少數人主張守而不棄，其中包括收復臺灣的功臣施琅。在臺灣棄留之爭中，施琅挺身而出，力排眾議，堅決反對放棄臺灣，並奏請朝廷設官兵鎮守。

為此，他還專門給康熙寫了《恭陳臺灣棄留疏》，反覆陳述臺灣的策略地位的重要性，指發表灣是關係到江浙、福建等地的要害所在，如果棄而不守，必將釀成大禍。更可貴的是，施琅高瞻遠矚地指出，如果放棄臺灣不守，無論是荷蘭人還是叛徒，隨時可能乘隙而入，而臺灣如果再次被外國侵略者所侵占，那時恐怕後悔都來不及了。

康熙的想法和施琅等人一樣，主張留守臺灣。為了統一大家的思想，就反覆徵求意見，做說服工作。有一次，康熙問李光地：「如果臺灣重被外國人占領，將會對大陸的安全造成什麼樣的威脅？」

李光地說：「臣認為，目前沒有問題，有皇上之聲威，幾十年可保無事。」

　　康熙批評了李光地目光短淺，指出：「如此來對待我們中國的邊遠郡縣，要是從長遠來看的話，十三省豈能長保為我大清所有？」

　　康熙又問漢族大學士王熙等人的意見。王熙等人同意施琅的看法，認為臺灣有地數千里，民眾十萬，其地甚為重要。放棄了必為外國人所據，或者會成為犯法作亂之人的匿身之地，故以守之為上策。

　　康熙聽後說：「如果遷出那裡的百姓，又恐造成人民流離失所，放棄而不設守，那更不是辦法。」便又令召開議政王大臣會議。結果這次，大臣們一致主張「請守已得之地，設兵守之為宜」。

　　康熙見大臣中主張留守臺灣的人已居多數，便於康熙二十三年，也就是 1684 年，農曆四月十四日，下令設定臺灣新的政權機構，規定臺灣府縣的官員，由福建總督及巡撫在本省現任官員內挑選。經姚啟聖等推薦，康熙批准了漢軍鑲白旗人蔣毓英為臺灣第一任知府。

　　康熙批准設立臺灣府後，又根據施琅的建議，於臺灣建立駐兵制度。設臺灣總兵一員，水師副將一員，陸師副將兩員，兵八千名，分為水陸八營；澎湖設水師副將一員，兵兩千名，分為兩營。臺、澎總計兵力一萬名。康熙親自選定正黃旗參將楊文魁，任臺灣第一任總兵官。

　　清廷在臺灣建置政權機構，派駐重兵，增強了邊防，促進了臺灣經濟文化的發展。至此，寶島臺灣終於得以統一於清朝之下，臺灣的行政建制與內地完全一致。

安定國之邊疆

　　噶爾丹軍被左路清軍阻截在英金河北，又受右路清軍自赤峰向西北側進攻。噶爾丹依山阻水，背水一戰，在山林深處結紮營地。到臨戰時，噶爾丹在山坡上設定了「駝陣」，以駱駝萬匹，縛足臥地，又加箱子行李為城堆，蓋上溼氈作為壁壘，一圈圈排列得就像柵欄，作為掩體，兵士們可以從柵的間隙處，發射弓箭和槍炮。噶爾丹軍憑藉駝陣，能攻能守。

　　正當清軍束手無策時，康熙所派的砲兵趕到了，立即投入了戰鬥。大將軍福全命令將各炮列於英金河灘上，齊發猛轟，聲震天地。從中午一直打到傍晚，將噶爾丹設定「駝陣」的駱駝大部分擊斃。駱駝滾翻僕地，「城柵」斷裂。清軍趁勢衝擊……

在蒙古各部推行盟旗制度

　　康熙執政期間，面臨的國際、國內環境都很嚴峻。一方面，沙俄殖民主義勢力不斷東侵，嚴重威脅著中國北部邊疆的安寧；另一方面，厄魯特蒙古的一部噶爾丹又乘機勾結沙俄叛亂，企圖稱霸全蒙古。在這種形勢下，散處於中國北方的蒙古各部就有了特別重要的意義。

　　為了鞏固統一，加強蒙古各部與中央政權的連繫，遏制沙俄進一步東侵和噶爾丹的分裂活動，康熙對蒙古各部採取了有效的政治、經濟、軍事措施，以把蒙古建成戍守祖國的堅強屏障，使之成為較長城更為堅

固的防備力量。對於邊疆各少數民族，康熙力推「懷柔」政策，他曾經
多次表示：

朕思治天下之道，非奉一己之福，合天下之福為福；非私一己之
安，遍天下之安為安。

康熙時期，厄魯特蒙古的一部噶爾丹勾結沙俄，企圖稱霸全蒙古。
而內蒙古東西兩部又積怨甚深，內蒙古秩序一旦混亂，必將給噶爾丹進
一步入侵提供機會。徹底解決喀爾喀蒙古糾紛問題，穩定其內部秩序就
具有特別重要的意義。如何將長期遷徙不定、桀驁不馴的蒙古各部牢牢
控制在自己手中，是康熙面臨的一大難題。

康熙十九年，也就是 1680 年，新疆「回部」伊斯蘭教內部黑山派和
白山派之間鬧衝突。噶爾丹率十二萬大軍，乘機攻占了「回部」葉爾羌、
喀什噶爾等四個主要城市，從而控制了新疆的整個天山南路。進而又攻
占了新疆的哈密和吐魯番，並不斷襲擾漠北的喀爾喀蒙古，使清朝的統
一和邊疆的安全受到了嚴重的威脅。

面對噶爾丹的嚴重威脅，康熙並沒有立即反擊，因為「三藩之亂」
還沒平息，收復臺灣的戰爭正在準備，尚無力顧及西北這個強大的對
手，所以，康熙力圖穩定西北部局勢。

康熙二十三年，也就是 1684 年，噶爾丹征服哈薩克等部之後，轉
旗東向，把打擊的矛頭指向喀爾喀蒙古。喀爾喀蒙古分為三大部：東是
車臣汗部，中是土謝圖汗部，西是札薩克圖汗部。其地東至額爾古納河
和貝加爾湖，與沙俄接壤；西達阿爾泰山，與厄魯特蒙古相鄰；南至沙
漠，與漠南蒙古相連線。

喀爾喀地區安定與否，不僅影響清朝北部邊疆的安全，也直接影響
黑龍江前線的抗俄鬥爭，因而清政府十分關注喀爾喀地區的局勢，採取
一系列措施以消除不穩定因素。首先，禁約喀爾喀蒙古、厄魯特蒙古與

內蒙古相互盜竊馬匹牲畜，以免引起紛爭。當時，蒙古各部盜竊頻發，牧民不能安生。

康熙命大學士與蒙古王貝、勒集體商議驅盜之策。當時好多人認為，可以在內外蒙古接壤的地方重鎮屯兵，掘壕障守。康熙認為不妥，他說：「如此非但不能防盜，且會引起猜疑。喀爾喀蒙古向來敬慎職貢本朝，無故增加駐兵，不合情理，故不應隔絕，而應加以恩撫。至於對付盜匪之事，內外蒙古應一體嚴禁約束，方能服眾。」

康熙的防盜措施，重在使彼此消除紛爭，無疑會使喀爾喀心服，這對日後討伐噶爾丹產生了直接的影響。

康熙二十一年，也就是 1682 年，農曆七月，因「三藩」蕩平，清政府決定派大臣前往厄魯特、喀爾喀，宣諭「武功底定」，同時厚加賞賜，期望蒙古諸部能和睦相處，恭奉清中央政府，敬慎職貢。

康熙諭令使臣，在交授教書和賞物時，不必拘於朝廷禮儀，可以隨俗用蒙古禮，尊重其習俗，要求使臣慎言慎行。與厄魯特汗、喀爾喀汗交談時，勿致失言。

後來，噶爾丹襲殺其嶽祖父和碩特鄂齊爾圖汗，合併了鄂齊爾圖汗部，鄂齊爾圖汗子袞布阿喇卜坦、姪濟農等逃奔至寧夏、甘州邊外。噶爾丹以追索為由，隨時可以找到藉口而逞兵青海。

妥善處理袞布阿喇卜坦和濟農，以杜絕噶爾丹尋釁滋事，對穩定西北局勢，頗為關鍵。為此，康熙雖有意撫卹袞布阿喇卜坦等，但卻多次遣人告噶爾丹，袞布阿喇卜坦等如系厄魯特所屬，則應收取，不然清政府將把他們歸併一處，安插於可居之地。康熙並讓將此決定告知噶爾丹和達賴喇嘛，因噶爾丹每有攻伐，多假達賴為旗號，故康熙必令達賴知曉。康熙深思熟慮，為的是穩定西北局勢，不給噶爾丹以藉口生事。

康熙步步周密安排，使噶爾丹不能製造藉口逞兵於西北。然而，這

時喀爾喀蒙古右翼札薩克圖汗與左翼土謝圖汗卻矛盾激化。原來起因是，康熙元年札薩克圖汗旺舒克被部屬羅卜藏臺吉額林因私怨所殺，發生內亂。旺舒克兄綽墨爾根自立為汗，因未請示清廷，部眾不服，逃奔土謝圖汗者甚眾。從此埋下左右兩翼長期不和的種子。

康熙九年，也就是 1670 年，清廷命旺舒克弟成袞襲汗號，收集其部眾。成袞向土謝圖汗索還部民，屢索不還，於是成袞向達賴喇嘛告狀。達賴喇嘛認為，土謝圖汗應歸還部眾，並派人前往兩部會盟。土謝圖汗卻拒絕參加會盟。於是，札薩克圖汗又多次上疏清廷，請求歸還其部民。

至康熙二十三年，也就是 1684 年，札薩克圖汗與土謝圖汗關係日漸緊張。康熙唯恐噶爾丹插手其間，發生變亂，決定調解兩部紛爭，派出大員調解兩部糾紛。康熙始終堅持調解的方針，是因為只有喀爾喀兩部和睦，才能不給噶爾丹以可乘之機。

為了真正加強蒙古各部的團結，康熙決定，從解決喀爾喀蒙古兩翼糾紛入手，在漠北蒙古地區進一步推行盟旗制度，以加強中央對漠北地區的管理。推行盟旗制度是加強對蒙古各部的管理，穩定北疆社會秩序的一項重要措施。

盟旗制度的推行，起源於清朝入關前的皇太極時期。皇太極即位後，為了在策略上完成對明朝的包圍之勢，對於蒙古，或以武力征服，或以聯姻勸降。經過他的努力，東到吉林，西到賀蘭山，南臨長城，北到瀚海的漠南，蒙古各部如科爾沁、翁牛特、郭爾羅斯、杜爾伯特、扎賚特和克什克騰等，先後歸降。

為加強對其內部的管理，皇太極便將滿洲八旗軍政合一、兵民合一的組織形式，推行到漠南蒙古各部。在內蒙古地區分旗設盟，並設理藩院監督管理，這就是盟旗制度。至天聰、崇德年間，清朝政府已在漠南蒙古設定十九旗。每旗從旗下王公貴族中挑選一人，由皇帝任命為札薩

克。札薩克是世襲的封建領主，又是清朝的官吏，代表清朝管轄一旗的事務。

　　為加強對各旗的管理，皇太極還在內蒙古各旗實行會盟制度，在每旗之上設正副盟長各一人。清朝政府透過會盟的形式，檢查各旗執行法令等情況，有效地加強了對蒙古各部的管理，將長期遷徙不時、桀驁不馴的蒙古各部牢牢控制在自己手中。

　　入關之後，清朝政府對此政策相沿不變，繼續推行。順治年間，在內蒙古地區又增編了二十四旗，至此，漠南蒙古已達六盟四十三旗。由於盟旗制度對於加強中央對蒙古地區的管理十分有利，因此，康熙即位後，奉行不渝，在漠南蒙古地區又增編了五旗，並把這一措施推廣到漠北喀爾喀蒙古。

　　喀爾喀蒙古是元太祖成吉思汗十五世孫達延汗幼子格埒浮森札札賚爾渾臺吉的後裔，游牧在東起呼倫貝爾、西至阿爾泰山、南到瀚海、北到貝加爾湖一帶的遼闊土地上。後形成土謝圖汗、札薩克圖汗、車臣汗三大部。皇太極在位時，即對喀爾喀蒙古積極加以籠絡。崇德元年，皇太極遣大臣入喀爾喀，勸其歸附。崇德三年，喀爾喀三部遣使來朝。

　　順治十二年，也就是 1655 年，清朝政府為了進一步加強對漠北蒙古的管理，在那裡仿效滿洲制度重設八札薩克，分為左右兩翼。車臣汗、土謝圖汗及賽因諾顏屬左翼，札薩克圖汗屬右翼。自此，喀爾喀蒙古與清朝的關係更加密切。

　　康熙二十五年，也就是 1686 年，康熙命理藩院尚書阿喇尼與達賴喇嘛代表噶爾亶西勒圖共赴漠北，準備以會盟方式解決喀爾喀蒙古兩翼糾紛問題。

　　當年八月十六，阿喇尼召集左右兩翼札薩克圖汗、土謝圖汗及濟農、臺吉等，於庫倫伯勒齊爾會盟，宣讀皇帝諭旨，令其盡釋前嫌，將

兄弟人民各歸奉札薩克，和諧安居。經過清朝官員的斡旋調停，兩翼札薩克圖汗、土謝圖汗與臺吉均表示要遵從皇帝旨意，和睦相處。

此次會盟之後，康熙為更加有效地管理喀爾喀諸部，將原八旗改為十四旗。不料，未過一年，此次會盟即因噶爾丹插手喀爾喀事務而宣告失敗。康熙二十六年，也就是 1687 年，噶爾丹悍然出兵三萬占領札薩克圖汗部，唆使沙喇進攻土謝圖汗。

沙俄也與噶爾丹遙相呼應，從馬丁斯克出兵助亂。喀爾喀腹背受敵，處境危險。在此情況之下，一旦內蒙古秩序發生混亂，又會給噶爾丹進一步入侵提供有利時機。康熙因此更加意識到，徹底解決喀爾喀蒙古糾紛問題，穩定其內部秩序，具有特別重要的意義。

康熙二十九年，也就是 1690 年，清軍在烏蘭布通大敗噶爾丹後，康熙就派人敕諭噶爾丹，重申喀爾喀蒙古與清朝政府的歸屬關係，同時決定在多倫諾爾再次舉行會盟，由漠南、漠北蒙古共同參加，皇帝親臨主持，以進一步團結眾蒙古，孤立噶爾丹。

康熙三十年，也就是 1691 年，四月，會盟正式開始。康熙深知，喀爾喀兩翼之間的矛盾關鍵在於札薩克圖汗部貴族與土謝圖汗的關係。

土謝圖汗拒絕歸還札薩克圖汗部屬民，致使兩翼之間的矛盾進一步惡化。

但土謝圖汗率眾抗擊沙俄侵略，積極對噶爾丹叛軍作戰，在喀爾喀蒙古腹背受敵、沙俄欲乘機招降喀爾喀難民時，其部宗教首領哲布尊丹巴又首先率眾南遷，歸附清朝。相比之下，土謝圖汗之功遠遠大於其過。

因此，康熙決定採取恩威並施的策略。五月初三，康熙召見了蒙古各貴族，並讓土謝圖汗和哲布尊丹巴將其大過自行陳奏，以化解札薩克圖汗部貴族心中的不滿。

然後，康熙指出：土謝圖汗雖有擅自出兵之過，但其能積極抵禦沙

俄入侵，哲布尊丹巴又能率眾來歸，所以我不忍治他的罪，於是命各部貴族對土謝圖汗之罪進行商議。各部貴族看到皇帝如此重視，又首先化解了札薩克圖汗部貴族的怨氣，於是要求赦免土謝圖汗。

康熙根據眾人的意見，於是令已故札薩克圖汗之弟策妄札布襲封汗號，又赦免了土謝圖汗。之後，康熙又命理藩院原尚書阿喇尼等往喀爾喀蒙古分編佐領，撥給游牧地帶，在原二十二旗基礎上，又增編十二旗。至此，喀爾喀蒙古已達三十四旗。

會盟之後，康熙又命阿喇尼等處理善後事務。噶爾丹勢力被消滅後，喀爾喀蒙古回到漠北故土。至康熙末年時，喀爾喀蒙古已達六十九旗。

康熙對於蒙古各部推行盟旗，有效地加強了中央對蒙古部落的控制，密切了蒙古貴族和中央政府的關係，穩定了蒙古各部的封建秩序，展現了康熙以「蒙古部落為屏藩」的思想。

採取一系列懷柔政策

康熙繼承了父輩的傳統，致力於改善蒙古貴族和中央政府的關係，他尊崇黃教，以宗教信仰作為橋梁，維繫與蒙古各部的關係。此外還發展創新了滿蒙聯姻政策、木蘭秋獮和巡幸避暑山莊等制度，密切了清王朝與蒙古各部的關係。

在推行盟旗制度以加強對蒙古各部控制的同時，康熙還特別重視以宗教信仰作為紐帶，連線和維繫與蒙古各部的關係。他繼續奉行清初以來各帝尊崇黃教的政策。

　　西藏的佛教，曾分有噶興派和格魯派等派別。明朝初年，格魯派由西藏地區僧人宗喀巴所創，提倡苦行，嚴守戒律，服黃衣黃冠，因而人們稱之為黃教。

　　明朝洪武二十五年，也就是 1392 年，宗喀巴在他的八個子弟中選了二人，一人為第一世達賴，一人為第一世班禪。此後，達賴、班禪都採取「轉世」相承，互為師徒。黃教在群眾中威信不斷提高，贏得明朝政府的好感。黃教興起後，在內蒙古興盛起來。到明朝末年，黃教勢力已深入漠南和厄魯特蒙古地區，深受蒙古各部貴族的信仰。

　　清朝初年，為了連繫蒙古各部，皇太極即表示要尊奉達賴，信仰黃教。入關之後，順治還隆重接待了到北京朝見的五世達賴，予以最高的禮遇，親自率諸王貝勒大臣出懷遠門迎接，並授以金冊金印。由朝廷冊封達賴喇嘛的制度就是從順治帝開始的。這些做法奠定了黃教在蒙古和西藏地區的統治地位。

　　康熙即位後，繼承祖輩尊崇達賴喇嘛、撫綏蒙古的既定國策，經常派人去西藏看望達賴和班禪，給他們贈送禮品。康熙為了加強中央政府對蒙古地區控制，繼續發展黃教，表示尊重蒙古人民的宗教感情。

　　同時，鑒於西藏桑結嘉措假借達賴五世名義支持噶爾丹叛亂，擾亂喀爾喀蒙古事務的狀況，又積極扶助蒙古地區的黃教首領哲布尊丹巴和章嘉呼圖克圖，以削弱達賴喇嘛及第巴桑結嘉措對蒙古地區的控制和影響，使蒙古各部緊緊團結於清中央政府的周圍。

　　康熙在分別採取政治和宗教措施以加強中央政權與蒙古各部連繫的同時，為了經營和開發北疆，他還十分注意發展生產，繁榮經濟，關心蒙古人民生計，以推動蒙古地區的經濟發展，增強蒙古各部對中央政府的向心力，這就是康熙所說的：「形勝固難憑，在德不在險。」

　　在康熙懷柔蒙古的各項措施中，特別值得稱道的是他所推行的滿蒙

聯姻政策。滿蒙通婚，是清朝奉行不替的基本國策，也是清朝政府利用姻親關係加強對蒙古各部政治控制的一種有力手段。

康熙即位後，為了經營北疆，繼續奉行滿蒙聯姻政策。為此，他先後將兩位科爾沁貴族之女納入宮中為妃，同時，又將自己的四名公主陸續嫁到內蒙古草原。

針對當時喀爾喀各部內附新局面，康熙將聯姻擴大到喀爾喀蒙古和厄魯特蒙古，從而與蒙古各部王公貴族都建立了不同程度的姻親關係，使蒙古各部進一步成為清王朝「結以親誼，託諸心腹」的依靠力量。

康熙三十六年，也就是 1697 年，康熙將皇六女和碩恪靖公主下嫁土謝圖汗部札薩克多羅郡王敦多布多爾濟，並授其為和碩額駙，後又晉升為和碩親王。

康熙五十五年，也就是 1716 年，康熙又將郡主嫁給敦多布多爾濟長子根札布多爾濟，並授之和碩額駙。此後，康熙又將孫女即和碩怡親王胤祥之女和碩和惠公主下嫁給土謝圖汗察渾多爾濟之弟巴圖爾琿臺吉之孫多爾濟色布騰。透過聯姻活動，大大加強了朝廷與蒙古各部的連繫。

在康熙懷柔蒙古的諸項措施中，木蘭秋獮和巡幸避暑山莊也起了重要作用。木蘭圍場設立於康熙二十一年，也就是 1682 年，地點在內蒙古昭烏達盟、卓索圖盟、錫林郭勒盟與察哈爾蒙古東四旗接壤處，東西相距三百里，南北直徑也近三百里，方圓面積達一萬餘平方公里。

木蘭圍場位於內蒙古的中心地帶，北控蒙古，南拱京師，策略地位非常重要。又是清代前期北京通往內蒙古、喀爾喀蒙古、東北黑龍江以及尼布楚城的重要通道，因此，康熙幾乎每年都到這裡行圍狩獵，利用蒙古各部貴族扈從圍獵之際，接見蒙古各部上層人物，密切清王朝與蒙古各部的連繫，增進團結，使蒙古王公「畏威懷德」，以達到鞏固邊防和基業的目的。

避暑山莊的建立與木蘭秋獮有直接的關係。避暑山莊不僅僅是康熙在木蘭秋獮時所住的行宮，同時又是康熙處理民族事務，加強北部邊防的政治中心。康熙除在「圍班」當中接見蒙古貴族外，還在行宮接見蒙古各部官員。隨著蒙古各部的相繼來歸，覲見者日益增多，因而康熙每年都要在避暑山莊停留數月甚至半年時間，在口外處理各種民族事務，從而使避暑山莊成為清朝政府的第二個政治中心。避暑山莊的建立，對於康熙懷柔蒙古發揮了重要的作用。

穩定喀爾喀蒙古，解決兩翼糾紛，不僅是安撫蒙古所必需，也是制止噶爾丹與沙俄勾結，防止其在北方進一步擴張的一個關鍵，因為一支穩定團結的蒙古武力本身就是一道有力的屏障。因此，在內憂外患時，康熙決定先從解決喀爾喀蒙古兩翼糾紛入手，以加強中央對漠北地區的管理，穩定了內部，才能騰出手來對付外部的挑戰。

堅決打擊沙俄侵略者

康熙四年，也就是 1665 年，沙俄侵略軍竄犯占領了中國東北部的邊城雅克薩，在雅克薩和尼布楚等地建立據點，構築寨堡，設定工事，不斷對黑龍江中下游地區進行騷擾，搶掠中國索倫、赫哲、飛牙喀、奇勒爾等族民眾的財產和人口。

中國東北是清朝發源地。到明崇禎末年，也是後金天聰年間，西起貝加爾湖、北到外興安嶺、南至日本海、東抵鄂霍次克海包括庫頁島在內的東北廣大地區，都在清統治的勢力範圍之內，屬於中國的版圖。

沙皇俄國是個歐洲國家，原來和中國的疆界相距萬里。直到明崇禎

九年，也就是 1636 年，俄國人才第一次聽說東方有條黑龍江。此後，沙俄政府就不斷派遣遠征軍，對黑龍江地區進行肆意掠奪。

沙俄政府為配合武裝入侵活動，不斷地派遣外交使節到中國來，以訪問為名，收集情報，探聽消息，對中國政府進行威脅和訛詐。康熙九年，也就是 1670 年，沙俄政府派了一個叫米洛瓦洛夫的人來中國，要求康熙向老沙皇稱臣納貢，說這樣才能得到俄皇陛下的恩惠和保護。

沙俄使團的這些威脅，沒有使康熙屈服。但他們了解到了康熙正在全力以赴平定「三藩之亂」，中國出現了動盪的局勢。沙俄軍加緊了在黑龍江地區的侵略活動，調撥了大批槍炮、物資到尼布楚和雅克薩，派遣侵略侵軍分四路出擊，向中國內地蠶食擴張。

已經親政的康熙帝，為避免南北同時用兵，特派使臣前往尼布楚，向俄國表示抗議，並要求和平解決雙方爭端。恰好此時，又發生了一個事件，即被朝廷封為四品官的一個佐領索倫人根特木爾叛國投俄，清要求引渡回國。所有這一切要求，都被沙俄一次又一次地無理拒絕。

康熙帝把策略重點放在平叛上，是當時形勢使然，但也在力所能及的條件下，逐步加強東北的戰備。如徵召黑龍江當地各族百姓，把他們編入八旗，稱為「新滿洲」，其丁壯就成為八旗軍隊的成員，把他們安置在寧古塔，以增強防禦實力。

康熙十五年，也就是 1676 年，選擇策略要地烏拉，倚松花江「建木為城」，遷寧古塔將軍的駐地於此，以新舊滿洲八旗兵兩千人駐守，並徙直隸各省「流人」數千戶來這裡定居。建城伊始，就設船廠造船，先造出戰艦四十餘艘及數十艘江船，「日習水戰，以備老羌」。

康熙二十年，也就是 1682 年，農曆十二月底，徹底平息吳三桂之亂的捷報傳來，舉朝歡騰。康熙帝向全國頒布文告，宣布：「今群逆削平，疆圍底定，悉勦歷年之蟊賊，永消異日之隱憂。」接著，康熙帝率皇太

子及文武諸臣於第二年二月出山海關，親歷東北巡視。

康熙先到盛京，拜祭太祖、太宗陵，再至新賓永陵，祭奠先祖，告以平定叛亂，天下太平之盛事。由永陵直趨吉林烏拉，在江岸遙拜「祖宗發祥重地」長白山。召見寧古塔將軍巴海等地方將吏，詢問地方民情、庶政、軍事，逐一發出指示，當即處理。他登船泛松花江上，與當地軍民同樂。

康熙帝的東北之行，史稱「東巡」。這次是第二次，不僅到了盛京、新賓，還遠行至烏拉。此行之目的，正如他所說：「周行邊境，親加撫綏，兼以畋獵講武。」皇帝離京遠行巡視，只有在天下太平、統治穩固的情況才能進行。

顯然，康熙帝已充分猜想到平息「三藩之亂」，清朝的統治空前鞏固，他可以放心地到他所想要去的地方。可以認為，此行是天下安定的重要象徵，但也與準備反擊沙俄入侵者密切相關。他在一首《松花江放船歌》中有一句：「朕來問俗非觀兵。」

實際上，他在烏拉召見當地及寧古塔軍事將領，商議邊防，觀看松花江上水師演習，率皇太子諸貝勒文武大臣及八旗軍隊畋獵，都是他「講武」「備戰」的一系列舉措。此次巡視之後，馬上進入實施反擊階段，就證明此行意在了解東北邊防狀況，用今天的話說，就是搞調查研究，為籌劃和制定反擊沙俄的策略做準備。此行，代表著清朝已將策略中心轉向東北。

康熙帝結束東北之行，返回北京。至八月，他親自決策，選派副都統郎談、正紅旗蒙古副都統彭春等率兵前往打虎兒、索倫部居住地，以「捕鹿」為名，偵察沙俄侵略軍動向。行前，康熙帝發出瞭如下指示：

羅剎犯我黑龍江一帶，侵擾虞人，戕害居民。昔發兵進討，未獲剪除，歷年已久。近聞蔓延益甚，過牛滿、恆滾諸處，至赫哲、飛牙喀虞

人住所，殺掠不已。爾等此行，除自京遣往參領、侍衛、護軍外，令畢力克圖等五臺吉，率科爾沁兵百人；寧古塔副都統薩布素等率烏拉、寧古塔兵八十人，至打虎兒、索倫，一面遣人赴尼布潮（楚），諭以捕鹿之故；一面詳視陸路近遠，沿黑龍江行圍，徑薄雅克薩城下，勘其居址形勢，度羅剎斷不敢出戰。若以食物來饋，其受而量答之；萬一出戰，姑勿交鋒，但率眾引還，朕別有區畫……

康熙帝還特別囑咐：等你們返回時，要詳細計量自黑龍江至額蘇里，舟行水路，及額蘇里直通寧古塔之路，選擇隨行的參領、侍衛，同薩布素一起前往探查。

同年十二月，郎談一行，冒著嚴寒，從遙遠的黑龍江返回北京，立即向康熙帝報告：「攻取羅剎甚易，發兵三千足矣。」康熙帝點點頭，表示同意他們的看法。為慎重起見，康熙帝還不想馬上發起進攻，他還要做進一步的準備。

他向議政王大臣會議作出新的部署：調烏拉、寧古塔兵一千五百人，並製造艦船、發紅衣大砲及鳥槍，連同演習之人，一造成黑龍江、呼瑪爾二處，建立木城，與沙俄入侵者「對壘」；由科爾沁等十旗及錫伯、烏拉官莊供應軍糧，約需一萬兩千石，可夠三年之用。

待八旗兵至，即行耕種，不致匱乏。自黑龍江城至索倫村屯，有五日的路程，中間可設一驛站，八旗兵至精奇里江時，令索倫接濟牛羊。此項使命，由寧古塔將軍巴海與副都統薩布素統兵駐紮在黑龍江、呼瑪爾兩城，負責一切。

後以巴海不便，命留守烏拉，改派副都統瓦祜禮同薩布素前往；又發現黑龍江城與呼瑪爾之間，有額蘇里地方，可以藏船，原有人耕種此地，令八旗將士在此處建木城駐紮。

康熙二十二年，也就是 1683 年，農曆九月，康熙帝決策，命八旗將

士「永戍額蘇里」，應派烏拉、寧古塔兵五百至六百人、打虎兒兵四百至五百人於來年秋攜家屬同住，設將軍、副都統、協領、參領等官鎮守。

幾經討論，康熙帝和他的謀略大臣們終於確立了「永戍」黑龍江的策略思想，意義重大，影響深遠。康熙帝針對沙俄占地築城也擇機要之地築城，派軍駐紮，設官治理，永遠鎮守，是對黑龍江建制的創舉。

不久，正式設黑龍江將軍衙門。在邊境地帶建城駐軍，為邊防所必需，也真正展現國家行政管轄的有效性。有土無人，就不能有效地控制和保衛邊疆不受任何外來力量的侵犯。所以，以家屬隨軍的辦法，將軍隊的家口遷來居住，就是「永戍」之意。否則，如康熙帝所料，即使克取雅克薩城，「我進則彼退，我退則彼進，用兵無已，邊民不安」。

康熙帝決策「永戍黑龍江」，是極富遠見的創舉。到康熙二十二年十一月，備戰還在繼續進行中，主要是增造船隻，由原先五十隻，再增造三十隻，運足兩年用的糧食，共需水手一千二百人，除原發水手一百五十人，再派烏拉八旗獵戶六百九十人、寧古塔兵三百六十人，一併發往黑龍江城。

其他的準備，還包括驛站之設、建倉儲糧、籌措經費等等，也都按康熙帝的指令逐一落實。在緊張繁忙的準備中又過去了一年，迎來了新的一年，那就是康熙二十四年，也就是 1685 年。新年伊始，康熙帝和他的重臣討論進兵雅克薩。

經議，定於四月末水陸並進，力爭招撫，爭取其投降。否則，即以武力攻取，倘萬難克取，即遵前旨毀俄人所種田禾，然後回師。為保證此次軍事行動的勝利，康熙帝決定，選取投誠的福建藤牌兵五百人，後來改為四百人前往助戰，從京城撥給馬兩千匹，盛京再給馬兩千匹。

康熙帝重新任命都統彭春統兵，副都統班達爾沙與護軍統領佟寶為參贊；命戶部侍郎薩海，仍負責屯田種地，以保證軍餉不誤時，就地取

糧。四月二十八日，清軍已陸續趕到黑龍江城集結，總計三千人左右。

兵力不算多，但卻來自全國各地，包括北京、盛京、烏拉、寧古塔的滿洲八旗兵，山東、河南及山西等地的漢軍，以及黑龍江本地的索倫兵等，組成了一支精銳部隊，在都統彭春的統率下，離開集結地，水陸並進，直趨雅克薩。

五月二十二日，清軍已抵雅克薩城下。按照康熙帝的多次指示，彭春等先向城內的俄軍發出了「招撫」的最後通牒：必須放棄抵抗，向清軍投降，撤回到雅庫次克地方，放還我方的逃人，我方亦將你們全部遣歸；若執迷不悟，必將雅克薩毀盡殺絕。

城中沙俄侵略軍約千人，「恃巢穴堅固，不肯遷歸」，企圖負隅頑抗。於是，第二天，清軍分水陸兵為兩路列營，將城包圍起來。二十四日夜，將「神威將軍」大砲等火器排列於陣前，至次日黎明，彭春下令攻城，水陸並進，用大砲猛轟，火器齊發，擊中城內目標，濃煙滾滾，俄軍死傷慘重，所建糧倉、教堂、鐘樓等建築都被轟塌。

清軍的猛烈攻勢，很快摧毀了俄軍的抵抗能力。只幾天的連續攻擊，便迫使俄軍頭目托爾布津率殘部投降，交還被其掠做人質的索倫、巴爾虎人一百六十餘名。彭春代表朝廷，給予寬大處理，釋放投降的俄軍回國。

經過長時間準備，而一朝進兵，旗開得勝，一舉奏凱。這是自順治初年反擊沙俄入侵以來，取得的最重大的勝利。捷報傳到北京，康熙帝不勝欣慰，就此次戰勝，他作了帶有總結性的講話：

今征羅剎之役，似非甚要，而所關最鉅。羅剎擾我黑龍江、松花江一帶三十餘年。其所竊據，距我朝發祥之地甚近，不速加剿除，恐邊徼之民，不獲寧息。朕親政之後，即留意於此，細訪其土地形勝、道路遠近及人物性情……不徇眾見，決意命將出師，深入撻伐……

康熙帝還總結歷次進剿失利的原因，指出：當年明安達禮輕進，至「糧餉不繼」；將軍沙爾虎達、巴海等「失計，半途而歸」，遂致「羅剎驕恣」，以致蔓延到今天，唯有細心籌劃周詳，才是勝利的保證。

戰後，彭春率師焚毀雅克薩城，便很快返回黑龍江城。康熙帝及時發出諭旨：以進征官兵勞苦，暫回吉林烏拉。至於「雅克薩雖已克取，防禦決不可疏，應於何地永駐官兵彈壓，此時即當定議」。

九月二十七日，議政王大臣根據上述康熙帝諭旨，將議定的幾件事請示批准：據查，墨爾根地方最為緊要，應築城駐兵，令黑龍江將軍及副都統一員駐紮於此；黑龍江城設副都統一員，須駐防五百兵，以烏拉、寧古塔兵充實部分兵力，還有先前發來這兩個地方的流徙罪人，讓他們披甲為兵，也包括在五百人之內。

既設兵於墨爾根，就須增設驛站，開闢驛道，可令戶部、兵部、理藩院各遣官一員，自吉林烏拉—墨爾根—黑龍江城，宜增設幾個驛站，經定議再報告。康熙帝對此表示完全同意，並親定副都統溫代、納秦駐防黑龍江城，副都統博定築城。

戰後的處置，康熙帝和他的重臣們的考慮和安排，不能說不周詳。但是，他們犯了一個策略性的錯誤，這就是放棄雅克薩，沒有駐一兵一卒，沒有派官駐守，而是把軍隊撤到黑龍江中游的黑龍江城及更遠的墨爾根，把雅克薩所在的黑龍江上游廣大地區作為「棄地」而拋卻。

還在準備發起反擊戰之前，康熙帝就正確地指出：「我進彼退，我退彼進。」為防止沙俄捲土重來，康熙帝作出決定：待雅克薩攻取後，要「設斥堠」於此。

然而，從前線將領到議政王大臣都沒有執行康熙帝的決定，連康熙帝本人也沒有堅持原先的主張，被勝利衝昏了頭腦，麻痺大意，從雅克薩完全撤退，又給沙俄以可乘之機，再度返回雅克薩，迫使康熙帝再

度興師。

康熙二十四年，也就是 1685 年，八月，沙俄侵略者迅速返回雅克薩，先後兩批，計五百餘名侵略軍前來據守。其頭目除一個叫拜頓的，另一個就是被清軍釋放的托爾布津，沙俄任命他為「雅克薩督軍」，他把自己的許諾和保證忘得一乾二淨，不惜重蹈覆轍。

俄軍吸取不久前的失敗教訓，在故址上重建城堡，四周環以土牆，高達三俄丈，四面築有四稜突出的炮壘，配置火器；牆外挖掘環城的壕溝。該城三面是陸地，一面依江，在江中至江岸，專設一道攔江木柵，以防清軍水師靠近城垣。

俄軍還調來大批糧食、彈藥火器及其他策略物資。清軍撤走時，並沒有毀壞莊稼，急忙退兵後，就沒有人再想收割這些莊稼了。而俄軍來時，莊稼已成熟，都被他們收割去了，做了儲備糧。

康熙二十五年，也就是 1686，正月，薩布素派一支輕型機車兵巡邏隊前往雅克薩方面巡邏，途中遇到一名奇勒爾人，他把沙俄重占雅克薩的消息報告給了巡邏隊。領兵的驍騎校碩格色聞訊大驚，星夜急馳墨爾根，黑龍江將軍薩布素對此消息感到震驚，事不宜遲，急草就奏章，以加急的形式，指令驛站快速傳遞至北京。

康熙帝得報，毫不猶豫地作出決定：薩布素所奏，乃傳聞之言，並非親見，須探偵確實，再考慮用兵。等偵察到實況，已經是二月，於是，康熙帝始下決心發兵，說，今「羅剎」復回雅克薩築城盤踞，如不盡速剿撲，勢必積糧堅守，圖之不易。

他命令薩布素暫停向黑龍江遷移家屬，如前所請，速修艦船，統領烏拉、寧古塔官兵，馳赴黑龍江城，到達時，可留盛京官兵鎮守，只率兩千人馬攻取雅克薩。另選現編入漢軍內的福建藤牌兵四百人，令建義侯林興珠率往，又派郎談、班達爾沙、馬喇前去參贊軍務。

薩布素奉命，經緊急準備，於五月初，率軍從黑龍江城出發，至月底，進逼雅克薩城下。六月四日，薩布素指揮清軍攻城。俄軍領袖托爾布津為爭取主動，率軍出城迎戰，被清軍擊敗，退回城中，清軍直逼城下，迅速占據城外有利地形，將俄軍置於清軍的炮火之下。

經數日激戰，俄軍已損失一百一十多人，托爾布津被炮火擊成重傷，這個頑固的殖民主義分子終致斃命。俄軍已完全喪失反擊的能力，龜縮在城裡，外援已絕，坐以待斃。清軍於城周三面掘壕，臨江一面駐紮水師，實行圍困之策，斷其糧餉來源，逼其投降。

隨著冬季的來臨，飢餓和疾病在城中蔓延，到年底，沙俄只剩下一百五十餘人。到十二月，眼看俄軍支持不下去，城將被攻破，突然，薩布素接到朝廷關於停止攻城、解除圍困的命令。

原來，沙俄明白用武力侵占黑龍江已成泡影，為擺脫厄運，被迫接受清朝多次的和平倡議，特派使臣前往北京，一掃往日的傲慢，請求解除對雅克薩的圍困；同時，表示願和好，並期待兩國舉行邊界談判。

康熙二十八年，也就是 1689 年，農曆八月二十二日，中俄談判代表團第一次會議正式開始。中方代表有索額圖、佟國綱、薩布素等，俄方代表是戈洛文、符拉索夫和科爾尼茨基。會議一開始，戈洛文首先發言，他把中俄戰爭的起因歸罪於中方。

中方首席代表索額圖當場予以駁斥。他以無可辯駁的事實，闡明瞭中俄戰爭完全是由俄國的侵略挑起的，中國政府只是在忍無可忍的情勢下，被逼自衛的嚴正立場。在鐵的事實面前，戈洛文無言以對。

戈洛文一再固執爭辯尼布楚、雅克薩乃是沙俄先去開拓居住之地，一口咬定黑龍江流域自古以來即為沙皇所領有，據此，他要求兩國以黑龍江至海為界，妄圖在談判桌上取得俄方未能用戰爭得到的黑龍江以北的廣大領土。這一蠻橫無理的要求，理所當然地遭到中方代表的斷然拒

絕。由於俄方的狂妄要求，第一次會議沒有取得任何成果。八月二十三日，雙方代表進行第二次會議，繼續討論中俄邊界問題。康熙這此之前，向索額圖交代了自己的底線：在石勒格河北岸以尼布楚為界，石勒格河南岸以音果達河為界。

開始戈洛文仍然堅持以黑龍江為界，索額圖等表示堅決反對。戈洛文見第一個方案不能實現，丟擲俄方第二個方案，提出以牛滿河或精奇里江為界，想「讓」出曾被俄方侵占而已為清軍收復的精奇里江以東地區，而把精奇里江以西包括雅克薩在內的廣大中國領土劃歸俄國。

中方當然不能同意。但是索額圖誤認為俄方已經讓步，自己又急於與俄方簽訂和談協定，不留任何餘地，竟把康熙指令的最後以尼布楚和音果達河為分界線的方案一下子攤了出來。

根據這一方案，就將貝加爾湖以東至尼布楚一帶原屬中國的大片領土讓給俄國。然而戈洛文仍然繼續耍弄手腕，力求盡多地保持被其強占的中國領土，拒絕了中方代表的劃界方案。會議因此而中斷，談判再次陷入僵局。於是，雙方關係立時緊張起來。

二十四日，駐尼布楚俄軍進一步加強戰備，在城周增派了 300 名火砲兵。索額圖等也相應地採取措施，準備包圍尼布楚。但是雙方使臣還是希望能在本國政府既定方針下取得和談協定。幾經交涉，俄方固執己見，妄圖使其侵占中國的領土合法化。

但由於中方堅持抗爭，軍事上又做了充分準備，並且一再讓步，俄方理虧力窮。權衡利害，戈洛文決定撤出雅克薩，並派人給中方送來一份書面條約草案。之後，中俄雙方經過反覆磋商，至九月七日，終於正式簽訂了《中俄尼布楚條約》：

①從黑龍江支流格爾必齊河到外興安嶺直到海，嶺南屬於中國，嶺北屬於俄羅斯。西以額爾古納河為界，南屬中國，北屬俄國，額爾古納

河南岸之黑裡勒克河口諸房舍，應悉遷移於北岸。

②雅克薩地方屬於中國，拆毀雅克薩城，俄人遷回俄境。兩國獵戶人等不得擅自越境，否則捕拿問罪。十數人以上集體越境須報聞兩國皇帝，依罪處以死刑。

③此約訂定以前所有一切事情，永作罷論。自兩國永好已定之日起，事後有逃亡者，各不收納，並應械繫遣還。

④雙方在對方國家的僑民「悉聽如舊」。

⑤兩國人帶有往來文票（護照）的，允許其邊境貿易。

⑥和好已定，兩國永敦睦誼，自來邊境一切爭執永予廢除，倘各嚴守約章，爭端無自而起。

康熙二十八年七月二十四日

這是中俄兩國之間簽訂的第一個邊界條約，也是清代簽訂的第六個平等條約。康熙當時劃定的這箇中國的版圖，和《中俄尼布楚條約》的規定，基本奠定了中國北部版圖的基礎。

這個條約雖然讓清政府在領土方面作了很大的讓步，但也收復了雅克薩等長期被沙俄霸占的領土，制止了沙俄對黑龍江地區的進一步侵略，結束了戰爭，使東北邊境得以安定，並以法律的形式明確了中俄東段的邊界。同時，條約打破了沙俄與準噶爾部噶爾丹之間的聯盟，這樣康熙就可集中精力，平定厄魯特蒙古準噶爾部首領噶爾丹的叛亂。對此，《海國圖志》的作者魏源評論說：

其時喀爾喀準噶爾未臣服，皆與俄羅斯接壤，苟狼狽掎角，且將合縱以撓我兵力，自俄羅斯盟定，而準夷火器無所借，敗遁無所投。

第一次親征噶爾丹

　　康熙即位前後，游牧於中國西北地區巴爾喀什湖以東、以南地區的準噶爾部日益強大。康熙九年，也就是 1670 年，準噶爾部內訌，首領僧格被殺。僧格之同母弟噶爾丹在西藏當喇嘛，聞訊趕回，聲稱奉達賴喇嘛之命，為兄報仇。他驅逐了僧格的敵人車臣臺吉，殺掉僧格的兒子索諾木阿拉布坦，囚禁自己的叔父楚虎爾烏巴什，奪得該部領導權。

　　康熙十六年，也就是 1677 年，噶爾丹出兵攻滅已移居青海的和碩特部，殺其首領 ── 自己的嶽祖父鄂齊爾圖車臣汗。和碩特部原為厄魯特蒙古四部之首，噶爾丹滅和碩特之後，「自稱博碩克圖汗，因脅諸衛拉特奉其令」。

　　康熙十七年，也就是 1678 年，噶爾丹乘「回部」伊斯蘭教內部教派之爭，攻取天山南路葉爾羌等「回部」等地，西侵哈薩克、布魯特等地，「盡執元裔諸汗，遷居天山以北。回部及哈薩克皆為其屬」。噶爾丹還侵占哈密和吐魯番，控制河西走廊西部，並不斷干涉漠北喀爾喀蒙古事務，嚴重危害著清朝的統一和邊疆的安寧。

　　康熙對準噶爾內部事務不加干涉，批准噶爾丹的申請，允許他如其兄僧格舊例，「照常遣使進貢」。這實際上是承認了噶爾丹在準噶爾部的領導地位。但康熙極力反對噶爾丹對別部的吞併或攻略，主張各部之間和睦相處，避免兵戎想見；若發生矛盾應向上稟報，由朝廷「遣使評其曲直，以免生民於塗炭」。

　　噶爾丹滅和碩特部之後向清廷進獻繳獲的弓矢等物時，康熙拒絕收納，傳諭噶爾丹派來的貢使，說明收納此類進獻物「朕心不忍」，以此表示對噶爾丹武力吞併別部的既成事實不予承認。向來是準噶爾歷世相

承，虔修貢職，故其所遣之使人數不限，一概俱准放入邊關。

但康熙發現噶爾丹貢使人數越來越多，或千餘人，或數千人連綿不絕，沿途肆行搶掠平民財物、牲畜，踐踏田禾，故於康熙二十二年，也就是 1683 年，農曆九月十五日敕諭噶爾丹：嗣後噶爾丹派遣的貢使，「有印驗者，限二百名以內准入邊關，其餘俱令在張家口、歸化城等處貿易」。

為表示清廷對少數民族各部同等看待，敕諭中還提到：「其向來不用爾處印驗，另行納貢之厄魯特噶爾馬載青、和碩齊和碩特之博洛庫濟臺吉、杜爾伯特之阿爾達爾臺吉、圖爾古特之阿玉奇臺吉等，所遣貢使放入邊關者，亦不許過二百人。」

同時命令噶爾丹：「嗣後遣使必選賢能頭目，嚴行約束，若仍前沿途搶掠，殃民作亂，即以本朝律例，傷人者，以傷人之罪罪之，盜竊人財物者，以盜劫之罪罪之。特此先行曉諭，爾其知之。」貢使人數多少，對於少數民族頭人來說，不僅關係經濟利益，也是政治地位的象徵，限制其貢使人數，意味著限制其政治上的自我膨脹。

西北受噶爾丹壓迫的各部擁護清廷，因此不滿噶爾丹。鄂齊爾圖汗之孫羅卜臧滾布阿拉卜坦、姪巴圖爾額爾克濟農、噶爾丹之叔楚虎爾吳巴什之孫憨都臺吉等，相繼逃來，沿邊地駐牧。雖然他們也有搶劫行為，但確實與貧困不堪有關。

康熙十分同情這些逃來者，但並不貿然收留，而是一再派人通知噶爾丹：如厄爾德尼和碩齊、巴圖爾額爾克濟農等，系爾屬下人，當限日收捕，照例治罪，並送還所掠人畜；若非爾屬下人，或不能收捕，朝廷「當另行裁度」。並與之約定以「醜年四月」為期，過期由清廷任意處理。

康熙的這種態度，對逃來各部近似冷酷無情，其實不然。噶爾丹以武力侵吞西北、北方廣大地區後，遭到激烈反抗，內部矛盾重重，根本

無力控制局面，並且逃來各部又有人與喀爾喀土謝圖汗結成姻親，「互相掎角」，所以噶爾丹「斷不能收取巴圖爾額爾克濟農」。

唐熙深知此情，為了不給噶爾丹以口實，而讓噶爾丹自行收取。屆期噶爾丹無奈，只得公開承認自己無能為力，聽憑朝廷處置。這正是康熙在處理民族關係中比之前歷朝皇帝周密、高明之處。

「醜年四月」剛過，康熙立即於五月向大學士提出，巴圖爾額爾克濟農及羅卜臧滾布阿拉卜坦「違離彼土，向化而來，宜加愛養」，使之集居一處，「賜之封號，給以金印冊，用昭示朕繼絕舉廢之至意」。次年春，巴圖爾額爾克濟農入京謝恩，康熙與之親切交談，回顧太宗、世祖在世時，巴圖爾額爾克濟農之祖顧實汗及其叔鄂齊爾圖汗累世輸貢，雙方關係融洽的情景。

他還告訴巴圖爾額爾克濟農，噶爾丹獻俘，朝廷「卻其所獻俘獲」，以示反對噶爾丹侵吞他部的行為。最後勸說顧實汗的後代加強團結合作，「相與輯睦，善自安業」「尋遣歸。賜牧阿拉善地」。

九月，清廷為巴圖爾額爾克濟農等劃定牧地，其範圍大致東起賀蘭山，西至額濟納河，南至涼州、甘州二府邊外，北逾戈壁，接喀爾喀蒙古扎薩克圖汗部界。康熙命令鄂齊爾圖汗嫡孫羅卜臧滾布阿拉卜坦、噶爾亶多爾濟，與巴圖爾喀爾克濟農等在此牧地一同游牧，以便使其成為一支維護邊防安寧、抵禦噶爾丹的重要力量。

噶爾丹野心勃勃地要稱霸北方，企圖利用漠北喀爾喀蒙古內部矛盾推波助瀾，侵占其地。喀爾喀蒙古是元太祖成吉思汗十五世孫達延汗最小的兒子格埒森扎·扎齎爾琿臺吉的後裔。達延汗死後，諸子大都遷入內蒙古。

按蒙古傳統習慣，格埒森扎·扎齎爾琿臺吉留居故地，「號所部曰喀爾喀，析眾萬餘為七旗，授子七人領之」。後形成土謝圖汗、札薩克圖

汗、車臣汗三大部，並從清崇德三年也就是 1638 年起，每年向清朝進「白駝一，白馬八，謂之九白之貢」，正式確定臣屬關係。另有喀爾喀賽因諾顏部於同年「遣使通貢」，順治十五年，亦「歲貢九白，如三汗例」。

順治十二年，也就是 1655 年，喀爾喀蒙古三汗及賽因諾顏部首領各薦表遣子弟來朝，清廷在其地設八札薩克，分左右翼。土謝圖汗部、車臣汗部、賽因諾顏部屬左翼，札薩克圖汗部屬右翼。康熙元年，也就是 1662 年，右翼札薩克圖汗與本部羅卜臧臺吉額琳沁自相仇殺，戰敗身亡，部屬大多投向左翼土謝圖汗。

至此以後，左右兩翼因屬民問題長期不和。噶爾丹陰謀招降其右翼，消滅他的左翼，以達到自己的目的。戰爭迫在眉睫。康熙為避免喀爾喀蒙古分裂和自殺殘殺，曾多方調解，最後建議雙方會盟。康熙二十五年，也就是 1686 年，派理藩院尚書阿喇尼等，並邀達賴喇嘛使臣噶爾亶西勒圖，於閏四月至喀爾喀。

同年八月十六日，阿喇尼召集喀爾喀蒙古互相對立的左、右兩翼的汗、濟農、臺吉等，於庫倫的伯勒奇爾會盟，當場宣示康熙帝諭旨：「爾等以兄弟之親互相吞併，異日必致交惡生亂，朕心惻焉。……爾汗、濟農、臺吉等，當仰體朕意及達賴喇嘛之心，盡釋前怨，將兄弟人民各歸本札薩克，令其和協，照舊安居。」

兩翼汗及臺吉等一致表示遵從指令，並同在達賴喇嘛使者噶爾亶西勒圖及喀爾喀宗教領袖哲布尊丹巴胡土克圖面前莊嚴、隆重立下誓言。阿喇尼等又令兩翼將互相侵占的臺吉人民各歸本主；一切應結事件，審擬完結；濟農、臺吉等亦立誓，今後永遠和諧。在這次會盟中將原設八旗析為十四旗。

噶爾丹千方百計破壞會盟。他藉口哲布尊丹巴與達賴喇嘛使者西勒圖並坐，是所謂「土謝圖汗違達賴喇嘛之教，不尊禮西勒圖」，聲稱欲

「告之以理法」。

康熙二十六年，也就是 1687 年，農曆九月，噶爾丹率兵三萬占領了喀爾喀蒙古札薩克圖汗部，教札薩克圖汗進攻左翼土謝圖汗；同時令其弟多爾濟扎卜領兵掠奪右翼班第戴青臺吉卜圖克森、巴爾丹等的人畜。土謝圖汗未稟報朝廷，竟貿然出兵殺死札薩克圖汗沙喇、臺吉得克得黑墨爾根阿海和噶爾丹之弟多爾濟扎卜。

噶爾丹以此為口實，於康熙二十七年，也就是 1688 年，農曆六月，大舉入侵喀爾喀，在特木爾地方大敗土謝圖汗次子噶爾旦臺吉，之後長驅直入庫倫。噶爾丹發動兼併喀爾喀蒙古的戰爭，是與沙俄侵略勢力相互呼應、相互影響而進行的。

沙俄在 17 世紀 60 年代占領了中國喀爾喀蒙古地區貝加爾湖至石勒喀河的大片領土，觸角伸入喀爾喀腹地。沙俄企圖拉攏漠北、漠西蒙古王公和執政者，變成俄國的臣民，把其屬下的居民變成向俄國提供實物稅的屬民，把他們居住的地區變成俄國的領土。

沙皇俄國妄圖利用噶爾丹分裂勢力作為肢解、侵略我蒙古地區的工具；噶爾丹為了稱霸，不惜連繫沙俄，引狼入室。從 17 世紀 70 年代起，噶爾丹幾乎每年都遣使赴俄。當噶爾丹以武力侵掠喀爾喀蒙古時，沙俄侵略軍也從烏丁斯克出動。噶爾丹侵入克魯倫河地區，擬順河而下，直抵科爾沁時，揚言待俄羅斯炮手、鳥槍六萬人到達即出動。

喀爾喀蒙古受到噶爾丹與沙俄侵略軍的夾擊，處境十分不利。當時土謝圖汗正率主力部隊在北方楚庫柏興與俄軍作戰。留在後方的濟農、臺吉和廣大牧民無法應付噶爾丹的突然襲擊，頓時大亂。俄方曾欲乘機收降喀爾喀難民。

哲布尊丹巴胡士克圖對濟農、臺吉等說：「俄羅斯素不奉佛，俗尚不跟我輩，異言異服，殊非久安之計。莫若全部內徙，投誠大皇帝，可邀

萬年之福。」這一主張得到濟農、臺吉和廣大牧民的擁護，於是紛紛南徙，投向清朝。

噶爾丹見哲布尊丹巴等想投清，便於同年七月上疏，要求清廷對哲布尊丹巴等「或拒而不納，或擒以付之」。他拒絕康熙的調停建議，聲稱「盡力征討五六年，必滅喀爾喀，必擒哲布尊丹巴」。當時，清廷一度處在左右為難的境地。

康熙後來回顧說：「其時若不允其內附，恩養得所，必皆淪入於厄魯特」，無異於縱容噶爾丹的侵掠暴行，而且助長噶爾丹勢力擴張；「允其內附而恩養之，噶爾丹必假此釁端與我朝構難」。可是，康熙「經熟籌」，斷然冒著與噶爾丹開戰的風險，決定接納受侵害來歸的哲布尊丹巴等喀爾喀人。

八月，土謝圖汗在鄂羅會諾爾與噶爾丹進行最後決戰，失敗後，越瀚海，與哲布尊丹巴會合。九月八日，土謝圖汗與哲布尊丹巴分別率領屬下的臺吉、子弟等人汛界，請求清廷保護。

康熙立即批准他們的申請，派理藩院尚書阿喇尼前往汛界，宣讀諭旨，進行安置，以米糧賑濟不能度日之人。此後又有車臣汗及札薩克圖汗所屬陸續來歸，清廷一律優納。康熙令將喀爾喀部眾分別安置在蘇尼特、烏珠穆沁、烏拉特諸部牧地內游牧。

康熙二十八年，也就是 1689 年，農曆四月，康熙給噶爾丹敕諭說明收納喀爾喀人的道理：

今喀爾喀為爾所敗，其汗、濟農、臺吉等，率舉國之人前來歸朕……朕統御天下，來歸之人，若不收撫，誰撫之乎？故受而安插於汛界之外，其窮困人民，賑以米糧，而嚴責其興戎之罪，復其汗、濟農、臺吉之號。以車臣汗之子，仍襲為汗。朕興滅繼絕之念非特於喀爾喀而已也。諸國有窮迫來歸者，朕皆一體撫養。……戰爭非美事，輾轉報復

將無已時，仇亂愈多亦不能保其常勝。是以朕欲爾等解釋前仇，互市交易，安居輯睦，永息戰爭。

達賴喇嘛偏袒噶爾丹，勸康熙交出土謝圖汗和哲布尊丹巴。康熙氣憤地回覆他：「若等如往歸爾喇嘛，想喇嘛亦必如是以養之也。」「倘噶爾丹不得已而來歸朕，朕亦當愛養之，使得其所，有執之以畀其仇者乎？」表示他收納喀爾喀的目的在於平息各部爭端，維護邊疆和平與安寧。

噶爾丹一再向清廷索要哲布尊丹巴和土謝圖汗，均遭堅決拒絕。康熙二十九年，也就是1690年，農曆五月，噶爾丹開始了新的挑釁活動。他以攻伐仇人喀爾喀為名，率軍兩萬餘人，循索約爾濟河南下，進入內蒙古烏珠穆沁境內，「褫守汛界者衣服，出言不遜」。

六月十四日，進至烏爾會河東烏蘭之地，對烏珠穆沁部額爾德尼貝勒博木布的屬民、牲畜和財物，肆行殺戮、搶掠，受害者「遍及四佐領之人」。

康熙早已部署理藩院尚書阿喇尼、兵部尚書紀爾他布領六千餘各部蒙古兵駐守洮兒河上游，跟蹤其後，偵察、奏報，待鑲藍旗滿洲都統額赫納兵、科爾沁達爾漢親王班第兵、盛京烏拉滿洲兵到達，再「同時擊之」。可是，阿喇尼被噶爾丹擄掠行為激怒，竟違令輕戰，於六月二十一日偷襲噶爾丹兵營於烏爾會河地方，結果失利，退駐鄂爾折伊圖，「以俟諸軍」。

初戰失利，使康熙帝大為惱火，這不僅挫傷了清軍的銳氣，助長了噶爾丹的氣焰，還使康熙帝擔心因此打草驚蛇，使噶爾丹感到清政府準備大張撻伐，便就勢溜之乎也。因此，康熙帝一面嚴厲責斥阿喇尼、紀爾他布「違命輕戰」；一面派人給噶爾丹送信，告訴他開戰非朝廷本意，可到烏蘭布通等候派人協商交出土謝圖汗和哲布尊丹巴。事情緊急，康

熙帝立即開始部署大軍圍殲噶爾丹，準備在烏蘭布通一戰解決問題。

七月二日，康熙帝任命自己的哥哥裕親王福全為撫遠大將軍，皇長子胤禔為副，領左翼大軍出古北口；命弟弟恭親王常寧為安北大將軍，以簡親王雅布、信郡王鄂扎為副，領右翼大軍出喜峰口。隨軍參贊軍務的還有康熙帝的舅舅佟國綱、佟國維，內大臣索額圖、明珠等。

七月四日，常寧部出發。

七月六日，左翼軍起程北上，兵鋒直指烏蘭布通。

二十三日，福全與四月既已出師漠北，轉戰回師的內大臣馬思哈部會師。同一天，常寧軍亦趕到，合軍。

二十四五日，又與回撤的阿喇尼部會合。當清軍在烏蘭布通峰以南的吐力梗河集結時，又會集部分內蒙古騎兵，總兵力已達十萬之眾。而噶爾丹軍虛張聲勢，聲稱兵力四萬，但是實際只有兩萬。

七月十四日，康熙帝全副戎裝，親率大隊侍衛離京北上，奔赴前線。他要親自指揮這場大戰。儘管哥哥、弟弟、舅舅均為父子之兵，但他深知噶爾丹是身經百戰的梟雄，厄魯特兵久經戰陣，要計慮周全，一戰致勝。

十日前，大軍出發，他在贈諸將詩中說：

獲醜寧遺類，籌邊重此行。
據鞍軍令肅，橫槊凱書成。
煙火疆隅堠，牛羊塞上耕。
遐荒安一體，歸奏慰予情。

這首詩表達了務將頑寇全殲的意圖和期望。此戰成為安定北疆及眾蒙古部的最後一仗。他之所以親征，不僅是重視此戰，更因為他多次出

塞行獵，熟悉烏蘭布通一帶的地形，有致勝的絕對信心和把握。

康熙帝不是一個深居簡出、安坐深宮的帝王。他勤政不懈，事無大小都親自裁決。他愛動，親近自然，儘管多年來國事艱難，他總是要利用一切機會到各處走走，親自巡視，了解情況。他東巡盛京、吉林，西幸山西五臺，已兩次南巡河工，多次出塞練武狩獵，京畿更是屢次巡視。

不過自上年以來，他的身體一直不適，「目力不及，諸疾時作，不離灼艾」。還時有頭痛。康熙帝出征兩日後，在抵達鞍匠屯時，感到有點兒中暑昏沉，但仍力疾前行。二十日行抵博洛河屯，感冒發燒，病情加重，經諸臣、侍衛再三懇請，他只好命由福全為全軍統帥指揮戰事，自己返駕回京。他當時還有點兒擔心噶爾丹是不是早已嚇跑了。

康熙帝的擔心完全是多餘的。噶爾丹不僅沒跑，反而在知道清軍前來後，加快了南下的速度。他打敗了阿喇尼後，更覺得無所畏懼了。他一是沒多少退路，老家已被策妄阿拉布坦所據；二是全軍已沒有積蓄，只要打敗清軍，稍一向西，清朝的四個皇家大牧場有數百萬頭的駝馬牛羊就可任意取用。

因此他一面堅持向清朝索要土謝圖汗和哲布尊丹巴，一面派人向清軍宣言：「夫執鼠之尾，尚噬其手，今雖臨以十萬眾，亦何懼之有！」二十七日，率軍搶占烏蘭布通峰，占據有利的地形，距同時抵達吐力梗河的清軍僅三十里。然後居高臨下，「布陣於山岡，以駱駝萬千縛其足，使臥於地，背加箱堆，氈漬水蓋其上，排列如柵以自蔽，謂之駝城。於柵隙注矢、發槍、兼施鉤矛」，以待清軍。

八月一日，也就是1690年9月3日的黎明，豔陽沿吐力梗河和薩裡克河之間的平原射入戰場。清軍火器營居前，五千八旗軍隨後，左、右兩路各兩千餘人後繼，如湧如潮，自南而北向烏蘭布通峰推進。中午時分，兩軍進入火器射程，霎時間，槍炮聲炸響，在河谷中迴盪轟鳴。清

爽的秋空頓時被瀰漫升騰的硝煙遮蔽，陽光變得紫紅，秋草在煙霧的陰影中抖動，數萬大軍喊殺聲直衝雲霄。

清軍右翼在河岸的沼澤中被阻，只好回退。左翼佟國綱、佟國維親自率軍順薩裡克河向敵陣衝擊。正在這時，一顆流彈飛來，佟國綱當即中彈身亡。前鋒參領格斯泰縱馬殺入敵營，往來奔突，幾齣幾入，戰死於陣中。清軍傷亡慘重，仍然強攻不止。

紅日西墜，暮色蒼茫，噶爾丹陣中炸響的砲彈發出耀眼的火光，在一片馬嘶駝鳴聲中，清軍攻入「駝城」，將其斬為兩段。噶爾丹見狀大驚，為他誦經護佑的喇嘛紛紛逃竄。他只好在夜色掩護下，率潰兵退入山頂隱蔽處。清軍已無法衝擊，福全不得已下令停止進攻。

康熙回京途中，於八月三日至石匣接到福全奏疏，知首戰告捷，「不勝歡悅」，但甚為擔心王大臣等滋長怯戰與麻痺情緒，使這次征剿半途而廢，因此明確指出：「此後當何以窮其根株，平其餘黨，熟籌始末，一舉永清，勿留餘孽，爾等其詳議以聞。」

不出所料，福全於前一日即八月初二，見噶爾丹據險堅拒，更難以攻克，便「使我將士暫息」，實際上停止了軍事進攻。初四，西藏喇嘛濟隆率弟子七十餘人前來遊說，為噶爾丹開脫罪責，鼓吹「休戰罷兵」，施緩兵之計。他說：「王及諸大臣仰體皇上仁心，休征罷戰，彼焉敢行劫？亦斷不遠去。」

福全中計，答道：「今我等仰體皇上好生，許汝所請，當發印文，檄各路領兵諸王大臣，暫止勿擊。」

康熙覽奏後痛心地說：「若又失機……此行何所事耶？」七日回到宮裡，八日就派都統希福馳驛赴撫遠大將軍軍前參贊軍務，然已無濟於事。因噶爾丹已自什拉穆楞河涉水，橫跨大磧山，連夜逃至剛阿腦兒。時內大臣蘇爾達、沙津、班第所率之科爾沁、盛京、烏拉聯軍，已抵

達裡諾爾，正好夾擊，只因得到福全「暫止勿擊」之令，使噶爾丹得以宵遁。

烏蘭布通之戰雖未達到全殲噶爾丹的目的，但卻使他遭到沉重打擊，實力大大削弱。噶爾丹的軍隊不僅在戰鬥中大量傷亡，而且「歸路遭罹瘟疫，得還科布多者，不過數千人耳」。其姪策妄阿拉布坦在其未入漠北之前，即率五千人逃回伊犁河流域，這次乘其南侵之機，襲擊其後方科多布，「盡收噶爾丹之妻子人民而去」。

透過這次戰役，噶爾丹實際體驗到清朝軍事力量的強大。因而此戰之後，噶爾丹一反過去的傲慢態度，不僅不再堅持索要土謝圖汗及哲布尊丹巴，並且一再發誓明志：「自此不敢犯喀爾喀。」

所以，康熙於八月十八日遣人敕諭噶爾丹，歷數其「率兵入我邊汛，行劫烏珠穆沁」之罪，並嚴正宣告：「爾今率爾兵出界而居，不得擅犯我屬下部落喀爾喀一人一畜，亦不得有一人與眾部落往來通使。」「若再違誓言，妄行劫奪生事，朕屬兵秣馬，見俱整備，必務窮討，斷不中止。」

這就不僅進一步肯定喀爾喀與清朝的歸屬地位，為多倫會盟打下基礎，而且警告了噶爾丹，如果喀爾丹違誓再次侵犯喀爾喀，清廷就理所當然地大舉征討。

康熙透過這次戰役，總結了雙方在策略戰術和軍事素養上的距離，以求知己知彼。他說：「朕向聞蒙古臨陣，初雖驍勇，一敗北，即奔竄，首尾不顧，惴怯殊甚。」然而漠西厄魯特蒙古則不同，戰敗並未首尾不顧、胡亂奔竄，而是「旋奔高山頂，遁於險惡處」，有計畫地轉移到新的陣地。

這一全新的認知，扭轉了原來認為噶爾丹不堪一擊的輕敵思想。與此同時，這次戰役也暴露了清軍的弱點，不僅「排列太密」，被傷者多，

而且「進退之際，海螺未鳴」，很不協調，鑒於這種情況，康熙決定有針對性地進行訓練。

康熙三十年，設火器營，「以公侯大臣為總統，專理營務，訓練官軍」。恢復八旗兵丁春秋二季的校獵，「令八旗官兵集於寬敞平原之地，排列陣勢，鳴鑼進退，以熟操練」。

康熙三十二年，也就是 1693 年，康熙見軍隊訓練頗有成效，特予嘉獎。之後他回顧往事說：「前厄魯特噶爾丹之役，官兵不能悉體朕意，即行剿滅，致失機會，罔奏膚功，朕心為之不懌。故比年以來，簡閱官兵，歲凡兩舉，朕躬臨指示訓誨。」

數年之後，他仍不忘前事，說：「六年以來，烏蘭布通之役，時廑朕懷，因是訓練軍旅，諮訪形勢。」可見康熙從烏蘭布通之役吸取的教訓之深。

第二次親征噶爾丹

按康熙帝原來的設想，在烏蘭布通一舉聚殲噶爾丹，然後努力緩解喀爾喀蒙古各部矛盾，幫助其遷還故地。可「慶父不死，魯難未已」，噶爾丹雖然遠逃，但其反覆無常、狡詐貪婪的本性，絕不會因遭到打擊而改變，對此康熙帝確有明察。

因此，康熙帝感到盡快解決喀爾喀蒙古問題，是防堵噶爾丹捲土重來的關鍵；消除內外蒙古不斷產生的矛盾和摩擦，是最終安定北疆的關鍵。幾個月來他不斷收到令人擔憂的奏報：不是喀爾喀各部之間，就是內蒙古各札薩克與喀爾喀各部之間，互相爭鬥、搶掠，甚至是燒殺。內

蒙古草原即將到來的嚴冬，潛藏著令人不寒而慄的統治危機。

自康熙二十六年秋，也就是 1687 年開始，噶爾丹攻入喀爾喀蒙古後，自西向東橫掃蒙古高原。在以後的一年中，札薩克圖汗部、土謝圖汗部和車臣汗部相率在噶爾丹鐵蹄的驅殺下南遷。在三部請求下，康熙帝將札薩克圖汗部餘眾安置在內蒙古的烏拉特、茂明安、歸化城、土默特一帶；土謝圖汗部被安置在蘇尼特、烏拉特、回子部的沿邊一帶；車臣汗部則游牧於烏珠穆沁、扎賚特、浩齊特、阿魯科爾沁一帶。

結果，各部難民並無組織約束，更無法度觀念，以強凌弱，自相掠奪，毫無秩序，使原本難以生存的狀態雪上加霜。正在康熙帝為此愁眉緊鎖之時，以車臣汗的叔叔納木扎勒為首的蒙古貴族上奏，請求與內蒙古四十九旗一律編旗管理。

這一主動要求，使康熙帝興奮不已：如此，祖父將蒙古全部編為盟旗，進行一體化管理的願望就可能在這場不幸的大動亂中，順理成章地實現了！如此，歷代分合無常、遊蕩無定所的蒙古各部就有了明確的北疆彼界和較為穩定的組織，北疆的世代安寧便是可以期待的了！

清太宗皇太極時期，在武力征服的基礎上，又以聯姻為手段，漠南蒙古各部先後歸降。為加強對各部的管理，皇太極把滿洲八旗軍政合一、兵民合一的組織形式，推行到這一地區。以各部為基礎，分旗設盟，並於中央政府中設理藩院監督管理。這就是盟旗制度。

在調查戶口的基礎上，每五十家編為一牛錄，作為基層組織。到清入關前，編有十九旗，每旗舉一王公由皇帝任命為世襲的札薩克，另由朝廷派人協助管轄旗內事務，並由每旗選人在一定區域內組成代表理藩院檢查、監督區內各旗事務和定期會盟的盟長。

經順治年間到康熙初年，已編為六盟四十九旗，極大地加強了中央對內蒙古地區的管理。順治時，清朝曾把喀爾喀蒙古分為左右兩翼，設

八個札薩克，但由其內部不斷爭鬥，加上清朝因忙於南方戰亂的平定，後又因噶爾丹的挑唆，這種管理體制始終處於似有若無狀態。

康熙二十五年，也就是 1686 年，康熙帝派理藩院尚書阿喇尼到漠北調解其內部糾紛，各部已接受調解，康熙帝將原來八旗改為十四旗，可不久即被噶爾丹出兵破壞。現在確實已是時機成熟，因為喀爾喀各部面臨空前困境，內部矛盾和爭鬥已使他們品嘗到自己種下的惡果。

康熙帝的一片苦心和愛心使他們心悅誠服，清王朝的強大足以成為他們對抗沙俄或噶爾丹的唯一依靠。在喀爾喀蒙古推行盟旗制度已成為康熙帝與各王公及廣大蒙古牧民的共同期盼。

康熙二十九年，也就是 1690 年，農曆三月，康熙帝決定：喀爾喀三汗、各部落首領、四十九旗札薩克於當年七月擇地會盟，共商大計，他要親自出席主持。這將是有史以來蒙古草原最重大的事件之一。儘管噶爾丹入侵烏珠穆沁使計畫無法實施，但烏蘭布通之戰後，抓緊噶爾丹西逃又無力很快回軍的時機實現會盟，已成為康熙帝最緊要的日程。

康熙三十年正月，春節一過，康熙帝下令：組織各部會盟，時間定於清明前後，各部院加緊準備。到三月，會盟地點定在多倫諾爾。長城外，燕山北麓，灤河匯聚無數支流向東南奔湧流淌，然而河的源頭閃電河卻在水草肥美的塞北草原彎成一個漂亮的圓圈，環抱著這個具有歷史意義的小鎮，那就是多倫諾爾。

它東北距不久前發生大戰的烏蘭布通僅一百五十里，南距北京八百里。周圍分布著清朝上駟院、太僕寺、禮部、內務府慶豐司的幾個廣大的牧場，無數群駝馬牛羊漫散於草原上。按康熙帝的指示，喀爾喀蒙古各部貴族在暮春的陽光下，馬蹄踏著碧綠如氈的草地，放眼無際，鮮花四野，先後會聚而來。

四月十二日，康熙帝率上三旗騎兵自京起程，會合古北口綠營兵，

沿灤河河谷北上，與後來的下五旗騎兵在三十日抵達多倫諾爾，設御營布哨，只見明黃色的御營周圍軍威整肅，旌旗獵獵。隨後，康熙帝令蒙古各王公將營帳移近到距御營五十里處，環繞屯列。按兵部尚書馬齊事先排定的九等賞格，將各部首領的座次列為八行。

五月一日，在康熙帝的親自參與下，由土謝圖汗自行檢查擅殺札薩克圖汗沙喇挑起內爭的錯誤，明確責任。並由康熙帝建議，由沙喇親弟弟策妄扎卜為親王襲位。

五月二日，會閱正式開始，首先明確是非，解決喀爾喀各部之間的團結問題。康熙在行宮召見土謝圖汗、哲布尊丹巴胡土克圖，禮畢賜花，又親賜土謝圖汗數珠一串，然後親自評定是非曲直，命大學士伊桑阿等傳諭喀爾喀眾人說：

爾等七旗喀爾喀兄弟不睦，朕特遣大臣會閱，令將吞噬之人民各行給還，誓言已定，土謝圖汗等自食其言，託征厄魯特起兵，將札薩克圖汗、得克得黑墨爾根阿海執而殺之。從此，喀爾喀等心志攜貳，以致國土敗亡，生計遂失。然雖窮困已極，但能思朕夙昔愛養之恩，來求歸附，朕仍一體養育。今土謝圖汗等將一切大過自行陳奏。當此大閱之時，若即懲以重罪，豈唯朕心不忍，爾等七旗能無愧於心乎？若以輕罪處之，目今生計全失，俱賴朕惠養，何以議罰？故將伊等責其大過，復原恕其情。至札薩克圖汗，抒誠進貢，業已有年，無故為土謝圖汗等殘害，殊為可憫。今其親弟策妄扎卜來觀，宜即令承襲，以示優恤。

康熙迴避了札薩克圖汗確曾一度被誘依附噶爾丹及土謝圖汗並不以殺札薩克圖汗等為非這兩件事，而強調「札薩克圖汗，抒誠進貢，業已有年」「土謝圖汗等將一切大過自行陳奏」，是一種寬宏大量、息事寧人的政治風度。他反對將這次會盟開成一次聲討已故札薩克圖汗的大會，那樣會將札薩克圖汗的後代及其部眾推向噶爾丹一邊。

固然，更不能對土謝圖汗採取過分之舉，那樣會顛倒大是大非，只指出土謝圖汗的過錯而不治罪，這樣一來，既平息了札薩克圖汗部的不滿，又保護了對外抗擊沙俄侵略、對內堅決抵制噶爾丹侵擾的土謝圖汗，從而促進喀爾喀蒙古恢復團結，更有效地孤立和打擊噶爾丹。

維護喀爾喀蒙古的團結統一，乃大勢所趨，人心所向，因此得到喀爾喀汗以及大小眾臺吉的一致擁護。奏入，康熙至行宮前黃幄帳殿升座，喀爾喀汗、臺吉等行三跪九叩禮畢，以次序坐。奏樂，大宴。

土謝圖汗、哲布尊丹巴胡土克圖、策妄扎卜，俱坐御座近前，隨時賜酒；車臣汗及第二班次札薩克之墨爾根濟農古祿西希等十四濟農、臺吉，第三班次札薩克之諾顏阿玉錫等十三大臺吉，俱召至御座前親賜酒，「餘皆令侍衛等分賜之」。全場呈現一派以皇帝為中心的團結、統一、和諧的氣氛。

五月三日，頒賞封爵。賜喀爾喀土謝圖汗、哲布尊丹巴胡土克圖、策妄扎卜、車臣汗，銀各千兩，蟒緞、綵緞各十五匹，及銀器、袍帽、茶布諸物。並按規定等第賞格，分賜濟農、臺吉等銀緞諸物。

頒賞之後，復召喀爾喀汗、濟農、臺吉等三十五人賜宴，命令勿過於拘束，「各陳所欲言」「舒懷共語」。宴畢，以策妄扎卜年幼，「以皇子所服衣服、數珠賜之」，給予人情同父子的親切感。

同日，康熙根據喀爾喀汗、臺吉等要求，宣布將喀爾喀與內蒙古四十九旗「一例編設，其名號亦與四十九旗同」「照四十九旗編為旗隊，給地安插，共分三十六旗」。土謝圖汗、車臣汗名號仍舊存留，封策妄扎卜為和碩親王，其餘「去其濟農、諾顏之名」，各按等級，授以多羅郡王、多羅貝勒、固山貝子、鎮國公、臺吉之銜。

對其中有功人員，諸如首倡來歸、奏請照四十九旗一例編設以及在征剿噶爾丹之戰中效力者，加以特殊表彰，從優封授。最後康熙向他們

申明法度的嚴肅性：「自今以往，爾等體朕愛養之恩，各守法度，力行恭順。如此，則爾等生計漸蕃，福及子孫，世世被澤；若違法妄行，則爾等生計既壞，且國法具在，凡事必依所犯之法治罪。」

五月四日，閱兵。康熙出行宮，御甲冑，乘馬，「遍閱隊伍」，喀爾喀部隊及八旗官兵，肅立敬禮，接受皇帝檢閱。之後，校場騎射，皇帝親射，十矢九中，蒙古王公贊為神武。康熙又率四十九旗王、貝勒、貝子、臺吉及喀爾喀汗、王、臺吉等一同「大閱軍容」。由八旗滿洲官兵、漢軍火器營兵及總兵蔡元標下官兵，各依次列陣，鳴角，鳥槍齊發，眾大呼前進，聲動山谷，展示了強大的軍威。

五月五日，康熙親臨喀爾喀營寨，察其窮困者，賞以銀布。又賜給喀爾喀王、貝勒、貝子、公、臺吉等大批牛羊。六日，遣原任尚書阿喇尼，侍郎布彥圖、索諾和、文達，學士達虎等，「往編喀爾喀旗分佐領，撥給游牧地方」。五月七日，會閱完之後，康熙帝啟程回京，留尚書馬齊料理未竟事宜。四十九旗及喀爾喀汗、王、貝勒、貝子、公、臺吉等，分列路之左右，「依戀不已，伏地流涕」，情景至為感人。

會盟期間，應蒙古貴族「願建寺以彰盛典」之請，決定興建匯宗寺於多倫，「利用宗教，以一眾志」。本次會盟，加強了中國北方蒙古族的團結，結束了長期以來喀爾喀蒙古的內部糾紛；密切了蒙古族與朝廷的關係，重新在喀爾喀蒙古建立起封建秩序，加強了對喀爾喀的管理，使之成為保衛邊疆的重要力量。

康熙對這方面的意義認識相當深刻。他在歸途中形象地對扈從諸臣說：「昔秦興土石之工，修築長城。我朝施恩於喀爾喀，使他防備朔方，較長城更為堅固。」

回京不久，正值工部議復古北口總兵蔡元請修古北口邊牆一疏，康熙為此特別降諭時，曾論及得民心為治國安邦之本的道理。他說：「帝王

治天下自有本原,不專恃險阻。秦築長城以來,漢唐宋亦常修理,其時豈無邊患?……可見,守國之道唯在修德安民,民心悅則邦本得,而邊境自固,所謂眾志成城者是也。」

政治上的統一與安定,促進了生產的發展。此後,喀爾喀蒙古對農業生產開始重視起來。土謝圖汗上疏:「思得膏腴之地,竭力春耕,以資朝夕。」康熙大力支持,命理藩院遣官一員,於來年春「指授膏腴之地,令其種植」。還批准頒給蒙古各部以曆書,「照民曆式樣,全行翻譯,將部落之名注於曆內」。

既經會盟,喀爾喀聲勢復振,散於各地的人口紛紛來歸,清政府一律熱情接待,合理安排,並按人口、功次授予相應的爵位。如同年閏七月游牧於土拉等地方的喀爾喀西卜退哈灘巴圖爾來降,授為輔國公;九月,喀爾喀達拉瑪希裡卓特巴來降,授為多羅貝勒。

康熙三十三年,也就是 1694 年,農曆九月,游牧於色楞額的英格特布哈等地的根敦戴青亦率「所屬七百餘戶、四臺吉及千餘弓箭手,共三千餘口」歸附,康熙於朝見時「加恩授為札薩克多羅貝勒」。清廷的政策吸引了失散在國內各地的喀爾喀蒙古人,更吸引著流亡國外受人欺壓的喀爾喀蒙古人。

有些過去逃亡俄國的蒙古族,陸續回歸祖國。繼康熙三十年,也就是 1691 年,車臣汗部車卜登屬下千餘戶從俄國回歸之後,康熙三十二年,也就是 1693 年,土謝圖汗部車陵扎卜等八臺吉集聚部下六百餘丁,擺脫沙俄控制,遷入克魯倫河畔的巴顏烏蘭草原,與西卜退哈灘巴圖爾一起游牧,康熙授車陵扎卜為札薩克一等臺吉,將屬下編為四佐領。喀爾喀重新統一,實力進一步增強,在鞏固邊疆及抗擊外敵的鬥爭中地位日益重要。

烏蘭布通一戰,已基本打掉了噶爾丹不可一世的囂張氣焰。他率部

一路西逃。克魯倫河平靜地向東流去，可他的心情卻無法平靜。他身後原本兩萬餘人的兵馬，死傷已超過一半。秋風蕭瑟，落葉飄零，在飢寒交迫中，他只能看著軍中奄奄待斃者相繼死去。

他「盡失負駝，無輜重，狂奔絕漠而北，沿途飢踣死亡，得還科布多者僅數千人」。科布多的冬天，似乎從來沒有過如此乾冷，他和部下每天只能局蹐於火堆旁，捱過漫漫寒夜。積蓄已全部消耗；漠北也已無物可掠；與中原貿易早已斷絕；策妄阿拉布坦正在天山瞪著仇恨的眼睛。

噶爾丹知道自己並不是什麼活佛的化身，所以他自己也不顧當著康熙帝使臣的面，在威靈佛前發下的「誓不再侵中華皇帝之喀爾喀與眾生靈」的誓言，他只是想以此騙得康熙帝不要派兵追趕。他還派人送信，請康熙帝上尊號，表示恭順；請求康熙帝賞點兒財物，以渡難關。康熙帝還真賞給他白銀一千兩，並遣還扣留在歸化城的商隊等一千餘人。

他認為，康熙皇帝還是很容易騙過的。漫長的寒冬總算過去了，噶爾丹像草原上冬眠過後的鼴鼠一樣甦醒過來。康熙帝主持多倫會盟的時候，他也正在緊張忙碌著，爭取時機，積蓄力量，準備東山再起，孤注一擲。

既然國內他已是四面樹敵，他覺得唯一能依靠的是沙俄，便於康熙三十年起，多次派使者去沙俄活動，甚至低三下四地給沙皇寫信說：「我等與陛下一向是具有同一事業的兄弟，友好親善。蒙古乃陛下我等之敵人，為了貴我雙方事業的成功，敬請陛下就兵員、火藥、鉛彈和大砲等等一切作戰之所需，給予至善的諭旨……」不惜引狼入室。

這一請求對沙俄來說是正中下懷，此後沙俄多次遣使會見噶爾丹，往返商議表示支持，這使噶爾丹的野心又迅速膨脹起來。與此同時，他給喀爾喀蒙古和內蒙古一些首領寫信，大力煽動叛亂，挑撥各部與清朝的關係。

為渡過難關、積蓄力量，他在以後的數年間，仍率兵在大草原上

到處搶掠，甚至殺害清朝的官員，使大草原仍籠罩在一片惶恐的戰爭氣氛中。

康熙帝對噶爾丹的鬼蜮伎倆早已瞭如指掌。因為在康熙三十一年，也就是 1692 年，農曆八月，噶爾丹派人在哈密附近殺害了前往策妄阿拉布坦的清使馬迪等官員。不久又重新提出索要土謝圖汗和哲布尊丹巴，並要求康熙帝把喀爾喀蒙古各部內遷牧民送還故地。鑒於此，一個誘殲噶爾丹的計畫在康熙帝胸中默運成熟。

康熙首先加強西路防線。從康熙三十二年正月起，先後往右衛、歸化、寧夏、肅州等地派兵遣將，以防噶爾丹侵犯西藏和青海，併兼顧哈密，以保持與伊犁河流域策妄阿拉布坦的連繫通道。

康熙曾警告噶爾丹：「達賴喇嘛與我朝往來通使多歷年所，西海諸臺吉不違朕旨，恭順奉貢，若厄魯特人等稍犯達賴喇嘛地方及西海地方，朕即立加征討，斷不爽也。」

其次，也部署了東路兵力。康熙令盛京、烏拉及黑龍江官兵遇事「可會於形勝之地，相機前進，科爾沁兵亦令隨行」。黑龍江將軍薩布素遵旨詳查，於康熙三十四年正月二日上報，擬以索岳爾濟山為三省會兵之地。

他說：「嗣後若索岳爾濟山之東北呼倫貝爾等處有警，則與臣駐軍之處相近，臣即先進兵，烏拉、盛京兵繼之；若索岳爾濟山之西烏爾會等處有警，則與盛京相近，盛京兵先進，烏拉及臣處兵繼之，總期會於索岳爾濟山以進。」康熙對此安排表示滿意。

至同年七月上旬為止，以昭武將軍郎談為首的甘肅兵，以寧夏將軍覺羅舒恕為首的寧夏兵，以右衛將軍兼歸化城將軍費揚古為首的右衛、歸化城兵，以及以黑龍江將軍薩布素為首的東三省及科爾沁兵，從西到東，形成了完整嚴密的防禦體系。

　　康熙三十四年，噶爾丹率騎兵三萬，從土拉河繼續向東進犯。不過，噶爾丹在烏蘭布通戰後更加狡猾，決不貿然深入內地，而是以流寇方式，在外蒙地區，忽東忽西，到處騷擾。

　　六月，康熙聞報噶爾丹將西竄，從嘉峪關外過哈密東南之昆都侖及額濟納河，前往西藏；七月，又有人看到他東侵克魯倫河流域，想進犯車臣汗及科爾沁的牧地。康熙剛剛部署完西部的防禦，又立即著手組織東部的阻擊。

　　八月十七日，康熙率皇子巡視塞外至克勒和屯「聞噶爾丹有順克魯倫而來之信」，立命京城預備兵三隊八千餘人「作速啟行」，另有盛京、寧古塔預備兵三千人，「著剋期會於烏爾會之地」。八月二十日，康熙駐蹕克勒烏裡雅蘇臺，召見科爾沁土謝圖親王沙津。

　　因噶爾丹曾遣書沙津，試圖策反，康熙欲將計就計，誘敵深入。於是密授沙津屬下鄂齊爾，以沙津名義往告噶爾丹：「我科爾沁十旗俱已附爾矣，爾可前來，我當以此地接應。」彼一旦中計，就可一舉全殲。

　　但未等鄂齊爾至彼地，狡猾的噶爾丹即不再繼續深入，至克魯倫河畔之巴顏烏蘭草原，對西卜退哈灘巴圖爾及納木札爾陀音等肆行搶掠之後，即向西竄往土拉河。喀爾喀郡王善巴曾奏：「噶爾丹不可使久據克魯倫地方，應速征剿。」

　　康熙在七月的下旬，為防其人，令定期會合，由三省將軍統轄，防其東侵；西路，調右衛兵、京城增發兵及大同綠旗兵，合官兵廝役共計24260餘名，總轄於費揚古，由歸化城進剿；中路，調京城每佐領下所餘預備兵六名、漢軍火器營兵、炮手綿甲兵、宣化府綠營兵，合官兵廝役共計27970人，由京師進剿。

　　另外，另設陝西一路，發西安滿洲兵、漢軍火器營兵、綠旗兵，合官兵廝役共計22400餘人。後來，見噶爾丹已無西竄危險，將陝西一路

合於西路，統由費揚古率領。以上兵力已達 79600 餘名，超過噶爾丹兵力十倍以上。此後，各路兵員仍有所增加。

在三路清兵中，中路和西路是主力，西路已任命費揚古為撫遠大將軍，而中路一直未任統帥。人們猜測皇帝有意親征，於是漢大學士、九卿、科道等紛紛上疏勸阻，認為：皇上為百神之所憑依，四海蒼生之所依賴，似不必以此稽誅小寇，躬臨壁壘；任命中路大將軍，統兵進剿，皇帝駐蹕近邊指授方略，即可「立奏膚功」。

康熙再次提起烏蘭布通之戰的教訓，說道：「當時因朕躬違和，未得親至其地，失此機會，至今猶以為憾。噶爾丹竄伏巴顏烏蘭地方，相距未甚遼遠，以是不憚勤勞，親蒞邊外，相機行事。此賊既滅，則中外寧謐，可無他虞。假使及今不除，日後設防，兵民益多擾累。」故而決意親征。

大計已定，立即開展各項準備工作。首先，敕諭禮部、兵部，申明出征原出：噶爾丹「自烏蘭布通敗遁之後，不自悔禍，仍行狂逞，悖天虐眾，違蔑誓言。侵掠我臣服之喀爾喀，潛入巴顏烏蘭之地，心懷叵測，逆狀已彰。乘其竄伏近邊，自應及時撲剿。倘目今不行翦滅，恐致異日沿邊防衛，益累吾民，聲罪迅討，事不容己」。並遣官告祭天地、宗廟、社稷。為準備接戰，預編隊伍。中路軍編為頭隊、二隊及左右兩協，並分別委派領兵接戰大臣。另編八旗大營及八旗小營，共十六營，分別委派皇子、王公大臣率領。

其次，為解決中路大軍與西路大軍協調作戰問題，康熙令費揚古馳驛赴京，與之約定：四月下旬，令會中路大軍於土喇。若噶爾丹從克魯倫河而下，與中路兵近，西路兵遠，則中路待西路之兵；若噶爾丹在土喇，與西路兵近，中路兵遠，則西路待中路之兵。

另外，派人防守甘肅、歸化城等策略要地；更定奴僕出戶條例，以

鼓勵他們拚命作戰；設立驛站，拊循從征及運糧兵丁；敕諭策妄阿拉布坦使勿致驚潰；規定行軍次序等各項準備工作亦在緊張而順利地進行。

康熙三十五年，也就是 1696 年，農曆二月三十日，康熙得知誘敵之計奏效，沙津遵奉密諭，遣人往約噶爾丹，噶爾丹果然沿克魯倫河而下，掠納木扎爾陀音，踞巴顏烏蘭。康熙認為機不可失，乃於是日率諸王、貝勒、貝子、公、文武大臣，詣堂子行禮，祭旗纛，親統大軍啟行。

前鋒兵走在最前，以次為綠旗和察哈爾兵、鑲黃旗和正黃旗兵、康熙帝御營、正白旗和正紅旗兵、鑲白旗和鑲紅旗兵、鑲藍旗和正藍旗兵，經懷來、赤城，出獨石口，向西北出發。行軍途中，康熙「常以休息士馬為念」。

見行李運送遲緩，軍士人等不能及時安營，於是每日五更即起，親自督促運送兵丁行李的馱隊及早啟行，使行李先至營地，「如是士馬大得蘇息」。見天氣陰晦，恐有雨，即傳諭加意蓋護馬匹。三月十五日，駐於滾諾爾地方，雨雪交作。

康熙見軍士未即安營，自己也不肯先入行宮安歇，雨服露立，俟眾軍士結營畢，始入行宮；營中皆炊飲，然後進膳。此時康熙已年過四十，仍保持其祖輩與士卒同甘共苦的優良作風。

康熙在進軍中，連繼不斷派遣侍衛、主事、參領等官員出使噶爾丹處，以探聽消息。四月四日，據坐檯員外郎奏報：使者克畢圖馬匹被扣，「攜噶爾丹奏疏步行而回」。康熙擬從此事分析噶爾丹的動向，問議政大臣：「料噶爾丹待我兵否？」

諸大臣以為：「或不待我兵而竟遁。」理由是，「使克畢圖等步行而回者，是正欲其遲到，雖出兵不能追及之意。」

康熙看法與諸臣迥異，斷言：「噶爾丹之心必以為當今春令馬匹羸瘦，此路既無水草，沙磧翰海又甚難行，大兵勢不能到；至朕親來，彼

萬難料及。故奪我使之馬匹，令步行而回，不過欲堅彼部下蒙古之心，示以不懼耳，非欲使我兵遲延，彼得遠遁也。」他不僅預料噶爾丹並未遠遁，而且展望今後戰局，認為前景甚為樂觀。

據費揚古奏報，西路軍本月二十四日可至土喇。康熙認為：「若依期而至，兩路夾攻，則噶爾丹在我掌握，安能復脫？若我兵先到，彼必連夜逃遁，費揚古兵縱少遲緩，必至土喇地方。噶爾丹以疲敝乍到之兵，費揚古迎擊，可盡行殲滅。觀彼在我使者之前舉動，噶爾丹早已入我計中矣。」

扈從大臣等擔心皇帝受到驚嚇，不願中路軍與噶爾丹直接交鋒，仍堅持噶爾丹已經逃遁之說，建議皇帝返回。四月十日，御營駐蹕科圖地方，扈從大臣佟國維、索額圖、伊桑阿等向皇帝奏說：「傳聞噶爾丹亡去已遠，皇上當徐還，使西路兵前進。」

康熙聞奏，大為惱火，立即召見群臣痛加訓斥說：「不知爾等視朕為何如人？我太祖高皇帝、太宗文皇帝，親行仗劍，以建丕基，朕不法祖行事可乎？我師既至此地，噶爾丹可擒可滅，而肯怯懦退縮可乎？且大將軍費揚古兵與朕兵約期夾擊，今朕軍失約即還，則西路之兵不可問矣，還至京師何以昭告天地、宗廟、社稷乎？」

佟國維等謝罪認錯。很快，遣往哨探之護軍參領車克楚至，說噶爾丹未嘗逃去，仍在克魯倫。諸臣聞言，無不欽佩皇帝的高見。科圖為內蒙古汛界最後一站。

康熙整頓隊伍，每旗留兵丁八十名，八旗共留六百四十名，派人總管，查哨、偵探，既使進剿隊伍精悍，又可增強汛界防守力量；留兵之馬騾每旗三百四十匹，從中選膘壯者一百五十匹，再添自京城帶來馬一百五十匹，每旗充實騾馬三百匹；留兵之口糧，每人留十五日，其餘盡給前進兵丁。留兵所缺米糧，俟新運米至，照數補給。

　　四月十三日，康熙親自率中路大軍進入喀爾喀，至蘇德圖駐蹕，派人通知費揚古：「噶爾丹於本月初間，自土喇向克魯倫移營。」「以此揆之，噶爾丹已近朕所統大軍矣。」並叮囑說，「可詳詢地裡及彼脫逃之路，小心堵御，不可以彼向下流行而輕之。」其中心內容是令費揚古注意阻擊潰逃之敵。

　　四月二十二日，康熙駐西巴爾臺，派人得知噶爾丹「實在塔爾幾爾濟地方」。第二天，接費揚古奏疏，知西路軍於十日從烏蘭厄爾幾啟行，進趨土喇，預計五月三日可到克勒河朔地方。康熙與諸王大臣研究作戰方案，中路敵我迫近，西路拖延行期，在這種情況下，是緩行以待，還是主動出擊？

　　統領鑲紅旗大營皇三子胤祉、領侍衛內大臣公福善等反對等待，主張：「一面移文催西路之兵，一面使賊不及為備前往擊之。」餘諸王皇子大臣，如多羅信郡王鄂扎、貝子蘇爾發等主張「緩行以待，兩路夾攻」。康熙綜合「緩行以待」和「即行進兵」兩種意見，初步決定：「且待且行，如必不得已，則相機行事。」

　　四月二十六日，中路軍駐於察罕布喇克已經三天，再次討論作戰方案，諸臣主張「聽彼逃竄」。康熙說，使之逃竄並不困難，俟其稍近，遣使前去通知，就說朕欲與之親臨約盟，令其前來與我軍會議，「噶爾丹聞朕親來，必連夜奔逃，我軍即行追殺，如向土喇退去，必遇費揚古兵」。

　　康熙說得似乎輕鬆，但心中仍無十分把握。他最擔心的是夾擊不成，使噶爾丹逃脫。二十七日，他在寫給祖母的信中說：「恐其途徑既多，彼將從他處奔突。」但同一天，接費揚古奏報，得知將軍孫思克、博霽各選精兵兩千人，與費揚古一路前進，月底即可到達克勒河朔地方。顯然形勢越來越好。

　　於是康熙第三次與臣下討論作戰方案，大臣為保障皇帝安全仍堅

持「當遣使往說，以便使其驚逃，然後中路猛追，西路阻擊」。因眾意合一，遂定遣使之議。三次發動臣下討論作戰方案，頗有乃祖時軍事民主制的遺風。事後他說：「朕於國家之事，未嘗膠執己見，唯虛己以視機宜，即用兵之道亦復如是。一日之中，千變萬化，朕親統大軍至克魯倫時，亦視賊之形勢隨機而應，並不預立己見。」

遣使的時機非常重要。康熙盡量拖延，以待西路大兵。五月一日到拖陵布喇克之後，又等三天。至五月四日，預計費揚古已至土喇，便遣使以敕書、賜物及所俘厄魯特鄂齊爾等四人送往噶爾丹。

敕書指責噶爾丹背棄誓言掠奪喀爾喀之納木扎爾陀音等罪行，宣布：「今朕大軍已出汛界，與爾逼近，西路兵俱已到土喇，東路兵俱已溯克魯倫河而來」，因不忍生靈橫遭殘踏，故擬「覿面定議，指示地界」，如果「妄動而去，則虛朕美意，而生靈有不利矣」。使者在途中遇噶爾丹屬下重要大臣丹濟拉率千餘人來劫取馬群。丹濟拉聞聽皇帝親征，「大駭失聲，遂領敕書收兵急去」。

五月七日，偵知噶爾丹所在，康熙立即從枯庫車爾地方整兵出擊。他親率前鋒兵在前，諸軍依次，翼張而進，「兵威之盛瀰山遍野，不見邊際，整齊嚴密，肅然無聲」。是日，駐於西巴爾臺，噶爾丹「乞暫緩師」，康熙知其別有企圖，便以「此地乏水」為由，予以拒絕。

次日，直趨克魯倫河。克魯倫乃兵家必爭之地，康熙親「率數人登高執圓鏡遠望」，偵察地形，然後部署兵力。遣科爾沁土謝圖親王沙津、達爾漢親王班第、喀爾喀車臣汗等率軍「往據西方巴爾代哈山麓高處，佯作全軍從此經行之狀」，以引誘敵人。同時皇帝親率大軍「爭先據河」。

噶爾丹原不相信皇帝親征，說：「康熙皇帝不在中國安居逸樂，過此無水瀚海之地，寧能飛渡乎？」後從康熙放回的厄魯特人口中得知皇帝確實已親自出征，又親至北方孟納爾山遙望清軍大兵隊伍行列規模，「不

似烏蘭布通時」，大驚失色說：「是從天而降耶！」於是傳令眾人，盡棄其廬帳器械而去。

康熙抵達克魯倫，對各隊領軍大臣說：「噶爾丹若據克魯倫河，我兵奪河交戰猶稍費力，今觀其不於此拒戰，而竟逃竄，是自開門戶以與我也。除此地外，他處斷不能拒我軍。審其情形，必連夜逃遁矣，當輕型機車急追。」

自五月八日至十二日，康熙以「疾馳莫憚追奔力，須使窮禽入網羅」的決心，身先士卒，疾追五天，經克勒河溯到拖訥阿林。此刻，軍隊糧餉不繼，不得已決定，改由全部前鋒軍、滿洲火器營兵及親隨護軍，組成一支精悍部隊，任命內大臣馬思喀為平北大將軍，每人湊足二十日口糧，令其前討。

康熙自出師以來，「不懷安逸，不恃尊崇，與軍士同其菲食，日唯一餐，恆飲濁水，甘受勞苦」，唯欲前進，並不退卻一步，有時因駐蹕處稍有未妥，欲回數步安設行幄，亦不允許。這次只因「西路兵及兩路餉皆未如約而至」，不得不安排輕型機車前進，自率大隊回軍迎糧。他預計噶爾丹應難逃脫，「捷音數日內即到」。中、西路大軍距敵主力越來越近，兩面夾攻殲敵之勢已成。

西路兩支軍隊一路克服了糧餉難繼、馬匹倒斃等無數的困難，為加快前進速度，不得不中途選強汰弱，集中精銳兵士和糧食日夜前行。當兩支隊伍會師翁金後，得知皇帝已至前線，更加快了行程。五月四日兵抵土喇河。當全軍剛剛行抵昭莫多，已與噶爾丹西逃的先頭部隊遭遇。費揚古來不及思索，立即命令將士各據險要，一萬四千餘清軍在昭莫多布下擒寇的網羅。

昭莫多，在蒙古語中，意思是大樹林。土喇河自阿達海嶺流下，在這裡悠然一轉，從汗山北麓拐過，奔西南而去。此地依水臨山，森林叢

集，地理位置重要，是克魯倫河至上喇河的必經之路。噶爾丹來來去去已多次行經此地。當他聽說清軍西路正向這裡開來，心急如焚，現在可怕的已不是追兵，倒是被堵截的危險。

然而，一切都已經顯得太晚！清軍剛進入陣地，噶爾丹軍馬隊蜂擁而至，猶如一陣狂濤捲來。為了逃命，叛軍發瘋般地衝擊清軍陣地，小山崗前人喊馬嘶，聲震山林。清軍憑藉有利地勢，子母炮齊發，無數叛軍不是被轟落馬下，便被驚馬掀翻。雙方鳥槍、火銃對射，使得昭莫多附近山坡上煙霧瀰漫。

當夕陽落入汗山背後，對抗、衝擊仍在進行。噶爾丹數名親信將領都在清軍炮火下喪生。而清軍肅州總兵潘育龍的臉上也中了槍彈。雙方「殺傷相當，勝負未決」。

噶爾丹見整整一個下午，無法衝過清軍陣地，便又企圖利用夜幕降臨，重演偷偷溜走的故技。然而，這一次他實在太不幸了。清軍寧夏總兵殷化行在激戰中發現，在敵軍後側叢林中，人畜十分密集，卻未見前來衝擊，猜想可能是噶爾丹叛軍家屬和輜重，便向費揚古建議，偷襲噶爾丹後路。

費揚古便挑選一隊精騎，悄悄繞過陣前，向敵營發起突然襲擊。在蒼茫暮色中，噶爾丹叛軍就像炸群的驚馬，擾翻的蜂巢，立時陷入極度混亂之中。前陣清軍馬隊兩路衝來，一時喊殺聲與牲畜的鳴叫聲震耳欲聾。

在如蝗的飛箭中，叛軍徹底瓦解，全線崩潰，「墜下山者滿坑谷，棄杖如麻」。噶爾丹的妻子阿奴喀屯被斬殺，其主要將領被炮炸死、鳥槍擊斃者殆盡。噶爾丹見炮火猛烈，部下已潰不成軍，知大勢已去，便集中身邊的親信，策馬衝出重圍，不顧一切向西逃去。殷化行一見，立即一馬當先，率部狂追。「且射且逐，月下追三十里」。噶爾丹再次逃脫，所

剩者僅幾十人。

昭莫多一戰，清軍斬殺叛軍三千餘人，俘虜、收降三千餘人，繳獲噶爾丹所有軍器、車帳和牛羊六萬多頭。儘管噶爾丹一息尚存，然而經此次打擊，他已元氣全部喪盡，膽顫心寒，等待他的只能是徹底毀滅。

五月十四日，康熙帝駐蹕於他爾渾柴達木，在狂風暴雨中，仍心懷激動地等待著前線的消息。他並不是全無擔心，既然西路大軍已按期抵達土喇河，應該能取得截擊的勝利。他「拱手向天再拜」，祈禱成功，並猜想「二三日間即有成功捷報」。

五月十八日，終於等來了昭莫多大捷的消息，康熙帝欣喜異常，立即率群臣和隨征將士跪伏在地，「望天申謝」，並馬上派快騎向北京宮廷報捷。

蒙古大草原上，鷹飛草長，藍天一碧如洗。五月底，康熙帝率軍回到內蒙古卡倫之內，各札薩克、喀爾喀蒙古牧民男女老幼夾道相迎，同聲歡慶征討噶爾丹的勝利，都說：「若非如此，我等今生何以生活！」人們有的放聲大笑，有的嚎啕流淚。許多老人向康熙帝磕頭不起，以至於前額流血不止。

康熙帝看著眼前激動人心的場面，心潮澎湃。自出師以來，他「不懷安逸，不恃尊崇，與軍士同其菲食，日唯一餐，恆飲濁水，甘受勞苦而為此行」，不正是要定國安民嗎？他向牧民們致意，並說：「朕昔以汛界之內視為一家，今土喇、克魯倫以內，皆為一家矣！」

「朕君臨天下，統御萬邦，本無分於內外，即絕域荒陬，皆吾赤子，一體眷念……今厄魯特之禍靖，則朔方永清矣！」然後他下令，對所有引路、探信、牧馬、掘井等有功的蒙古人頒以重賞，將所有直接參戰有功的蒙古首領晉升為親王、郡王、公、臺吉爵位。

這次出征九十九天之後，六月九日康熙帝返回京城。昭莫多一戰，

清朝取得了征剿噶爾丹的決定性勝利。但種種跡象表明，噶爾丹落荒而逃後，將西去糾集舊部，投靠達賴喇嘛，圖謀捲土重來。回部和青海有他的部分屬民，青海臺吉和西藏的第巴與噶爾丹關係較密切，沿途可得到援助。

並得到消息，噶爾丹在他米爾之臺庫勒地方遣人收集餘部五千餘兵，欲赴哈密過冬。不根除之，邊疆地區仍存在一大隱患。根據這種情況，康熙於東部僅做一般防禦，留薩布素率黑龍江兵一千駐科圖，餘俱撤回。

後又令大將軍費揚古分率薩布素兵五百，酌取蒙古兵，往善巴王邊汛諸地方偵探聲息；同時，他及時地把注意力轉向西北地區。七月十日，他命駐於西寧的副都統阿南達率巴圖爾額爾克濟農之兵，駐紮布隆吉爾等處堵禦。

阿南達奉命親率巴圖爾額爾克濟農等設哨餘兵一百五十人、綠旗兵四百、子母炮二十門，自肅州前往布隆吉爾之都爾白兒濟形勢之地駐紮。但西北地區形勢比較複雜，青海諸臺吉聲稱遵依達賴喇嘛之言而行，顯然不會抗拒噶爾丹；哈密回部領袖額貝杜拉達爾漢白克雖「遣人進貢來降」，仍需給以大力支持，以鞏固其與內地之連繫，因為策妄阿拉布坦雖然希望回部脫離噶爾丹，但並不希望其倒向清朝。

在這種情況下，康熙決定第二次親征噶爾丹，以便對其進行招降，並及時處理各族、各部之間微妙的關係問題。這次御駕親征，主要的目標在西北地區，目的是招撫噶爾丹及其部下，切斷噶爾丹去回部、青海及連繫西藏的通路。

若噶爾丹不降，來年春再行剿除。為防止官員勸阻，最初在九月四日，康熙只說，「往宣化地方行圍」，僅帶侍衛、三旗新滿洲護軍、三旗親隨護軍、八旗前鋒、火器護軍等，共兩千人。另外，「諸色人等不得告

請從行，部院官員從少派出」。

直到同月十五日大兵啟程前的幾天，才透露這是一次非比尋常的「出兵」。他諭大學士伊桑阿說：「此番出兵，八旗官員及兵丁人等，俱照今年出征例給兩月行糧。如前已出兵，這次又往，各賞銀十兩。」軍隊人數也逐步增加，十七日，大兵出發前增發八旗前鋒四百名，途中又增調宣化府騎兵和張家口步兵。十九日，康熙啟行，第二次親征。

當晚駐昌平州，命左都御史于成龍赴歸化城辦理西路軍務。九月二十二日，至懷來縣城西，差人將招撫噶爾丹、丹濟拉敕書並所印刷蒙古文敕書三百道，送到大將軍費揚古軍前，「令其頒示」。

九月二十四日，康熙駐於下花園，得知丹濟拉至翁金劫米，副都統祖良壁遵諭將其擊敗，十分地高興，並藉機重申招撫噶爾丹的政策。他對議政大臣說：「噶爾丹似此困極，雖不進討，亦必滅亡，今但以招撫為要，故朕諭大將軍，頻遣噶爾丹降人往招之。噶爾丹今雖不降，其部落既散之後，自來歸順矣。」

九月二十九日，康熙駐喀喇巴爾哈孫地方，得知噶爾丹往札薩克圖汗舊居之地博羅烏納罕等地過冬，距汛界四十餘日之程，急忙令伯費揚古：「不必進兵，至來春青草萌時，秣馬以待，視噶爾丹所往，剿而除之。此際當頻遣厄魯特降人招撫為要。」

為了有效地貫徹招撫政策，康熙對降人和俘虜進行了適當的安置。將陸續來降之一千五百餘人編入上三旗滿洲佐領，其中頭人分別授職；不願來內地者，即送往費揚古軍前，各給馬一匹遣回原住地，「令彼往諭噶爾丹，言彼若來降，亦待以顯榮」。

十月七日，康熙駐瑚魯蘇臺，令將昭莫多生擒給主為奴之男女約三千人，「皆賜銀贖出，使其父子夫婦兄弟完聚」。十月十三日，至歸化城，令留一大臣，「受厄魯特降人，完其夫婦，給以衣食」。吳爾臺扎卜

之母、達爾扎哈什哈之妻被俘，特遣察哈代送回，令其母子、夫妻團聚。

十月二十一日，遣昭莫多之役受傷和被俘的厄魯特曼濟回噶爾丹處與妻子團聚，偕阿旺丹津並齎敕文給噶爾丹。敕文說：「今朕又親率六師遠蒞於此，且各處調兵邀擊。爾等妻子、馬畜諸物俱已散亡，衣食已盡，勢迫無歸，況時漸嚴寒。朕不忍爾屬下厄魯特妻子相失，窮困凍餓而死，特遣諭招撫。今重複降敕，爾等若悔前愆，俯首向化，朕一體加恩撫卹，俾各得所，爾部下厄魯特亦得妻子完聚，咸獲生全。……今若又不覺悟，聽信匪言，則後悔莫追矣，爾其勿疑勿懼，特諭。」

在招撫噶爾丹各部時，採取區別對待的策略。如對丹津阿拉布坦及丹津鄂木布的招撫與對噶爾丹不同，其敕文不是派降人齎送，而是特地派遣和碩札薩克圖親王之長史馬尼圖、多羅郡王昆都侖博碩克圖之烏勒木濟、多羅郡王墨爾根濟農之阿玉什等，共同持諭前往。

敕文著重離間他們與噶爾丹之間的關係，指出：爾等「皆非倡亂之人」，令「與噶爾丹分析各居」「若即率爾部落來降，前此依附噶爾丹之咎，朕概不介意，必待爾以富貴，爾之部落亦使各得生業，妻子完聚，從容度日」。

這些招撫措施，不久都收到了良好的效果，爭取到了噶爾丹周圍的人們，孤立了不肯歸服的噶爾丹。為迫使噶爾丹投降，除遣使招撫之外，康熙尤其注重調動兵馬，圍困阻擊。十月中下旬，他得知噶爾丹可能從枯倫白爾齊爾竄犯哈密，立即檄令孫思克及西安將軍博霽，分別率兵赴肅州阿南達處，探聽聲息，「即行剿滅」。

阿南達遵諭進行妥善部署，爭取逃向哈密附近的噶爾宜多爾濟再次歸附清朝，令其與哈密回部頭人達爾漢白克互相配合，於灘納秦、都爾白兒濟各口，「撥人小心駐防哨探」，又徵調兩千綠旗兵，在額濟納、昆都侖等地「坐哨探聽」，加強防守。康熙對此「甚為之喜」。

十一月五日，康熙駐於喀林託會，得員外二郎保奏報：土爾扈特部阿玉奇臺吉發兵一千人，準噶爾部策妄阿拉布坦發兵一千人，和碩特部額爾克巴圖爾臺吉親率兵千許，「俱令集於阿爾臺以內土魯圖地方駐紮，四面設哨，如遇噶爾丹即執而殺之，如或生擒，即行解送」。以上三部加上哈密回部、噶爾宜多爾濟等西北各部組成聯合防線，可以從根本上控制噶爾丹西竄的通道。

阿南達於十一月七日得報，望見遠方飛塵，即決意窮追百餘里，終於截獲達賴喇嘛使人達爾漢鄂木布、青海博碩克圖濟農使人阿爾達爾寨桑以及噶爾丹使人喇克巴彭楚克格隆、噶爾丹親姪顧孟多爾濟等數十人，並查獲噶爾丹囑託達賴喇嘛照看伊子塞卜騰巴爾珠爾書信一封。

根據這一線索，康熙令嚴加搜捕，不久於哈密附近擒獲噶爾丹之子塞卜騰巴爾珠爾。西北各部聯合作戰使噶爾丹處於孤立無援之困境。至此，二次親征目的已經基本達到，只要將噶爾丹圍困在狹小範圍之內，或迫其歸降，或留待明春出兵殲滅，均無不可。康熙對形勢的發展極為滿意，因而取消了擬議中的寧夏之行，剛進入鄂爾多斯，即準備迴鑾。

十一月十七日，康熙駐哲固斯臺，接到費揚古奏疏，謂噶爾丹使所屬格壘古英等二十人前來議降。十一月二十五日，康熙於東斯亥召見噶爾丹使人格壘古英，於二十七日遣還。

命員外郎博什希、筆帖式閭壽齋敕偕往。讓格壘古英轉告噶爾丹：「令其親身來降，否則朕必往討。」「朕在此地行獵待爾，限七十日內還報，如過此期，朕即進兵矣。」接見中，有意做出繼續留在前方追剿的姿態，不使對方察覺班師跡象，繼續給噶爾丹施加壓力。如說話間，包衣大達都虎進來奏稱：御用米糧將盡。

康熙見其在噶爾丹使人面前洩露機密，怒斥道：「達都虎搖惑眾心可斬也。如糧盡，則取湖灘河朔之米，何慮之有？糧雖盡，朕必齧雪窮

追，斷不回師。」宣諭後，又揚言將前往邁達裡廟，並遣人修路。待送走格壘古英，康熙遂諭令從東斯亥班師回京。

十二月一日，康熙於南河西界之薩爾虎拖會，接見大將軍費揚古，「與語良久」，表彰昭莫多會戰時西路兵的戰績時說：「西路兵以疲睏之眾，遇敵戰勝，勢如破竹，實為可嘉。」

費揚古聞皇帝嘉獎，不僅不居功，反而「知罪」，答道：「噶爾丹之破敗，皆聖謨神武之所致。奈臣庸劣，以皇上窮追困蹙之寇，不能生擒以獻，實臣罪也。」費揚古功高不傲，康熙甚為滿意。次日，康熙「以御用佩囊鞭弓矢等物賜大將軍費揚古」。後來，康熙准費揚古有權調遣外藩兵馬，並超封一等公。

康熙二次親征噶爾丹，「收撫其降眾，遏絕其外援」，重新部署西北兵力之後，於十二月二十日勝利返回京城。

第三次親征噶爾丹

康熙於第二次親征噶爾丹結束之前，已開始了第三次親征的準備工作，諸如：派戶部尚書兼屬理藩院事馬齊前往陝甘安設通往寧夏的驛站，「並閱大兵所行之路」；派副統領阿南達調查從寧夏及嘉峪關西路出兵，至噶爾丹盤踞的薩克薩特呼裡克的道裡遠近。

康熙三十六年，也就是 1697 年，正月，臣下出現了輕敵麻痺思想，勸皇帝不要親征。山西道御史周士皇上疏說：「小醜已極困窮，計日就戮，請聖駕不必再臨沙漠。」

康熙看到在形勢對朝廷越來越有利的情況下，這種輕敵麻痺思想具

有一定普遍性，因此，一再闡明親臨寧夏的原因和意義。他對大學士說：「覽周士皇所奏，雖臣子之情當然，但周士皇未知其中之故」，正因噶爾丹「今窮困已極，故乘此機會，親臨塞外，酌量排程」。前吳三桂反叛，最初重視不足，未能立即派出足夠數量的大兵，以致「吳三桂煽惑人心，遂至滋蔓」，後來，「朕日夜綢繆，調遣大兵，幾費心力，方得撲滅。可見，如不乘噶爾丹窮困之機將其撲滅，待其煽惑、滋蔓，必費更大周折。」

康熙於行軍途中得知噶爾丹之子塞卜騰巴爾珠爾已解赴御營，再次對扈從諸臣強調親征意義說：「前既陣斬噶爾丹之妻阿奴喀屯，今又生擒其子，賊之本根已斬，噶爾丹雖各處偷生，其年老邁，能延幾何？」

「凡用兵之道，要在乘機。噶爾丹窮迫已極，宜乘此際，速行剿滅，萬萬不能緩。朕今親臨寧夏，相度機宜，調遣軍士，賊聞之必魂魄俱喪，其部屬亦必張皇，而別部蒙古聞朕親臨寧夏，各欲見功，扼噶爾丹而圖之。若彼不自盡，亦必為人擒獻，克成大業，正在此舉。」

康熙帝說話算話，距與噶爾丹約定的日期正好七十日，康熙三十六年，也就是 1697 年，農曆二月六日，他第三次率師親征噶爾丹，離開京城。此次行經山西大同和陝北的府谷、神木、榆林，由邊外前行，三月二十六日抵達寧夏。

噶爾丹已好久沒表現出他的激動和興奮了，有的只是沮喪和絕望。當他派遣乞降使者時，境況已是山窮水盡。在他眼中、心中，康熙帝倒成了真正的神靈。他對使者說：「天下人果不相同，中華皇帝神靈奇異。聞其行軍所至，泉湧於沙，草生於磧，冰泮於河，是天助彼也！今我所屬之人，已皆往屬，是人助彼也！爾其所往，觀其侍從大臣行止若何，歸日議之。」

自己的使者回來了，康熙帝招降使臣也來了，還給他帶來了七十天

的期限。其實他不敢降，也不想降，當然也就無所謂期限，每日裡只是借酒消愁。在阿爾泰山與額德倫金山的谷地中，寒風拍打著他的氈帳，他咬著牙準備再熬過這個冬季。可他的親信們早已喪失信心。

他最親密的助手吳爾臺扎卜看到母親被康熙帝送回後，便與噶爾丹離心離德。他對噶爾丹說，要降就快降，不降盡快想辦法，猶豫不決就是等死。儘管你打著興教旗號，可厄魯特、喀爾喀都離你而去。現「爾國已破，父子夫妻離散，究無補於法門之教，反造罪業而已」。

吳爾臺扎卜的母親也對他說：「彼國大、兵多，富而且威，中華皇帝乃活佛也。敵人母子遣使完聚，爾等從前亦曾聞有是否？其餘非常之舉，言之不盡。」不久，連姪子丹濟拉也率自己人遷到別處。到康熙帝率軍前往寧夏時，噶爾丹只剩三百餘人，每日靠打獵苟延殘喘。他真是不見棺材不落淚。

康熙帝又來寧夏，在西北蒙古諸部中引起巨大震動。那些首鼠兩端的臺吉知道再也沒有支吾的餘地，紛紛上疏請罪，表示歸順，甚至表示願出兵助剿噶爾丹。這正是康熙帝盼望的。

與此同時，康熙帝調派兩路大軍進剿。一路由大將軍費揚古率兵三千出歸化，由昭武將軍馬斯喀率兵兩千出寧夏，會師於郭多哩，然後北進；另一路由孫思克、博霽率西安、甘肅兵兩千前往肅州，再由阿南達率領出嘉峪關，取道哈密北進。

在不到一個月的時間裡，康熙帝將所有運糧派兵事宜安排妥當。閏三月十五日從寧夏北上，半個月後，抵達狼山之南，親自為寧夏一路兵送行。四月七日，在河套一帶離岸登舟，沿黃河順流而下。

康熙帝踏上歸途，可他心卻仍在軍旅，他惦念著在無水無草的沙磧中前進的將士。這一次他抱著必勝的信念，再也沒有克魯倫河回撤那種擔心。他知道噶爾丹已是風前殘燭，不堪一擊，數日內當有佳音傳來。

四月十四日夜，有消息傳來說噶爾丹已死，康熙帝不敢輕信，但仍激動不已，立即棄舟登岸，連夜縱馬溯河往迎送信使者。十五日早晨，一小船自上游急駛而來。散秩大臣布克韜登岸跪呈大將軍費揚古奏章，只見上面赫然寫著：閏三月十三日，噶爾丹在阿察阿穆塔臺地方「清晨得病，其晚即死，不知何症」，丹濟拉等「攜噶爾丹屍骸及噶爾丹之女鍾齊海，共率三百戶來歸」。

康熙帝拿著奏疏，心潮起伏。近二十年來，西北、北部邊疆動盪難安，人民播遷流離，威脅著關內的穩定，引起沙俄對領土的覬覦蠶食，噶爾丹是死有餘辜。而八年平叛，無數將士風霜雨雪，酷暑嚴寒，飢渴煎熬，備嘗艱辛，甚至葬身沙海和戰場。

自己屢辭安逸，三次親征，每日分兵派將，「籌劃儲備兵馬錢糧，無暑刻之間。在路也，晨則濛霧露，晝則冒塵沙，口疲於誠誨，手胼於鞭彎，行數千里之外，以至於斯者，亦只以此子遺之噶爾丹之故也」。

現在大惡已除，西北也因此而穩定，「今緊要喜慶之大事，無有過於此者」，他當即給在京主政的皇太子胤礽寫信，讓天下臣民都盡快知道喜訊。可是他太激動了，以至出現「持筆不能成文」的現象。

就在黃河岸邊，康熙帝對天叩拜。隨後全體文武官員及兵士舉行了慶賀禮。他下令命費揚古率兵到丹濟拉處，押降人前來。其餘出征部隊立即撤退。馬上的康熙帝，按轡緩行，數年來的一幕幕軍旅艱辛湧在眼前，他有點兒被自己的英明勇武所感動。

他情不自禁地對身邊的太監說，噶爾丹已死，各部皆已歸順，大事已畢。「朕兩歲之間三出沙漠，櫛風沐雨，並日而餐，不毛不水之地，黃沙無人之境，可謂苦而不言苦，人皆避而朕不避，千辛萬苦之中立此大功。」「朕之一生，可謂樂矣，可謂至矣，可謂盡矣。」

五月十六日，康熙帝凱旋入京。六月六日，禮部提請將康熙帝親征

噶爾丹所過名山及作戰地，摩巖勒石紀功。後於第二年，康熙帝親自撰寫碑文，分別立碑於察罕七羅、拖諾山、昭莫多、狼居胥山等處。

同時批准國子監的建議，將康熙帝親征時一切諭旨及祭先師文勒碑國學，並將碑文頒發全國學宮。隨後又命大學士等為總裁官，將平定噶爾丹的經驗及過程編成《平定朔漠方略》。

七月十九日，重新修成的太和殿金光燦燦，黃琉璃反射著耀眼的光彩。漢白玉的柱石、欄板雕龍畫鳳，層層圈繞著這座雄偉的大殿。樂曲悠揚，「萬歲」之聲禁城震盪迴旋。康熙帝在此舉行著平定噶爾丹的慶賀禮。三十六款的「恩詔」宣讀完畢，便由驛站傳往四面八方，普天之下，恩澤普被。

眼前的勝利和繁華確實使康熙感到驕傲，也昭示著一個新的歷史時期的開始。他知道至此江山已可稱鞏固，大一統之局終於成為現實。在以後的歲月中，他要再展宏圖，實現一個更美好的心願。

在慶賀大典前二十餘日，和碩顯親王丹臻疏請康熙帝崇加尊號，疏中說：「皇上永清四海，手致太平，下臺灣，殲滅察哈爾，定俄羅斯，收喀爾喀，從古未經服屬之疆土，悉隸版圖。」「今噶爾丹又復剿滅，其同族之青海臺吉，皆刻期來朝，又素臣服於厄魯特之哈密諸回人，亦皆輸誠效命。治化之隆，蔑以加矣。」

大學士及文武在朝諸臣也紛紛呈請。康熙帝又一次展示他的謙虛和務實作風，他拒絕了這一請求。這是他一生中十餘次拒上尊號中的一次。他知道展示武功的時代已宣告結束，「噶爾丹殲滅，天下悉已無事，唯愛養兵民為要」。

在萬眾歡呼聲中，他知道，千萬不要讓勝利衝昏頭腦比什麼都重要。自古帝王能安不忘危，才最得展示美德，何況要做的事情還不少：「吏治尚未澄清，民生尚未豐裕，士卒尚未休息，風俗尚未純樸，且旱潦災異，亦復相仍。」

因此，他宣稱：「朕自御極以來，不曾念及一己，只為天下生民計，夙夜焦勞。唯恐一時意怠，不克有終」，殲滅噶爾丹，是上天庇護，祖宗福佑，眾將士的勤勞，「朕何有焉」，徽號不必加崇。

群臣被極大地感動了。他們相信：天下臣民遇到了一個不平凡的君主，這個國家的亂世真的結束了，而盛世可期！

這年七月，康熙帝給參加殿試的舉子們出的策論題目是：「治天下之道，必期柔遠能邇，察吏安民」，有何良策，盡言無隱，多多益善。《剿滅噶爾丹告祭天壇文》中，對康熙三次親征作了概括：

親統六師，三臨絕塞，弘彰撻伐，克奏膚功。

由噶爾丹挑起的這場戰亂，前後持續近十年，至此結束，清除了漠北和西北地區一大不安定因素。對於那些涉及國家主權等原則性大問題，康熙絕對不含糊。在處理分裂活動、外敵入侵上，他顯得非常強硬。三次親征噶爾丹，堅決抵抗沙俄入侵，維護了國家統一和主權完整，在這個意義上，康熙不但是一位英明君主，也可稱為中華民族大英雄。

派兵入藏平復叛亂

康熙在成功地平「三藩」、收臺灣、征服噶爾丹之後，使得中國歷史上出現了空前大一統的局面，而清王朝中央集權也自然發展到了頂峰。

這一時期，康熙將宗教作為政治手段，將西藏的管理從間接治理過渡到了直接有效的治理，達到了以往歷史上任何王朝竭盡全力而又未能達到的頂峰。

宗教問題是把雙刃劍，如果利用不好，反而會對國家形成威脅。當

康熙意識到達賴的勢力已嚴重危及清朝中央政權的時候，就採取了扶持忠於清政府的哲布尊丹巴的勢力的做法，避免了達賴坐大難制的局面。

清初，信仰黃教的地區和人口相當廣大，黃教在漠北、漠南蒙古以及西藏等地區威信很高。但一些宗教領袖試圖擺脫清王朝的控制，建立獨立的權力中心，有的甚至勾結外族勢力。康熙深知宗教問題不能單憑武力解決，他注意在宗教界內部扶持新的精神領袖。

康熙繼位後，在繼續發展黃教，以表示尊重蒙古人民的宗教感情的同時，鑒於西藏第巴桑結嘉措假借達賴五世名義支持噶爾丹叛亂，擾亂喀爾喀蒙古事務的狀況，又積極扶助蒙古地區的黃教首領哲布尊丹巴呼圖克圖和章嘉呼圖克圖，以削弱達賴喇嘛及第巴桑結嘉措對蒙古地區的控制和影響，使蒙古各部緊緊團結於清中央政府的周圍。

康熙二十一年，也就是 1682 年，達賴五世去世，達賴五世的親信第巴桑結嘉措匿喪不報，並暗中勾結噶爾丹，支持他侵犯喀爾喀蒙古，並唆使其與清廷對立。

桑結嘉措隱匿達賴五世的喪事，過了十五年後，康熙三十六年，也就是 1697 年，才被康熙派人查清。此後，康熙更堅定了削弱西藏達賴勢力的決心，他特命章嘉呼圖克圖移居多倫匯宗寺。

康熙四十年，也就是 1701 年，康熙又封章嘉呼圖克圖為「灌頂普善廣慈大國師」，令其總管內蒙古、京師、盛京、熱河、甘肅及五臺山等地的黃教寺院。從此，漠南蒙古也有了自己的活佛轉世系統。康熙在漠南、漠北地區發展黃教勢力，建立哲布尊丹巴呼圖克圖和章嘉呼圖克圖兩大活佛系統，使清中央政府對蒙古各部的宗教控制大大加強。

哲布尊丹巴是喀爾喀蒙古的宗教首領，土謝圖汗之弟。順治六年，也就是 1649 年，改宗黃教。在政治上，他堅決擁護清朝中央政府，並與清政府一直保持密切關係。長期以來，黃教的唯一中心在拉薩，哲布尊

丹巴雖然已改宗黃教，但其地位遠不及達賴喇嘛派出的代表。

因此，當清朝政府為解決喀爾喀蒙古兩翼糾紛，在庫倫伯勒齊爾會盟，哲布尊丹巴與達賴喇嘛代表西勒圖平起平坐時，即被噶爾丹視為「非禮」，並以此為藉口，大舉入侵喀爾喀，同時沙俄又乘機招降喀爾喀難民。

在這關鍵時刻，哲布尊丹巴毅然率部南下，投奔清朝，他向部眾指出：「俄羅斯素不奉佛，風俗習慣也跟我們大不一樣，語言服飾也差得很遠，跟著他們絕不是長治久安之計。不如全部內遷，投靠我們大清皇帝，可邀萬年之福。」再次表明了他忠於清朝的政治主張。

噶爾丹入侵及第巴桑結嘉措假借達賴之名暗中支持叛亂，使康熙意識到，達賴的勢力已嚴重危及清朝中央政權，如不加以削弱，勢必會影響清朝政府的統治，因此，在喀爾喀蒙古地區發展黃教，扶持忠於清朝政府的哲布尊丹巴的勢力就成為當務之急。

多倫會盟中，康熙特封哲布尊丹巴為大喇嘛，令其掌管漠北黃教事務。這樣，既迎合了喀爾喀蒙古信奉黃教的心理習慣，又在拉薩之外形成了一個宗教中心。哲布尊丹巴的聲望也因此日益提高，成為一支獨立的活佛轉世系統。

對西藏地區的動靜，康熙一直密切關注著，發現有損害國家利益的事情發生，就當機立斷，迅速解決。取代噶爾丹的準噶爾部首領策妄阿拉布坦開始的時候對朝廷還很恭順，但隨著勢力的擴張，也開始產生叛逆之心，特別是一直覬覦吞併西藏。

當拉藏汗在西藏遭到孤立，向策妄阿拉布坦求援時，他就藉機娶了拉藏汗的姐姐為妻，並將女兒嫁給了拉藏汗長子丹衷，藉此獲得了拉藏汗的信任。

康熙五十五年，也就是 1716 年，農曆十一月，策妄阿拉布坦以護送丹衷夫婦回西藏省親為名，派其表弟策零敦多布率兵向西藏出發。第二

年七月初，經藏北騰格裏海直趨達木。這時，拉藏汗正在青海用兵，毫無戒備。等他發現真相，調兵攔截，為時已晚，屢次兵敗，不得不退居拉薩，同時派人向清廷求援。

策零敦多布所率領的準噶爾兵很快就占領了拉薩，拉藏汗被殺，一番大規模的搶掠洗劫後，建立了以達克咱為第巴的親準噶爾政權。另一方面，準噶爾兵向前藏進攻，做好了長期占領西藏的準備。消息傳到京城，康熙非常震驚。

康熙五十七年，也就是 1718 年，他命令侍衛色楞統領兩千四百人緊急前往救援。色楞所統滿洲、綠營、土司之兵及自西寧調往之兵，共兩千四百名，人少力弱，為當時清朝官員所共認。這是因為康熙對敵情掌握不準，猜想戰局偏於樂觀，所以只派了這麼一支軍隊冒險遠征。

當時，雖有報告說敵進藏兵力六千乃至一萬，但青海親王羅卜藏丹津又報：策零敦多布所領之兵只有三千，三千兵內，厄魯特之兵少，吳梁海之兵多，到者只兩千五百名。

康熙由此認為，敵軍經長途跋涉，到西藏之後又遭頑強抵抗，疲憊已極，除陣亡病死外，未必滿兩千。加之處境進退維谷、一籌莫展，「自分攻取，則兵力不支；撤兵而回，亦無生路」。另一方面，康熙想到兩年前策妄阿拉布坦偷襲哈密，清兵曾以二百人敗其兩千餘人，認為今日侵藏叛軍又非昔日侵哈密者可比。

因此，康熙沒有細心研究可能出現的問題和困難，盲目自信地對大臣說，對手的軍隊既可以到藏，我們的軍隊也可以深入到他們的地盤。兵也不用多，二百餘人便可破之。既然二百餘人便可破之，那麼兩千四百人當然更穩操勝券。

康熙的輕敵思想直接影響到了他的侍衛色楞。色楞盲目自信，急於求成。五月十二日，他不等西安將軍額倫特的策應部隊到來，率兵越過

青藏交界處的穆魯烏蘇，一路深入藏地。

準噶爾兵自色楞等入藏之日，即佯敗退卻，誘其深入，而以精兵埋伏於喀喇烏蘇嚴陣以待，同時脅從吐蕃數萬，以其一半人馬據河抵抗清軍，並分兵潛出繞到清軍背後，截擊其糧道。

清軍遇敵伏兵，突圍不成，相持月餘，彈盡糧絕，終於九月全軍覆沒，主將額倫特、色楞二人陣亡。義大利人德斯得利在《西藏紀事》中記載道：「準噶爾人將清軍官兵包圍在營地，不許糧草支持進入。清軍官兵最後活著的人，只能吃餓死了的同伴屍體。」

此戰獲勝，策妄阿拉布坦頓時更不把朝廷放在眼裡，他命策零敦多布繼續向東進至喀木地區，企圖爭奪巴塘、裡塘，繼而進取青海、雲南等地。

康熙這時已經得知了前線的緊急情況，他意識到了問題的嚴重性，因此在這年的十月，他就任命皇十四子胤禵為撫遠大將軍，趕往西寧籌劃進藏事宜，同時提升四川巡撫年羹堯為四川總督，負責督辦設立進藏驛站，保證進藏官兵的糧餉供應。第二年二月，他又命令都統法喇及副將嶽鍾琪率滿漢官兵招撫巴塘和裡塘，為進藏開闢通路。

康熙五十九年，也就是 1720 年，正月，又命胤禵率兵從西寧移駐穆普烏蘇，管理進藏軍務及糧餉，居中排程，分三路大軍，進藏平叛：中路由皇姪延信為平逆將軍，率兵一萬兩千人出青海，進軍喀喇烏蘇；南路由噶爾弼為定西將軍，和雲南都統武格率一萬人，從巴塘進兵；北路由將軍富寧安、傅爾丹率兵兩萬五千人，分別從巴裡坤、阿爾泰出師，配合出擊，牽制援敵。

在同年二月，康熙又冊封格桑嘉措為六世達賴喇嘛，命中路軍護其入藏。四月，三路大軍向西藏出發。延信率中路軍，多次擊敗策零敦多布，殲敵三千餘人，策零敦多布率殘部數百人逃回伊犁。在清軍的護送下，六世達賴平安入藏，並於九月十五日舉行了隆重的坐床典禮。

與此同時，南路和北路大軍也接連獲勝，徹底粉碎了準噶爾兵吞併西藏的圖謀。康熙在處理西藏地區的事務上展現了他高超的政治智慧。他充分尊重了這些地區人民的宗教信仰自由，但對其中的分裂活動，則堅決制止。他果斷地派兵入藏平叛，加強對西藏的管理，有力地維護了國家的統一。

加強對西藏的管理

康熙在平定西藏叛亂後，充分意識到：西藏遠離京城，如果沒有一個常駐衙門及官員，其消息多有不靈，其統治多有不順。清初時，皇太極曾修書數封欲分致西藏各派領袖，可是直到使者抵藏後，方知蒙古和碩特部已經被消滅。

1682 年，達賴五世去世，桑結嘉措竟匿喪不報，隱匿長達十五年之久。消息失靈已經近乎到了荒唐可笑的地步了。為了進一步加強對西藏的管理，康熙實行了一系列有關控制西藏的意義重大的舉措，其中包括：派駐藏大臣，冊封班禪，確立「噶倫共管」制度，建立駐兵制度等。

康熙四十八年，也就是 1709 年，清廷派侍郎赫壽赴藏協同拉藏王處理西藏事務。由此赫壽成為清廷第一位駐藏大臣。駐藏大臣衙門是清廷駐藏的一個派出機構，代表中央政府行使對藏主權。它是清廷加強中央集權削弱地方權力的典型舉措。但是此時的駐藏大臣的正式稱謂尚未確立，權力也相對較小。

後來的駐藏大臣是代表中央政府會同達賴監理西藏地方事務的高級官員，具有很大的權力，包括諸如高級僧俗官員的任免，財政收支的稽

核，地方軍隊的指揮，涉外事務的處理，司法、戶口、差役等項政務的督察等。此外，並專司監督有關達賴喇嘛、班禪及其他大呼圖克圖即活佛轉世的金瓶掣籤、指定靈童、主持坐床典禮等事宜。

駐藏大臣之設立是自唐宋以來中央政府對西藏地方管理制度的重大發展，對於維護國家統一，鞏固邊防，促進民族團結均起過積極作用。從社會經濟方面而言，每次駐藏大臣的到任，其實對於西藏的社會生產力都是一種推動和促進，因為每次舊駐藏大臣回京述職和新駐藏大臣到任，並非單單一兩個人，而是上百乃至上千人。

這些人將內地先進的社會生產數據和生活數據等及時地帶入西藏，包括書籍、水利、建築、農作物生產工具等方方面面，使藏漢民族的相互交往得到進一步的增強。同時，西藏每遇戰爭或天災，駐藏大臣總是同達賴喇嘛和班禪喇嘛商量上奏朝廷減免一切捐稅，並撫慰西藏的老百姓，使西藏的社會經濟迅速恢復，在長達一百多年的時間裡，使西藏百姓能夠安居樂業。

由於西藏地處高寒地區，在拉薩地區原本極少有樹木花卉，且品種單一。於是，駐藏大臣張蔭棠入藏時，就隨行帶入了各種花籽，權當實驗進行播種，結果其他的花籽無法生長，唯有一種花籽長出來呈「瓣形狀」，耐寒強，花朵美麗，顏色各異，清香似葵花，果實呈小葵花籽狀，西藏一時間家家戶戶都爭相播種，然而誰都不知此花何名，只知是駐藏大臣帶入西藏，因此起名為「張大人」。

當時，西藏通曉漢語的人極少，但是多年之後，就連一句漢語都不會說的一些老人談論此花時，都能流利地說出「張大人」這三個漢字，可見影響之久遠。

同時，駐藏大臣的設定緩和了當時達賴和班禪之間的許多矛盾，並造成緩解各種社會矛盾的作用。駐藏大臣代表清政府主持班禪、達賴歷

世轉世靈童的「金瓶掣籤」和坐床典禮。

總之，駐藏大臣在中央政府管理西藏的事務中造成了很大的作用。後來在《清代駐藏大臣傳》這本書中，明確而客觀地指出了駐藏大臣幾個主要的歷史作用：

（一）抵禦外辱，保衛邊疆；

（二）整飭軍政，講究吏治；

（三）賑恤災黎，安撫民眾；

（四）揚善懲奸，平定叛亂；

（五）維護宗教，「原予封贈」；

（六）文獻建設，儲存史料。

西藏地處青藏高原，無論從氣候、地理、人文還是交通各方面同中原相比都有很大的差距，為了避免出現一系列可能出現的問題，清廷明智地利用駐藏大臣對西藏的政治、軍事、經濟、宗教、外事及國防進行直接的管理，從而避免了出現「山高皇帝遠」的不利局面，將中原和西藏緊緊地連繫在一起。

康熙五十二年，也就是 1713 年，清廷冊封班禪五世為「班禪額爾德尼」。但此次冊封絕不是對冊封達賴喇嘛制度的簡單擴充套件或承襲，而是有著新的重大的歷史意義的：

一方面，這是班禪活佛轉世系統受到中央政權正式冊封的開端，使西藏有了兩個由中央王朝冊封的領袖，它的付諸實施，一定程度上反映了清朝對藏中央集權的加強。

另一方面，提升班禪的地位，客觀上使之形成了對達賴權力上的制約，削弱了達賴的勢力，便於中央政府對西藏僧俗社會的統治。

最初，清朝政府對西藏的統治，主要是透過和碩特部首領來實現的，在內部則靠由達賴喇嘛任命的第巴總攬全域性。康熙五十五年，也

就是 1716 年，準噶爾軍趁西藏形勢動盪侵入西藏，清軍驅逐準噶爾軍後，在康熙六十年春，清廷重新組建西藏地方政權，採取「噶倫共管」制度，廢除在西藏政務中獨攬大權的第巴，設立一名首席噶倫，另設四名噶倫共管藏務，並且派兵駐守拉薩。

康熙六十年，也就是 1721 年，春，康熙任命阿爾布巴、康濟鼐、隆布奈以及達賴喇嘛的總管扎爾鼐四人為噶倫，也就是政務官，聯合掌握政務，其中康濟鼐為首席噶倫，正式組建了西藏地方政府。地方政府的主要官員，由朝廷任命，改變了西藏地區經常受到其他地方勢力影響的局面。從此以後，西藏地區逐漸恢復了安定局面。

後來，又經過多次變化改革，最後確定了在駐藏大臣和達賴喇嘛共同領導下，四噶倫「共同辦事」的制度。參加噶廈的噶倫，一名是僧官，其餘三名都授三品頂戴。噶倫出缺，由駐藏大臣會同達賴喇嘛提名合適人選，奏請朝廷補放。

「噶倫共管」制度是西藏正式納入清朝版圖之內的代表。至此，清朝對西藏行使主權才有了真正的實質性的有力證據。

康熙在平定了西藏叛亂後，為了進一步加強對西藏的管理，維護當地的安定，還決定建立駐兵制度。他派遣滿洲、蒙古及綠旗兵四千名進駐西藏，命策旺諾爾布代理定西將軍，額附阿寶、都統武格參贊軍務，統轄駐藏兵馬。

從康熙開始，建立了清朝政府在西藏的駐兵制度。駐兵制度是清廷治藏方略的重要內容，是清政府在西藏進一步開展政治、軍事工作的繼續與發展，直接展現了清朝對西藏行使主權的力度，其意義十分深遠。它保衛了邊疆、鞏固了國防、安定了西藏、推動了西藏地方對中央政府的向心力，促進了西藏地方政治、軍事、經濟和文化的積極發展，為維護國家統一和民族團結作出了重要貢獻。

創立康熙盛世

康熙每天五更就起床讀書，夜裡讀書常常熬夜，竟至過勞，痰中帶血，也不休息。漢儒文化對這位年輕的大清皇帝有著莫大的吸引力。多年的苦讀精修，為康熙以後的治國思想打下了堅實的基礎。

熊賜履是康熙最為信賴的一位帝師。他曾就理學「敬」的問題，結合帝王身行，與康熙進行議論講說。熊賜履說：「敬是知行的根底，主敬是正君心的根本。人君主敬即是敬天法祖，知人善任，安定民生。所以人君必須內而修德，外而修政，治理天下要謹慎，一事不妥，足以感召天變。」

康熙深有同感，連連讚好，說：「敬天，無非是敬民；民視，自我天視；民聽，自我天聽。」

克己勤儉興盛世

康熙一生都極重視修行自身、以身作則，要求臣子們做到自己必當更嚴格地去做。他節儉不尚奢華，好學不虛度時日，孝敬極重親情，勤政盡心竭力。他凡事不尚空談，講求身體力行。因此，有人曾將康熙列入「自古英哲非常之君」，認為康熙承前啟後，繼往開來。

上有所好，下必甚焉。要求官吏做到的，領導者先做到無疑最有說服力。康熙在自己以身作則的基礎上，也十分強調督撫大員的表率作用，他說：「民生的安危，取決於吏治的清濁，吏治的清濁，則取決於督

撫的表率，倘若督撫清正，實心愛民，那麼下吏哪個敢不克己奉公？」

在日常用度上，康熙比較注重節儉，他的信條是：「以一人治天下，不以天下奉一人，常思此言而不敢有過。奉行此言便是躬行節儉，不搞特殊。」他尊崇儒學，堅持日講制度，既是聽課，也是開學術討論會。

康熙十一年，也就是 1672 年，農曆十月十六日，聽講之後，康熙召翰林院掌院學士熊賜履到御前，問他：「近來朝政如何？」

熊賜履回答道：「前見上諭禁奢靡，崇節儉，人人皆以為當今第一要方。但是，奢侈之風竟然比以前更為厲害。貪官汙吏，財盡民窮，種種弊端，都是由於奢侈。恐怕積習日深，一時難以改正，有關方面只看成是官樣文章，奉行不力。多虧皇上的親自實踐倡導，加意整頓，才有了這太平盛世的大業。」

這絕非熊賜履的逢迎之言，在節儉方面康熙確是言行一致，為天下人垂範。他說過：「節儉固然是美德，人們都能掛到嘴上，而真正能夠做到的很少。現在天下太平，國家富裕，朕躬行節儉，宮中費用，非常節約。如果按明朝時候計算，他們皇帝一日之用，足供我現在一月的需要。」

康熙提倡節儉的目的很明確，他說：「因為一切費用都是勞動人民的血汗累積而成的，我想，身為人主的皇上唯有能夠約束自己，那麼貴者就更加可貴，《易經》上說是謙虛則光榮。如果只知道奢侈無度，則不覺得可貴了。我祖宗的傳統就是如此，我要時刻警惕著。」

康熙不尚空談，注重實踐。他對以皇帝個人享受榮華富貴為中心內容、勞民傷財的大興土木舉動不感興趣。康熙八年，也就是 1669 年，只有十六歲的康熙就有過出色的表現。當時，因乾清宮交泰殿的棟梁朽壞，孝莊太皇太后提出拆掉重建，以做康熙聽政之地。康熙是孝子賢孫，不敢違背祖母的意圖，但卻批示工部：「重建的時候不求華麗、高

貴，只要樸實、堅固、耐用就可以了。」

康熙二十四年，也就是 1685 年，農曆十月，康熙對掌膳食官員說：「天下的物力有限，應該為天下人珍惜。現在的酥油、乳酒等物品，供給有餘，收取足用則已，不可過多。蒙古地方很貧窮，收取的減少了，則平民百姓日用所需，就可以滿足。」

康熙三十四年，也就是 1695 年，農曆十二月，戶部報告說：「吉林烏拉地區打捕貂鼠不足額，供應不上，管理此事的官員應該議罪。」

康熙說：「數年以來經常捕打，所以貂少，只能維持原數而已。就因為不夠數，討論處分有關的人員，等於是給無辜者加罪，實在不公。如果得不到上等的貂皮，我寧願少穿一件貂皮大衣，那有什麼關係？而且貂價非常昂貴，又不是必需品，我也沒有必要非享用不可。」於是命令有關部門轉告烏拉將軍酌情辦理。

關於康熙個人的日常生活，與其他帝王相比，那是極其簡樸的。法國天主教傳教士白晉於康熙二十一年也就是 1682 年到北京，曾為康熙講授西洋科學知識，出入宮廷，對康熙的日常生活了解得很細。他在給國王路易十四的報告中做了詳細介紹：

從康熙可以任意支配的無數財寶來看，由於國家遼闊而富饒，他無疑是當時世界上最富有的君主。但是，康熙個人的生活用品絕不用奢侈豪華的，生活簡單而樸素。這在帝王中是沒有先例的。實際上，像康熙這樣聞名天下的皇帝，吃的應該是山珍海味，用的應該是適應中國高貴傳統的金銀器皿。可是他卻滿足於最普通的食物，絕不追求特殊的美味，而且吃得很少，在飲食上看他從沒有鋪張浪費的情況。

從日常的服飾和日用品方面，也可以看出康熙崇尚樸素的美德。冬天，他穿的是用兩三張黑貂皮和普通皮縫製的皮袍，這種皮袍在宮廷中是極普通的。此外就是用非常普通的絲織品縫製的御衣，這種絲織品即

便在中國民間也是很一般的，只是窮苦人不穿而已。

在夏季，有時看到他穿著用蓴麻布做的上衣，蓴麻布也是老百姓家中常用的。除了舉行什麼儀式的日子外，從他的裝束上能夠看到的唯一奢華的東西，就是夏天他的帽簷上鑲著一顆大珍珠。這是滿族人的風俗習慣，也是帝王的象徵。

在不適於騎馬的季節，康熙在皇城內外乘坐一種用人抬的椅子，叫「肩輿」。這種椅子實際上是一種木製的轎，粗糙的木材上面塗著些顏色，有些地方鑲嵌著銅板，並裝飾著兩三處膠和金粉木雕。騎馬外出時幾乎也是同樣的樸素。御用馬具只不過是一副漂亮的鍍金鐵馬鐙和一根金黃色的線織繩，隨從人員也有節制。

康熙除了自身生活儉樸之外，對宮中用費，也三令五申注意節儉。出巡時，不許為之修路；不得擅建行宮，濫建者責令拆毀；不用華貴的車船；不許隨從人員藉機苛斂百姓；反對講排場，隆重迎送；不許官吏互贈禮品。

在康熙中、後期，上下大小官員都稱頌康熙的功德昭著，多次要求上尊號，舉行皇帝御極六十年慶賀大典，但是康熙一概斷然拒絕。他首先考慮到這種活動將帶來巨大浪費，而且他毫無興趣，簡直「素性不喜行慶賀禮」。

儉可養廉，廉必清政，政通人和乃民心所向。康熙從國家的命運前途的高度來認識節儉，他既要求開源，又要求注重節流，實在是高人一籌。

康熙廢除皇太子，原因之一就是見他窮奢極欲，吃穿所用，遠過皇帝，猶以為不足。康熙經常告誡皇子們，簡樸的生活原則是符合中國的傳統文化精神的。儒家提出「修身、齊家、治國、平天下」。以「修身」為第一，這正如蓋樓的道理一樣，先有第一層，才能繼續往上建，否則

就是空中樓閣。

皇帝能調動全國的資源為己用，往往養成窮奢極欲的惡習。但是康熙一生能自動地保持節儉的習慣，這和他幾十年不間斷地加強學習和自身修養有密切的關係。康熙說：「朕政事之暇唯好讀書，始與熊賜履講論經史，有疑必問，樂此不倦。繼而張英、陳廷敬以次進講，於朕大有裨益。」

當時，康熙身為十七八歲的青年，正是精力旺盛、年少好勝之時，很容易講排場、攀比，但他把精力用於治國，猶能勤奮治學，確是十分難得。不僅使那些庸碌懶惰、淫樂無度的明朝皇帝黯然失色，也令那些專為科舉考試而讀聖賢書的士人相形見絀。

康熙每天五更就起床讀書，夜裡讀書常常熬夜，竟至過勞，痰中帶血，也不休息。漢儒文化對這位年輕的大清皇帝有著莫大的吸引力。多年的苦讀精修，為康熙以後的治國思想打下了堅實的基礎。

熊賜履是康熙最為信賴的一位帝師。他曾就理學「敬」的問題，結合帝王身行，與康熙進行議論講說。熊賜履說：「敬是知行的根底，主敬是正君心的根本。人君主敬即是敬天法祖，知人善任，安定民生。所以人君必須內而修德，外而修政，治理天下要謹慎，一事不妥，足以感召天變。」

康熙深有同感，連連讚好，說：「敬天，無非是敬民；民視，自我天視；民聽，自我天聽。」

鑒於明代中後期皇帝往往因縱慾而短命，國事更是烏煙瘴氣，熊賜履特別指出：「皇上要清心寡慾，心如明鏡止水，外界一切聲色不能擾亂您的聰明，邪佞不能迷惑您的志氣，以之讀書，則義理昭融，以之處事，則機務明晰。若心體一有所執迷，便為外物所矇蔽，而本體喪失，本體一失，那就什麼事也做不明白了。所以古之人臣，無時不以敬畏、

戒逸欲告誡其君，是有道理的。」

康熙十分滿意，並試講自己的體會：「主敬乃是實現政簡刑清的根本，人君只有以敬修身，正以誠意，才能實現無為而治。人君勢位崇高，想要什麼不能得到？但必須要有一份敬畏之意，自然不至差錯，便有差錯，也會反省改正。如若率性而行，毫不謹慎，很少有不導致驕縱侈靡的。我每念及此，不敢有一刻的放鬆自己。」

談到《性理》一書，康熙說：

總歸千言萬語，不外一「敬」字而已，人君治天下，但能居敬，終身行之足矣。敬天之事莫過乎愛民，愛民就是敬天。臨民以主敬為本，一念不敬或貽四海之憂，一日不敬或致千百年之患。人君唯敬修其德以與天意相孚，不必指何事為何德之應。總之，和氣致祥，乖戾致惡，乃古今不變的真理，遇到祥瑞就更加謙遜，遇到災害就知道上天示警，人君應無時無刻不謹慎行事。

透過與熊賜履的反覆論講，康熙的涵養功夫不斷深化，確是大有益於治國。及至晚年，他回憶自己的一生時曾說：「我自幼讀書，略觀經史，知道持身務以誠敬為本，治天下務以寬仁為尚，雖德不厚，性不敏，而此心此念兢兢持守五十年，未曾間斷。」

「其身不正，其令不從」，古人說「正人先正己」，身為帝王，不但是領袖，更是楷模。在中國歷史上，精通權術、善於用兵、長於治國的帝王不少，能夠稱得上臣民楷模的卻不多見，康熙可以說是其中少有的一位。

康熙對別人很寬仁，對自己卻嚴格要求，不但好學深思、清廉節儉、作風嚴謹、以身作則，而且勤於政事，六十一年如一日，堪稱天下大小官員和百姓的楷模。

初創密摺陳奏制度

康熙加強皇權，除了御門聽政外，還發展了「密摺陳奏」制度。

密摺起源於請安折，因為滿人有經常向皇帝請安的習慣，具折問安時，順便報告別的事情，久而久之，就形成了習慣。當時具折的人，大多是滿人，而且是皇帝的心腹。在順治年間，這種摺子就已經存在，但形成制度則是到了康熙時期。

對此，康熙曾說：

密奏之事，唯朕能行之爾，前朝皆用左右近侍，分行探聽。此輩顛倒是非，妄行稱引，償事甚多。

康熙這裡所說的前朝，就是明朝。明朝皇帝為了探聽臣下舉動，動用宦官和錦衣衛等，這些人居中作惡，不但無益於統治，反而把朝政搞得烏煙瘴氣。這一點，康熙是很反感的。

而康熙將滿人的請安習慣加以制度化，進一步演化為「密摺陳奏」制度，就達到了既能了解臣下和地方情況，又避免有人藉機為惡的效果。這不能不說是一大創舉。

為了更好地控制全國，鞏固統治，就迫切需要及時了解官員和百姓的情況，不受各種因素干擾，客觀地、準確地做出判斷和進行處理。當時皇帝的主要情報來源，除官員面奏和親自察訪所得外，主要是要靠奏報文書。

當時，「題本」和「奏本」是兩種最主要的上行文。這是明朝的制度，清朝統治者繼承下來後，已經沿用數百年，暴露出了很大的弊端。主要表現在：繁複遲緩，洩露機密。題、奏運轉時間長，最少需要四到五天，中間環節多，經辦的人手雜，不易保密，經過通政使司及內閣的

許多部門多次閱覽稽核之後，才能到達皇帝案頭。

而最重要的是，按照制度，題、奏本章不是由皇帝直接處理，必須先送內閣由內閣「票擬」，即提出初步處理意見，再送皇帝認可。

而且，即使是皇帝認可的處理意見，也不是由他親自批答，還必須由內閣及批本處代為批紅。這樣一來，皇帝受制因素非常多，很難展現他的個人意志。

密摺的主要特點就是可以避開內閣直接送達皇帝，皇帝親自批覆，直接下達給具折人執行。這樣一來，「密摺陳奏」正好彌補了題本和奏本的缺點，有助於皇帝親自了解、處理有關事務。自康熙二十年代末至三十年代初，康熙就命令一些派駐外地的親信，如曹寅、李煦等，用摺子向他報告某些當地的情形。

開始的時候，這些親信只是向康熙上報一些雨雪、糧價之類的消息。當然這些也極為重要，因為這關係到百姓生產生活，關係到國家的穩定。不久之後，康熙就開始讓他們彙報一些關於地方官的隱私和民間輿情，以及其他消息。這是臣子和君主的直接交流，沒有第三人蔘與，由於誰也不知道皇帝從別人那裡打聽什麼，也不敢瞞報，這就保證了消息的準確性。

由於這些官員大都遠在京外任職，不可能當面呈報，也不可能透過驛站傳遞公開送達，康熙就命令他們派親信家人將摺子直送皇宮，由他親自拆封。因為這些摺子密來密往，就被稱為密摺。後來，康熙為了更廣泛地了解情況，被准許用密摺奏事的官員也越來越多。一些地方督撫、提鎮大員也可用密摺奏事。

到康熙五十一年，也就是 1712 年，又諭令在京部院大臣及科道官員等，除可在御門聽政時以摺子奏事外，也可私下用密摺奏事。因此到了康熙後期，京內外高級官員用摺奏事已十分普遍。「密摺制度」也正式形

成了。此後,「密摺」制度發展到極致,以至於逐漸代替了題本和奏本這兩種正式的公文。

康熙透過臣工們所遞進的密摺,掌握了許多官場隱私及民間動靜,大大加強了他的控制和統治能量。正如他自己所言:「諸王文武大臣等,知有密摺,而且都不知道其所言何事,自然更加警惕,自己小心辦理政務,也有利他們加強自身的人品修養……」這實際上說出了密奏的威懾作用。

更重要的是,有些透過其他途徑難以查清的問題,經密摺陳奏,往往能夠弄清楚事實真相。曹寅和李煦是最早使用密摺的官員之一,康熙對他們奏摺的批答,很有代表性。

康熙四十八年,也就是 1709 年,農曆十月初二,蘇州織造、大理寺卿李煦上摺請安,康熙特地回覆說:

近日聞得南方有許多閒言,無中生有,議論大小事務。我沒有其他可以託付的人來打聽,你們受恩深重,但有所聞,可以親手書折上奏給我知道才好。此話斷不可叫人知道,若有人知,恐怕會給你招來禍端。

原來,在這一年三月,康熙復立太子,朝廷內外震動,很多官員私下打探消息,民間也議論紛紛。事關大局,康熙又不能公開詢問,於是就命李煦暗中打聽動靜,以便了解輿情變化。

很多人都以為密摺制度的創立者是雍正皇帝,實際上,這一制度是康熙所開創的。他派官員刺探朝廷、地方的消息及民情輿論,上密摺陳奏,讓皇帝對臣下的監視無時無地不在。康熙之所以被稱為千古名君,是因為他善於集中權力辦大事。他深受中國文化薰陶,熟悉歷史,深知大權不可假於人的道理,他曾說:

今天下大小事務,皆朕一人親理,無可旁貸。若將要務分任於人,則斷不可行。所以無論鉅細,朕必躬自斷之。

　　雖然這是封建皇權專制的展現，但在當時，這對於維護國家的穩定造成了至關重要的作用。康熙是一位大權獨攬、事必躬親的帝王，「一切用人聽言大權，從無旁落，即左右親信大臣，亦未能有榮辱人、能生死人者」。所以，康熙自親政後，一直牢牢地把握著國家的權力，這可以說是他開創「康熙盛世」的一個大前提。

建立和諧君臣關係

　　談到康熙時期對官員的管理，幾乎所有人都用一個「寬」來加以概括。事實確實如此。康熙對歷史太了解了，他對於那些大殺功臣的做法非常反感。康熙自己曾解釋說：「我自幼讀書，發現歷史上的大臣大多數不能保證其善始善終，所以立志待大臣如同自己的手足，不論滿漢蒙古，非大奸大惡法不可容者，都盡量保全他們。」

　　在中國封建歷史上，說到君臣關係和諧，莫過於「康熙盛世」。這主要得力於康熙的人性化管理。他沒有把大臣們當成是潛在的對手或者御用的工具，而是當成了自己的親屬、朋友，靠感情而不是靠權威，來建立一種更穩定、更協調的關係。

　　人心的得失關乎天下安危。古人云，得人心者得天下，的確是硬道理。康熙所追求的，就是讓人們從心裡服從他，甘心為他效力，而不是威壓下的屈從。所以，他以一種特有的方式，和臣子、百姓、士兵建立起了內心的連繫，使這些人樂為之用。

　　康熙在讀《史記》的時候，發現漢武帝時發生災變經常殺宰相，他大為不解，感嘆道：「宰相是輔佐君主理事的人，如果說有失誤，那也應

該君臣共同承擔，怎麼可以完全推給宰相呢？身為皇上，如果把責任全部推到宰相身上，那就不是一個好皇上。」

康熙不但是這樣說的，而且他確實從不諉過於臣下，非但如此，即使臣下有錯，他也能盡量從寬處理，因此，在整個康熙朝，很少發生官場的冤案，這在中國歷史上是絕無僅有的。

康熙這樣做，一方面是由於他心地仁慈；另一方面也是為了穩定江山。他意識到，儘管皇帝在政治上有絕對權威，對臣下有生殺予奪的大權，但僅靠權威，不能從根本上得到大家的擁護。如果官員畏君主之威而不蒙其恩，因為懼怕君主的權威卻不感念他的恩德，這種統治只能維持表面上的安定，不能保證長治久安。因此康熙經常強調「天下當以仁感，不可徒以威服」，明確表示自己「尚德不尚威」。

在總結歷史經驗教訓的基礎上，康熙提出了「君臣一體」的主張，他主張君臣應當一體，減少猜疑，減少矛盾。為此他特地寫了一篇《君臣一體論》，其中說：「我從年少就登基守住祖宗基業，自親政以來，沒有一天不與群臣接見，一直恐怕自己高高在上，不能了解臣子與百姓的真實情況。」

康熙十七年，也就是 1678 年，農曆五月，康熙對大學士明珠及張英、高士奇等人詳細地闡述了自己的君臣一體觀，他說：

朕觀古來帝王，如唐虞之都俞吁咈，唐太宗之聽言納諫，君臣上下如家人父子，情誼浹洽，故能陳善閉邪，各盡所懷，登於至治。明朝末世，君臣隔越，以致四方疾苦，生民利弊無由上聞。我太祖、太宗、世祖相傳以來，上下一心，滿漢文武，皆為一體，情誼常令周通，隱微無有間隔。一遊一豫，體恤民情，創作艱難，立萬世不易之法。朕雖涼德，上慕前王之盛世，凜遵祖宗之家法，思與天下賢才共圖治理，常以家人父子之誼相待臣僚，罔不兢業，以前代為明鑑也。

　　康熙努力踐行「君臣一體觀」，首先，他與大臣們建立感情連繫，拉近君臣之間的距離。

　　在此前的歷朝歷代，君臣關係之所以難以處理，就是因為其等級森嚴，不能越雷池一步。在君主專制體制下，臣下視君主如仇敵，身家性命都懸於其手，又驚又怕；而君主則視臣下如同奴隸，又要利用，又要防範。因此雙方很難建立真正的感情。

　　康熙為了改變這種關係，在保證君臣上下尊卑的前提下，更多的是以師友的身分出現的，和大臣們建立密切的私人感情，這樣不僅緩和了矛盾，也增加了親和力。

　　為了做到這一點，康熙經常和官員們見面，御門聽政是一個機會，每個官員有新的任命的時候，他都要親自召見，親切交談，讓官員們感受到皇帝對自己的信任，從而心生感激。

　　康熙為籠絡人心，他還經常把文學侍從之臣召到宮中，賜茶、賜座、賜物，講論經史，翻閱卷冊，始終和顏悅色，拉近君臣的距離。大臣們都說是「千古史冊所僅見」「不世之遭逢」。對那些主要大臣，康熙更是不吝賞賜，許多人都受過他的恩惠。

　　康熙二十年，也就是1681年，農曆七月，康熙將太液池中魚藕等物賜宴群臣，又賜綵緞，讓大臣製衣，並頒布上諭說：「今日宴請諸位大臣，本當在朕前賜宴，只是因為人太多了，恐怕無法保證親自賜每個人酒，所以我就不親自參加了。諸臣可暢飲極歡，不要拘束，辜負了我的好意。」

　　康熙真是善解人意，為了怕大家拘束，他沒有親臨，就讓內大臣和學士勸酒，結果大臣們全都酩酊大醉，一時成為佳話。康熙為了展現寬仁，他還特地破除了一些禁忌，來展現自己的優容。

　　康熙二十一年，也就是1682年，正月，他傳諭道：「向來乾清宮

內，只宴請滿洲諸臣，從未宴請過漢族官員，如果我考慮滿漢皆屬一體，欲將漢官也請到乾清宮內特行筵宴。」十四日，他就在乾清宮設宴，招待滿漢群臣。史載：「君臣一體，共樂昇平，用昭上下泰交之盛。」這次，康熙親自賜飲，並讓太監把喝醉的官員扶回家，後人稱「君臣相悅，千古僅有」。

康熙甚至把一直視為禁區的皇宮後苑也對臣僚開放。康熙十二年，也就是 1673 年，農曆六月，他為了讓大臣們休暇，特地在荷花盛開之際，在瀛臺賜宴，讓群臣泛舟遊覽中南海的景色。

康熙二十一年，也就是 1682 年，農曆六月，康熙又下令說：「因天氣炎熱，我如今移駐瀛臺，看現在天下平安，四方無事，真值得慶幸，不過每日早晨御門聽政，從來不敢偷懶，諸位大臣各負其責，辛勤稱職，不時有來向我上奏的。曾記宋史所載，賜諸臣於後苑賞花釣魚，傳為美談。今於橋畔懸設罾網，用來讓大臣們遊玩時捕魚。大家可於奏事之間的閒暇時候，就在水邊上，用網逮魚，得魚不管大小多少，你們都帶回自己家去……」此後，康熙又多次開放行宮後苑，甚至親自充當導遊，君臣共樂。

臣下一旦有病，康熙總是細心慰問，賜醫賜藥，關懷備至。如他對李光地，可以說是名為君臣，實為師友。在李光地生病期間，康熙多次派人送藥，其情真摯，令人感動。

李光地，字晉卿，號厚庵，別號榕村，泉州安溪湖頭人，是清朝著名的理學家。他於康熙九年，也就是 1670 年，中二甲第二名進士，選庶吉士，授翰林院編修。康熙十二年，也就是 1673 年，農曆二月，擔任會試同考官。十月，請求省親歸裡，結果遇上了「三藩之亂」。十一月，吳三桂發動叛亂。第二年三月，耿精忠起兵響應，多方收羅人才，他逼令福建各地知名人物齊集福州，出任偽職。

李光地同時收到了耿精忠和鄭經逼降、誘降的信。他經過與同榜進士陳夢雷協商，不能歸附，由陳夢雷繼續留在福州做內應，李光地藉口「父病速歸」，遣人將叛軍情況速報朝廷，並用密摺呈上破賊機宜。

康熙接到密奏後大為讚許，特諭大學士說：「編修李光地不肯服從叛逆，逃避進入山中，還寫好密摺派人前來報告地方機宜，可見他矢志忠貞，真是我的好臣子啊！」於是命令兵部把李光地的計策告訴前方領兵大臣。

後來清軍攻入福建，李光地募鄉勇百餘人扼守險要，配合作戰。康熙對他更是另眼相看，發諭旨說：「李光地當閩地變亂之初不肯從逆，具疏密陳機宜，殫竭忠貞。今又遣人迎接大兵，指引道路，平險隘，治浮橋，饋食物餉軍，率民兵備辦糧米，供給兵眾口糧，矢志滅賊，實心為國，深為可嘉。」

從此以後，李光地成為最受康熙信任的漢人大臣之一，先後被提拔為內閣學士、經筵講官、林院掌院學士、禮部侍郎、日講起居注官、順天學政、工部右侍郎、直隸巡撫，最後官至文淵閣大學士兼吏部尚書。

李光地精通理學，推薦了著名數學家梅文鼎、著名平臺將領施琅，拯救了著名文學家方苞和著名清官陳鵬年，就其學問和能力而言，都是當時漢人官員中的佼佼者。儘管他由於「賣友」「奪情」「外婦之子來歸」三案而為士林詬病，但康熙對他一直信任不疑，二人「情雖君臣，義同朋友」。

康熙五十年，也就是 1711 年，農曆七月，康熙到木蘭圍場行圍，李光地留京。他此時已經七十多歲，身體殘疾，坐臥不便。康熙特地賜給他西洋鐵帶，幫助行走。後來李光地身上生瘡，痛苦難耐。八月，他給康熙上摺，請求休致。康熙回覆說：「看了你的奏摺，我心裡十分難過。想當年的老臣，如今都沒了，也就剩下像你這樣一兩個了。唉，看來我

也老了！什麼也不想說了，有什麼話等我回宮之後再說吧。」

為了緩解李光地的病情，康熙派太監到李家看望，並賜給兩罐海水，告訴他泡洗之法。李光地如法使用，果然有所好轉，上摺謝恩。康熙再三叮囑：「泡洗之後，飯量自然加些，還得多吃點肉食，這樣才有營養，羊牛雞鵝魚蝦之外無可忌，飲食愈多愈好，斷不可減吃食。」

幾天後，李光地覺得效果很好，再次向康熙請求「坐湯」，即泡溫泉，康熙又囑咐說：「坐湯好，但須多隔些日子才是。你們漢人最喜歡吃人蔘，人蔘害人處就在於它讓人產生依賴性。」此後，又多次告誡，「飲食中留心，生冷之物不可食。」其言之諄諄，情之摯摯，沒有絲毫作假，如同親友至交，這樣的君主，如何不令人既感且敬？

康熙五十二年，也就是1713年，李光地得了腹瀉。康熙聽說後，非常擔心，叮囑道：「李大學士，我出門的時候並未聽說你得病。近來何如？若用藥須十分小心。」又說，「你年紀大了，瀉久了自然傷元氣，千萬輕視不得。赫素處有一種木瓜膏，最能治瀉，我馬上傳旨替你要來，每日不過五六錢，不瀉時吃幾次看看。還有止瀉膏藥，此係外治，可以無妨，用得。」

在一個月內，康熙幾次批覆，關懷備至。要知道康熙是一國之君，日理萬機，但對臣下的身體還時刻關心，這種情誼，要比一般人的交情珍貴得多。

康熙五十七年，也就是1718年，農曆五月二十八日，李光地病逝，享年七十七歲。正在熱河行宮的康熙聞知噩耗後，十分悲痛，當天便派遣皇五子胤祺、內大臣馬爾賽等往奠茶酒，賜銀千兩。又命工部尚書徐元夢等照顧李光地的靈柩回老家。

康熙又諭部臣等說：「李光地……謹慎清勤，始終如一。且學問淵博，研究經籍，講求象數，虛心請益，知之最真無有如朕者，知朕亦無

有過於光地者。倚任方殷，忽聞患病溘逝，朕心深為軫惻。所有應得卹典，該部察例具奏。」傳旨予以祭葬，謚文貞。李光地並不是特例，康熙對很多老臣也都時刻關心。

康熙二十一年，也就是 1682 年，正月上元節，康熙賜宴大臣。大學士杜立德有病沒能參加，康熙就派人賜酒賜食，並傳諭道：「你是個有功的老臣，長時間擔任機密職務，現如今天下太平，今天又是上元節，我在內殿賜宴群臣，可你卻臥病在床，不能參加，與大家一起歡宴。所以我特遣中使慰問，賜以美味。如果你吃得開心，那就是你對我最大的安慰。」杜立德病好了上朝後，康熙經常與他賜詩賜物，以昭「優禮眷顧之意」。

康熙四十一年，也就是 1702 年，農曆四月，他傳諭臥病在家的大學士王熙說：「你是我大清多年的老臣，做官時間最久，從去年告病在家，我沒有一天不掛念你。近日九卿皆求我賞賜匾額字對，我想你雖然告假不在朝上，但心卻未嘗一日不在朝中，所以特書匾一面、對聯一副，臨米芾書法一幅賜給你，你要盡量多吃東西，輔以醫藥，以安慰我不忘舊臣之至意。」

康熙四十四年，也就是 1705 年，康熙南巡的時候，年過七旬的江蘇巡撫宋犖前來迎駕，康熙傳旨慰問：「我有日用豆腐一品，味美異常。因宋犖是年老大臣，可令御廚太監傳授與宋巡撫的廚人，也做來讓他享用。」

到了晚年，康熙對這種君臣之情更加珍視，對於一個個老臣離他而去非常傷感，他曾說：「朕同事老臣漸少，實不忍言。」每當接到大臣請求退休的奏疏，他都傷心落淚。

大臣們去世，康熙仍然念念不忘，對他們的子孫也盡量予以照顧。他曾對群臣說：「我於故舊大臣去世之後不時關注他的後人，因為共事

日久，不忍忘懷，我對待滿漢臣工都是一樣，這是我天性如此。當熊賜履居官時，政事言論有不當者，我也未嘗不對他加以訓飭，就跟其他大臣一樣。到他已經離職身故，則只念其好處……如今熊賜履二子家甚清寒，你們也應該共相扶助，令其讀書，將來能有所成就。」

這些事情都說明，康熙和臣下的感情並非做作，而是發自內心，如他自己所說，「天性如此」。真情的付出當然也會有真情的回報，康熙在位六十一年，朝政基本平穩，沒有發生特別大的動盪，不能不說是得益於君臣之間的感情維繫。「皇帝對老臣『天恩優渥』，不但使老臣『感戴高厚，沒齒難忘』，而且在廷臣子『亦無不感戴，奮力報國恩』，造成了加強政治向心力的作用。」康熙踐行「君臣一體」，還表現在他有過自擔，不諉過於臣下。

臣子們最擔心的事情往往不是能否得到重用，能否施展才華，而是能否得到君主的信任，會不會成為君主的替罪羊。大多數的君主為了維護自己的權威，都把自己的過錯推到大臣的頭上。就連漢景帝、漢武帝這樣的有為之主也不能例外，其他一些明君也同樣不能免俗。在這樣的帝王統治下，臣子們無不膽顫心驚。

康熙則不然，他對諉過於人的做法最為不齒，這從前面他批評漢代殺宰相的做法就能看出來。最能展現他的這種胸懷的，莫過於在撤藩問題中對大臣的處理上。

當初提議撤藩，大多數大臣都竭力反對，只有兵部尚書明珠、戶部尚書米思翰、刑部尚書莫洛等少數人支持。但康熙力排眾議，決心撤藩。不久，吳三桂發動叛亂。消息傳來，康熙立即召開御前會議商討對策。反對撤藩的索額圖說：「前議『三藩』當遷者，皆宜正以國法。」企圖效仿漢景帝殺晁錯的故事。

但康熙斷然否決了索額圖的建議，他說：「從我很小的時候，『三藩』

的勢焰就一天比一天囂張，不可不撤，怎麼能因為吳三桂反叛就諉過於人呢？」自己承擔起了責任，保護了主張撤藩者，讓這些人「感激涕零，心悅誠服」。

「三藩」平定，大臣們為康熙上尊號，康熙拒絕，他回顧了平叛過程，傳諭道：「眾大臣都以為反叛已經平復，奏請我上尊號。我想起當初平南王尚可喜奏請回籍時，我與閣臣面議，圖海言斷不可遷移。我以『三藩』都握有兵權，恐日久滋蔓……故決意撤回。

「不料想吳三桂背恩反叛，天下騷動……八年之間，兵民交困。賴上天眷佑，祖宗福庇，逆賊蕩平。倘復再延數年，百姓不都要陷入窮困之中？那時只有莫洛、米思翰、明珠、蘇拜、塞克德等言應遷移，其餘並未言遷移吳三桂必致反叛也。……若那時我諉過於人，將會議言應撤者盡行誅戮，則他們都會含冤九泉了！我素不肯諉過臣下，即今部院事有錯誤，朕亦自任。

「……今亂賊雖已削平，而瘡痍尚未全復，君臣之間宜益加修省，恤兵養民，布宣德化，務以廉潔為本，共致太平。如果這樣就以為是自己的功德，一心想著上尊稱，濫邀恩賞，實可恥也。」

在此，他明確地把決定撤藩的責任攬在自己身上，以前沒有怪罪明珠等支持者，現在也沒有怪罪那些反對者。

康熙對臣下非常寬容，如果不是涉及根本性的問題，稍犯錯誤，他都能諒解。這並不是說康熙朝就沒有貪官，就沒有壞人，主要是康熙能夠多從臣下的角度思考，不務苛求，包容過失，這幾十年間才顯得風平浪靜。

康熙四十三年，也就是 1704 年，康熙在總結自己為政之道的時候說：「我經常看史書，發現自古大臣得始終善全者甚少，朕今御極四十餘年，大學士周祚、馮溥、杜立德、李霨、宋德宜、王熙等俱得全功名

而考終命者，都是因為我極力保全才得來的。朕從不多生事，但穆然清淨，處之以和平，故諸臣皆得享其福也。」實際情況確實如此。

很多大臣犯了錯，康熙都能容忍。即使是那些罪不容誅的人，他也經常網開一面。

鰲拜篡權專橫，目無君長，在封建社會，這可是最大的罪過。議政王大臣會議，判處死刑。康熙特地召鰲拜來親自審問，鰲拜承認了所有罪行。當康熙看到他身上征戰中留下的纍纍傷痕，憐憫之情油然而生，下筆批示道：「鰲拜理應依議處死，但念效力年久，雖結黨作惡，朕不忍加誅，著革職，籍沒拘禁。」鰲拜因此才保住了性命，最後病死獄中。對他的兒子，康熙也沒有處死，其親戚沒有重大罪行的，都予以寬大處理。

連鰲拜都能免死，其他人可想而知。在康熙朝的歷史上，經常可以看到，很多大臣被判死刑，都是康熙親自改判，或改為拘禁，或改為流放，甚至予以釋放。

對此，康熙說：「為君者亦宜寬，不可刻……朕於大臣官員務留顏面，若不然，則諸臣為朝廷效命又會是什麼情況呢？……待臣下須寬仁有容，不因細事即黜之，所謂禮賢下士。用人則量才而用，無求全責備之心，因為人的能力各有大小……其實並不是說我自己沒有私心，只是身為皇帝，不敢以私心來辦事。」

康熙二十年，也就是 1681 年，左都御史徐元文彈劾福建總督姚啟聖借庫銀貿易，強娶鄉紳孫女為妾等不法行為，康熙以所參均系「三藩」兵亂時所行之事，免於追究，並解釋說：「現在事情過了再去追究那戰亂時候的事，於事何益？……若亂時之事，今追論不已，何異高鳥盡，良弓藏，狡兔死，走狗烹乎？」

王進寶、趙良棟是平「三藩之亂」的名將，戰功顯赫，但此二人不

識大體，各懷私怨，互相攻訐，以致延誤軍機。康熙始終沒有加以治罪。戰事平定，他把兩人互相攻擊的章奏都發還了他們，以前的事，一概不予追問。二人感激涕零，表示一定消釋前嫌，為國盡忠。

諸如此類，多不勝舉。即使是心腹老臣，如李光地、高士奇、徐乾學等，也都是因為康熙的寬大，才得以最終保全。正因如此，康熙朝才呈現出君臣和諧、安定團結的局面。

康熙本人並不信佛、道，但他並沒有因此而毀佛滅道。他認為，自漢唐以來，信仰宗教已成民俗，不可毀寺禁教，而要使民生得所，必須息事寧人、因勢利導，為政以安靜為本，最便捷的方法就是順人之性，因民之俗。與其禁佛，不如借佛教陰助教化。他說：「顧念長治久安，務在因俗宜民。」

有一次康熙西巡時，他還下令建寺，賜名「廣仁寺」，以儒家之「仁」冠之於佛寺。大學士王鴻緒評論康熙為五臺山寫的五通碑文時說：「五篇碑文內皆寄寓皇上仁被天下的至誠之心，雖言佛教，而儒家『治國、平天下』之理包括以盡。」說明康熙對儒家之仁道運用得十分純熟。比起歷史上那幾個毀寺禁佛、政崩教壞的皇帝，康熙真是高明至極。

康熙的一生可以用一個「仁」字來概括，他奉行的仁政，基本上是奉行了儒家的統治思想。他寬以待民，不事苛刻，興修水利，鼓勵發展生產，減輕農民負擔，極大地促動了社會經濟的發展。在康熙統治的六十一年間，民間很少發生起義，這在清代近三百年歷史上，是極為罕見的。

選用賢才整飭河工

　　經濟是一個國家賴以生存的物質基礎。對於封建社會而言，農業經濟是封建王朝的重要支柱。衡量農業經濟是否發達的重要標準，就是糧食產量。民以食為天，糧食收成的好壞，又是決定社會穩定、政權鞏固的重要因素。除了人為的戰爭之外，能夠對農業生產造成影響的就是大自然界的洪澇乾旱。

　　中國封建王朝的農業經濟，最依賴的是黃河的灌溉。黃河用她生生不息的乳汁，哺育了我們的祖先，滋養了炫麗的原始文明。歷經千百年的沉澱，最終凝聚成偉大的中華民族，屹立於世界民族之林。黃河不愧是中華民族的母親河。

　　但是，黃河在成就了中國歷代封建王朝的輝煌的同時，也因她桀驁不馴的性格給歷代王朝帶來了數不清的災難。黃河穿越內蒙古、山西、陝西和河南西部的黃土高原之後，裹挾著大量疏鬆的黃土奔流至華北平原。黃河流至河南滎陽以東地勢平坦之地後，水勢減弱，流速緩慢，從西北黃土高原上挾帶而來的大量泥沙，在此沉積下來。

　　日積月累，河床日益積高，甚至高出地面，正如詩中所描述的，「黃河之水天上來」。每到雨季，河床容納不下過多的河水，盈餘的河水溢位河床，衝決堤岸，淹沒大量農田，使中原及南方的重要農業生產區蒙受巨大的損失。

　　那是在北宋時期，黃河因大水改道，經江蘇淮安府，與淮河交會，最終流入大海。自此以後，黃河發大水，必倒灌入淮河，使淮河氾濫成災。而黃、淮匯流之處，又與隋朝開鑿的大運河相接。黃河之水若倒灌入淮河後，又立即倒灌入運河，衝決堤岸，並把泥沙帶入運河，使河身

變淺，以致漕船都會無法正常通行，使南北往來的漕運也無法正常通行，那麼麻煩就大了。

南方富庶之地的物資，無法轉運京師，國家財政大受其害，直接關係國家治理乃至政權的穩定。所以，治理黃河就是保障中原及南方主要糧食產區不受其害，保障漕運正常通行的重要前提，是關係國計民生的頭等大事。

黃河氾濫成災，是歷代王朝都為之頭疼的問題。清朝入主中原以後，自順治元年夏以來，黃河幾乎年年決口。朝廷徵發民夫堵塞，卻是屢塞屢決。黃河改道，到處衝決，沿岸百姓的生命及財產遭到嚴重損害，中原地區已成一片汪洋。

到康熙朝，河患有增無減。據學者統計，僅康熙五年到十五年的十年間，黃河決口就達六十九次之多。康熙帝親政後，深感問題的嚴重性，但苦於財力之不足，難以從根本上進行全面治理，只能量財而出，對緊要之處先行修築。

康熙帝深切地明白，治河已不是技術上的問題，而是演變成了政治性問題。故而，他把治河、漕運與平「三藩」作為同等重要的國家大事來對待，並把它們寫成條幅懸在乾清宮中的柱子上，夙夜廑念。

康熙十六年，也就是 1677 年，新任命的河道總督靳輔，鑒於黃河河道已經敗壞至極，到了必須馬上整頓的關鍵時刻，遂向康熙帝提交了關於修治黃河的調查報告。他連上八疏，條分縷析治理黃河之具體措施與步驟，並請康熙帝批准。

治河乃是關乎國計民生之大事，為慎重起見，康熙帝幾乎動員了朝中所有大小官員會同討論靳輔提出的治河措施。朝中官員一致認為，修治黃河是刻不容緩之事，但是，浩繁的治河經費再次成為困擾。因為，此時正值平「三藩之亂」的關鍵時刻，軍餉不容片刻耽誤，朝廷再也拿

不出更多的錢來支持對黃河的全面治理。

但是，隨著平叛的軍事形勢的好轉，朝廷由被動變為了主動，最終的勝利就在眼前了。康熙十七年，清朝開始了全面治理黃河的浩大工程。康熙帝命令河道總督靳輔擔任總指揮，實施治河計畫，並撥專款二百五十萬兩白銀，作為治河的經費。康熙帝身為清朝最高的決策者，不僅在政策上堅決地支持治理黃河，而且親臨治黃工地，閱視河工，對治河也有很高的見解。

就在靳輔主持治河的同時，清朝的平叛戰爭取得節節勝利，並於康熙二十年平定吳三桂之亂。康熙二十二年，進軍臺灣，鄭克塽歸順清朝。隨著國內局勢的穩定，治河成為最重要的政務。康熙帝決定親自視察多災多難的黃河以及花費數以百萬計的治河工程。

康熙二十三年九月，康熙帝首次離京南巡，在駐蹕郯城之時，就明確向漕運總督邵甘、河道總督靳輔表示，此次南巡的目的主要就是巡視河工。當康熙帝到達江蘇境內巡視黃河北岸諸險工時，指出蕭家渡、九里岡、崔家鎮、徐升壩、七裡溝等處都是緊要之處，須時加防護新築之長堤與逼水壩，並提醒靳輔要加厚增高各處防水堤壩。

他南行至天妃閘、高郵湖、淮安等處時，沿途有河工之處，必親自視察。若看到有民間田廬被水淹沒，則立即登岸，步行十餘里，召見當地貧民，詢問受災的原因，掌握第一手有關黃河氾濫的數據。此行凡遇河工，康熙帝必親自閱視，向靳輔等治河大臣提出自己的治河建議，並囑咐應做之事，縱有花費，亦在所不惜！

同年臘月，他在高家堰大壩諸險要之處巡視之後，再三叮囑靳輔要注意高家堰地區的薄弱環節，不能再出任何狀況。就在康熙帝途次山東郯城縣沙溝之時，他在御幄中當眾揮筆，將前一日所作之詩，也就是《閱河堤詩》，賜給靳輔。其詩云：

防河紆旰食，六御出深宮。

緩轡求民隱，臨流嘆俗窮。

何年樂稼穡，此日是疏通。

已著勤勞意，安瀾早奏功。

靳輔手捧此詩，心中激動不已。不僅是因為得到皇帝親自賜詩的殊榮，還是因為得遇如此聖明之君主，自己受過的委屈和勞苦都得到了應有的理解和尊重。即便是嘔心瀝血、為國捐軀又有何妨呢？他當即回奏，願為康熙帝鞠躬盡瘁，以效犬馬之勞。

此後，康熙帝又於二十八年、三十八年、四十一年、四十四年、四十六年五次南巡。這五次南巡的目的，與康熙二十三年南巡是相同的，都為巡視堤工，親自檢驗治河的效果而來。

透過細覽河防諸書、河道總督歷年進呈之河圖，以及親自閱視河工，掌握第一手治河數據，康熙帝在治河之術方面頗有心得。他參酌古今，認為治河不僅要去其害，而且還要資其力，以助漕運。

在治河的二十多年中，雖有靳輔、王新命、于成龍、董安國、張鵬翮等人相繼擔任河道總督一職，但治河的總方針、總原則以及具體的實施辦法，都是由康熙帝與他們共同研究後，作出的決策。不僅如此，在南巡過程中，康熙帝還親自測量工程品質。他所提出的意見以及治河之法，深切要害和實際，常令靳輔等人折服。

治理黃河、疏導運河，從康熙十七年至四十六年，整整歷三十年，最終治河功成。總結康熙朝治河之策，大致有三：

首先是修挖緊要之區。大運河自淮陰至揚州段，是黃河、淮河與運河的交會之處。因運河口距黃河、淮河交會之處甚近，遇有大水，黃河之水很容易倒灌入運河，運河年年墊高。加之兩河匯合，湍洄激盪，為

害最重。

靳輔在吸取明朝潘季訓治河經驗的基礎之上，挑選開挖山陽、清河、高郵、寶應運河，特別是將挑挖之土，增築兩岸，堵塞決口達三十二處之多。同時，又將運河之口南移至爛泥淺之上，自新莊閘西南挑河一條至太平壩，又自文華寺永濟河頭起挑河一條，亦接太平壩，達於爛泥淺，引導淮水以敵黃河之水，使其不能再內灌，阻止黃河之水到達運河之口。

其次是疏濬黃河入海口。北宋年間，黃河入海口因大水而改道，經江蘇境內之雲梯關，與淮河匯流入海。但因長年泥沙淤積，雲梯關入海口在康熙朝時已下移一百二十里。黃河入海之途徑受阻，沿黃河兩岸就不可避免要遭受水災。

靳輔採取挑挖清江浦以下黃河河身之法，用挖出之淤泥在兩岸修築河堤。此法在使河水暢流的同時，也達到了束水攻沙的目的。黃河入海口處沙去河深，黃河之水通暢地流入大海，解除了對兩岸堤壩的威脅，也保證了漕運的安全。

最後是開闢中河，這是清朝對運河建設的最大貢獻。在隋朝開鑿大運河之前，黃河是溝通南北的重要水上通道。隋朝以後，大運河取代了黃河的交通樞紐地位。但是，運河不能完全地脫離黃河，仍有一段需藉助黃河河道為運道。黃河若氾濫，運河就無法通行。雖然明朝有鑿清口、開迦河之舉，但都沒有從根本上解除黃河對運道的威脅。

康熙二十五年，靳輔在駱馬湖開鑿水渠，經宿遷、桃源，至清河之仲家莊出口，稱之為中河，又稱中運河。漕船若從南北上，出清口後，入黃河只需行數裡，即入中河，直達張莊運口，從而避開黃河之險。自此，黃河與運河完全分離。

康熙二十七年，也就是 1688 年，鑒於中運河逼近黃河，若黃河決

口，中運河必與黃河合而為一，靳輔又加挑中運河，建閘築堤，避免了中運河原有的弊端，基本達到完善。

清朝對黃河的治理，無論是從治理規模、歷時之久，還是影響之深遠上，都遠超歷代封建王朝。康熙帝的英明決策自然功不可沒，但是還有一個人，為治理黃河作出了重大貢獻，他就是我們前面提到的河道總督、清朝著名的水利專家靳輔。

靳輔，字紫垣，漢軍鑲黃旗人。順治九年，也就是 1652 年，以官學生考授國史館編修，後改內閣中書，遷兵部員外郎。康熙初年自郎中遷內閣學士；十年，升安徽巡撫；十六年，升任河道總督。正是勒輔的《治理河工八疏》，開啟了清朝整頓黃、淮的歷史新篇章。

在升任河道總督以前，靳輔任安徽巡撫。安徽是受黃災最重之省份，故而靳輔深知治河任務的重要性與艱鉅性。他升任河道總督以後，在潛心研究歷代治河經驗、教訓的同時，親自勘察黃河中下游及黃河氾濫之區的地形和水勢。

在這一過程中，他形成了自己的治河思想，即治理黃河與疏導淮河、大運河要同時並進。與此同時，他還選用頗富經驗的治水專家陳潢當作幕僚，制定了切實可行的對黃、淮以及運河的綜合治理方案。儘管客觀的困難與人為的阻撓並存，但在康熙帝的支持下，靳輔還是於康熙十七年，也就是 1678 年，開始了對黃河的全面治理。

靳輔著手施工以後，主要的工程就是疏導黃河入海，並開挖新河，使運河遠離黃、淮交會之處。經過靳輔三年時間的整頓，失修多年的黃河逐漸歸復河道，黃災逐漸減少。但是，康熙十九年、二十年，因連遭大水，雖然一些主要工程經受住了水災的考驗，但宿遷一帶的堤壩則被水衝決。

儘管靳輔日夜督工修築，但朝中大臣仍對其進行攻擊，甚至有人完

全否定靳輔已經取得的治河功績。為此，康熙帝特派戶部尚書伊桑阿等官員前往勘查，並要求其與靳輔共同商量，隨時詳細彙報。伊桑阿對靳輔所修工程的勘驗結果是，工程不堅固、不合適之處甚多，請求康熙帝對靳輔等治河官員從重治罪。

靳輔對這些責難一一申辯，堅稱疏通黃河入海的合理性。康熙帝在難以分辨是非的情況下，將靳輔革職，令其戴罪修築損毀之工程。康熙二十二年，河工告成，康熙帝恢復靳輔河道總督之職。

此後，康熙帝非常重視靳輔的意見，並先後在徐州毛城鋪、河南考城、儀封等地進行了大規模的築堤工程。但是，康熙帝並不完全認同靳輔只關注防堵的治河理念。他認為，根本的解決辦法應是開挖海口。加之伊桑阿等人回京後也提出開挖海口的建議，更加堅定了康熙帝的信心。

康熙二十三年，他下令由安徽按察使于成龍主持此項工程，靳輔則需給予支持。此旨一下達，立即在朝廷中引發了一場關於是否應該開挖海口的爭論，並由治河技術的探討演變成政治色彩濃厚的政治角逐。靳輔以多年經驗和勘測發現，海口不能開挖，否則會引起海水倒灌，釀成更為嚴重的水災，最好的辦法就是築堤束水，以抵禦海潮的侵襲；但于成龍則堅決支持康熙帝的主張，開濬海口。

康熙二十四年底，在朝中多數大臣及當地百姓的反對下，康熙帝暫時放棄了開挖海口的主張。但是到了康熙二十五年，湯斌一反先前反對開挖海口的態度，稱開工十分有益。

康熙帝乾綱獨斷，堅持開挖，並派孫在豐前往督工。隨著開濬海口工程施工在即，朝廷中也展開了對靳輔是否有罪的辯論。經過九卿的反覆討論，康熙帝宣布將靳輔革職，仍戴罪督修河工。

康熙二十五年底，孫在豐在經過一番勘察之後，要求關閉所有減水壩，以便開濬下河。靳輔擔心此舉會引起更大的決堤危險，所以上疏堅

決反對。

康熙二十六年，也就是 1687 年，康熙帝當著朝中百官的面，要求靳輔將上游閘壩全部關閉，靳輔無奈，只得同意。至此，開挖下河的工程已經進入了準備階段，但隨即暴露的問題使開挖工程無法正常進行。令靳輔沒有想到的是，對治河方略的堅持，讓自己捲入了朋黨案中。

御史郭琇迎合康熙帝的旨意，上章參劾以明珠、余國柱為首的朋黨。靳輔因一向得到明珠和余國柱的支持而受到牽連，被郭琇稱為靳輔與明珠、余國柱等人糜費銀兩，大半分肥。自剷除鰲拜集團以後，康熙帝對結黨營私深惡痛絕。

明珠倚勢弄權、貪贓枉法，受到康熙帝的懲處，是罪有應得。但因靳輔與明珠的朋黨案有關，康熙帝就認為靳輔抗阻開濬下河，是另有圖謀。康熙帝對靳輔的處理還算是理智，他在肯定靳輔治河功績的前提下，令靳輔再次就開挖下河的問題與于成龍辯論。靳輔仍然堅持原有意見，朝中大臣迎合康熙帝意圖，請旨處罰靳輔。

康熙二十七年三月，靳輔成為黨爭的犧牲品，再次被革職，王新命繼任河道總督。後經康熙帝多方考察以及他自己的耳聞目睹，證明靳輔的堅持是正確的，遂於康熙三十一年再次起用靳輔為河道總督。可惜的是，靳輔不久就病逝於任。

隨後繼任的多位河道總督中，唯有張鵬翮得到康熙帝的讚許。張鵬翮，字運青，四川遂寧人。康熙八年，也就是 1669 年，考中進士，選為庶吉士，當時張鵬翮二十一歲，在翰林院中年紀最小，但讀書最勤，他既不奔走權門，也不追逐浮華，終日與人講學不倦。

張鵬翮是康熙親自發現和提拔上來的才學之士，很有「清官」之名，深得康熙欣賞。康熙曾經盛讚他的情操說：「從前清官唯宋文清一人，近日張鵬翮可以與之媲美。」又說，「張鵬翮一介不取，天下廉吏無出

其右矣。」

張鵬翮鑒於以往的治河經驗，一上任就提出三項要求：

1. 撤銷協理河務徐廷璽，以專總河之任。

2. 工部與河臣事關一體，請敕部臣，不要凡事從中阻撓。

3. 撤銷河工隨帶人員，以節省開支。

康熙表示同意，說：「過去河工之無成者，一應弊端起於工部，該部掌管河工錢糧，每藉機勒索賄賂，貪圖肥己，以致河工總無成效。自後河工經費直撥總河，無須經過工部，使其不能掣肘。」手續多一道，就扒一層皮。人多不幹正事，不如減員以省開支。張鵬翮固然不能根除腐敗，但是這三條改革措施，也使他自由了許多。

此番張鵬翮治河，康熙給予了大力支持。他諭令工部、戶部、內閣等，對治河所需物資、人力、銀兩，滿足所請，及時撥給，不得有誤。由於有皇帝親自監督河工，各部門都不敢怠慢和作弊。

因張鵬翮治河殫精竭慮，不辭辛勞，又廉潔自持，由吏、工二部議敘獎勵，加太子太保銜。康熙書榜齋張鵬翮之父張琅，並賜他御製《河臣箴》和《覽淮黃成》詩，恩寵有加。以後，康熙每隔二年南巡一次，視察河工，對治河提出具體指導，康熙見河水清暢，高興地說：「真是太出乎我的意料了！此二十年所僅見也。」

張鵬翮及其以後數任河道總督治河依照靳輔成法，使黃河大堤得到進一步治理，從靳輔治河始，一百多年間黃河從未出現過大患，黃河下游，農業連年豐收，治效之好是歷史上所僅見的。

北巡塞外鞏固邊防

　　北巡是指康熙帝巡幸塞外蒙古，以及至承德避暑、圍獵，這也是康熙帝一生出巡次數最多的地方，共計四十五次。蒙古是清朝的政治同盟，與其關係的親疏遠近，直接影響到清政權的穩定。

　　康熙帝歷次北巡塞外，都把撫慰、籠絡蒙古王公、貴族作為重要的出巡內容。每次至熱河避暑山莊，他都要召見蒙古王公貴族，並給予其大量賞賜。

　　若遇有災荒，更是派遣理藩院官員或其他朝廷官員，及時地予以賑濟。同時，他還派專人到蒙古地區指導當地牧民從事農業生產，以保證其生計。康熙帝用實際行動感化了蒙古王公及普通牧民，他們傾心歸附於清王朝，從此出現了長城內外皆一家的和平局面。

　　北巡的另一重要內容就是圍獵習武。清朝向以「國語騎射」作為民族特徵，但入關後，隨著天下逐漸晏安，加之漢民族儒家文化的薰染，很多宗室及普通紈褲子弟已漸疏騎射。

　　為使旗人不忘滿族的尚武傳統，康熙帝就以圍獵的方式來訓練軍隊，演習武藝。歷次的圍獵，均是以行軍的紀律來要求。每次北巡圍獵活動的安排也多過其他事項，最多達二十七次。

　　巡幸西安，康熙帝經直隸、山西，抵達陝西西安。在清朝，山、陝地區是至關緊要之區，因其與塞外蒙古接壤，一直是清朝重兵防守之地。康熙朝，山、陝地方督撫、布按官員，只選用滿洲旗人。至雍正朝，始改為滿洲、蒙古、漢人兼用。

　　康熙三十六年，也就是 1697 年，康熙帝出師塞外時，曾至山、陝及寧夏地區。但是當時軍情緊急，他並未親蒞西安。康熙四十二年，也就

是 1703 年，在陝西督撫及河南巡撫等地方大員的恭請之下，他決定巡幸西安等地。

康熙四十二年，也就是 1703 年，農曆十月十一日，御駕啟程，皇太子胤礽、皇三子多羅貝勒胤祉、皇十三子胤祥隨駕。離京後，巡幸隊伍先後駐蹕涿州、安肅縣等地。十四日，康熙帝出行宮，率諸皇子、善射侍衛等射箭。十七日，駐蹕新樂縣，再次率諸皇子及侍衛等演習武藝。二十五日，至太原府，文武官員及紳衿士庶等跪迎聖駕。

二十六日，召見山西巡撫噶禮，表明此次巡幸之意圖，其言：因陝西、河南地方官懇請西巡，遂於冬時農閒季節，由晉及秦，觀風問俗，考察民生。他在囑咐噶禮要勸導百姓崇尚節儉的同時，又將康熙四十三年以前山西所屬州縣未完銀兩米草，盡行蠲免。

同日，太原城百姓聞知康熙帝將起駕，齊集行宮前，懇求聖駕再留數日，康熙帝勉允再留一日。二十八日，御駕自太原起行，繼續前行，駐蹕徐溝縣南。二十九日，至祁縣鄭家莊，康熙帝於行宮前閱太原城守官兵騎射，賞罰不等。

十一月四日，御駕至山西洪洞縣城南，遣官祭女媧氏陵。十一日，康熙帝一行抵達黃河岸邊。康熙帝率諸皇子射箭，又令山西官員及扈從各官射。隨後，御駕由闊河渡黃河，至潼關。陝西紳衿士庶等，跪迎聖駕。同日，遣官祭西嶽華山。

十三日，至渭南縣城西，康熙帝率諸皇子及善射侍衛等射箭，繼令固原提標官兵等演習武藝。十四日，至潼縣溫泉，遣官祭漢文帝陵。十五日，御駕終於抵達西安。闔城官兵及紳衿士庶等，皆跪迎聖駕。除了當地官員前來迎駕外，青海和碩親王扎爾巴圖爾、鄂爾多斯多羅郡王董羅布、松阿喇布、多羅貝勒納木扎爾額爾德尼、厄魯特多羅貝勒巴圖爾額爾克濟農、喀爾喀臺吉哈嘛爾戴青、青海臺吉盆蘇克等，都前來朝見。

十六日，至城內教場，率諸皇子及善射侍衛等，演習武藝，並賞罰有差。十七日，康熙帝恩旨蠲免陝西及甘肅康熙四十二年以前各項積欠錢糧。若四十三年直隸各省咸獲豐收，即免秦省四十四年正供錢糧。隨後，與諸皇子、侍衛等再次至城內教場射箭。

十八日，康熙帝再次至西安府城外教場，檢閱西安駐防八旗滿洲、漢軍及綠旗官兵軍容。火器前鋒、馬步兵丁俱穿盔甲，各按隊伍列陣，康熙帝率諸皇子及內大臣、侍衛等，亦披甲乘騎，遍閱各軍。青海和碩親王扎爾巴圖爾等、鄂爾多斯多羅郡王董羅布、厄魯特多羅貝勒巴圖爾額爾克濟農、喀爾喀臺吉哈嘛爾戴青等，隨聖駕後，見官兵整齊、隊伍森嚴、甲冑鮮明，無不互相嘆異。

十九日、二十日，康熙帝連續兩天率諸皇子及侍衛等，分別至教場及箭亭射箭，以演練騎射。經過多天的巡視，康熙帝對西安軍容甚為滿意，他在臨行之前對將軍博霽說，江南、浙江、盛京及烏拉等處八旗，遠不及西安兵丁之武藝嫻熟，囑咐其「勿令其變易」。

二十二日，自西安迴鑾，駐蹕臨潼縣溫泉。在回程的二十八日，特命皇三子及侍衛等，前往視察三門底柱。十二月二日，康熙帝一行至孟津渡河。歷半月有餘，十九日，回至京師，至皇太宮問安畢，回宮。

康熙帝在其執政生涯中，先後東巡、南巡、北巡、西巡，其足跡幾乎遍歷大江南北。康熙帝有言：「古人之君，居深宮之中，不知民間疾苦者多，朕於各處巡行，因目擊之故，知之甚確。」可見，出京巡視，已成為他體察吏治民生的重要途徑。

實際上，這種治國方式也確實有其實在的意義，產生了深遠的政治影響。透過親歷地方，康熙帝觀風問俗、考察吏治、檢閱軍容、遊歷山川、籠絡蒙古。

正是因為有親身的勘察經歷，所以在關鍵時刻，他能夠因地制宜，

做出正確的決策，解決實際問題，避免了封建官場中的圖務虛文的弊端。這種孜孜以求的治國理念，在提高了行政效率的同時，也造福於無數百姓。

在巡幸的過程中，康熙帝不斷親自或遣官祭奠歷代帝王陵寢及嶽瀆，並召見經過地方的儒家名士。他以實際行動表明了對漢民族傳統、儒家文化以及歷代漢族帝王的尊重，並因此贏得了漢族尤其是廣大漢族知識分子，政治與民族的雙重認同。

康熙帝的為政風格與治國理念，對其後繼者雍正帝與乾隆帝，產生了深遠的影響。清朝也正是在他們的帶領下，走向了封建社會的最後一個盛世 —— 「康乾盛世」。

大興文化工程

如果說經濟是一個封建王朝得以存在的物質基礎，那麼文化則是這個王朝能夠在歷史長河中傳承的精神符號。滿族在建立政權前，長期從事游牧漁獵活動，並無文化積澱，甚至連屬於本民族的文字都沒有，只能借用蒙古文字。

後金國成立以後，在軍事上攻城略地，所向披靡。但其思想文化，仍然落後於漢族。尤其是在清朝入主中原後，如何統治文化先進、人口眾多的漢族，是其亟須解決的問題。他們不能只用軍事力量來治理天下，而是迫切地需要得到漢族知識分子的支持，這對於一個少數民族政權來說，具有深遠的意義。

清初的統治者們很快就意識到了問題的關鍵所在。為了縮小與漢族

間的文化差距，他們不僅尊孔、祭孔，汲取漢族儒家的政治思想，以其作為治國的基本理念，而且修書、譯書，大興文化工程，極力爭取漢族知識分子的認同。

清入關之初，以多爾袞為首的滿族統治者就開始舉行尊孔、祭孔儀式，並封賞孔子的嫡系子孫為衍聖公，給予他極其尊崇的政治地位。康熙帝即位後，繼續遵循這一文化政策，且遠超前代，在中國歷史上留下了名垂千古的文化盛事。

（1）尊重孔子及儒家文化，兼及漢族的傳統習俗。

康熙帝親政以後，隨著知識的逐漸累積，他比前輩更加清楚地意識到尊重儒學，對漢族知識分子的深遠影響。康熙十七年，也就是1678年，時值吳三桂之亂，當清朝的形勢由被動轉為主動，康熙帝就開始強調儒學的重要性，闡發經史，召開博學鴻儒科，以備顧問之選。他說得很明確，「思得博學之士，用資典學」。

在不長的時間裡，就有一百八十餘人的名單上報朝廷。康熙帝並不急於開始這場特殊的考試，由於冬季白天較短，不利於答卷，於是將考期延後，改在第二年的春天舉行。他還命令禮部等相關部門，安排好參考人員飲食起居，每人發銀、發米，以令他們無衣食之憂。

至康熙十八年三月，這場準備了半年之久的博學鴻儒科才在紫禁城裡的體仁閣開始，試題的題目是《璇璣玉衡賦》《省耕詩・五言排律二十韻》。考試結束，康熙帝與閱卷之大學士李霨、杜立德、馮溥，翰林院掌院學士葉方藹等人閱完試卷後，決定錄取彭定遹、湯斌、朱彝尊等二十人為一等，李來泰、毛奇齡、施閏章等三十人為二等，共計五十人被錄取。

未被錄取之人，康熙帝也作了妥善處理，現任官仍歸原職，候補者仍令候補，未入仕者回籍。透過對儒學之士的尊重，康熙帝成功地緩解

了漢族知識分子在民族情感上對滿族的排斥。

除開博學鴻儒科吸引漢族知識分子外，康熙帝還親自拜祭孔子，以博得明朝遺民、山林隱逸之士對清政權的認可，化解他們的敵對情緒。康熙二十三年，康熙帝在巡視完河工之後，駕幸曲阜，親自到孔子的故鄉朝拜。

十一月中旬，康熙帝御輦，排全副儀仗，自曲阜南門行抵孔廟，在奎文閣前下輦，由甬道旁步行至大成殿，在孔子像前行三跪九叩大禮。禮畢，康熙帝在大成殿前，揮毫潑墨，書「萬世師表」四個大字，令人懸額於殿中，用以尊崇儒教，垂視將來。

然後，又令大學士明珠宣布諭旨：「歷代帝王到闕裡致祭，多把金銀器皿留在此處。今朕既然親到此處，必要有異於前代，特將所有御用曲柄黃蓋，留在孔廟之中，以示尊崇之至意。」朝拜孔廟之後，康熙帝又親自到孔林，在孔子墓前跪祭酒三爵，並作《過闕裡詩》一首。康熙帝的舉措，把孔子抬高到無以復加的地位。

他用自己的行動表明，孔子是「至聖之道」，帝王要借鑑其治國之思想原則，公卿百姓也要學習其「以仁為本」的道德倫理思想，以達到修身、齊家、治國、平天下的根本目的。

康熙帝不僅尊崇孔子，而且還把漢民族敬仰的英雄關羽尊為神，封為「關聖帝君」，每年四五月派官致祭一次。除「關聖帝君」外，其他如「太歲之神」「城隍之神」「先農之神」等漢民族敬仰的神祇，也被康熙帝奉若神明，每年都按時遣官祭祀。

甚至歷代帝王，也被其提升至神明的地位，給他們專設神位。在他們的神位面前，康熙帝表示出敬意，以後繼者自居。凡此種種都說明，康熙帝尊重漢族文化與傳統，並希望透過這種方式來消除漢族知識分子的疑慮，淡化他們對滿族統治的排斥心理；從文化心理上，消除滿漢兩

民族之間的隔閡。

（2）興建學校，培養人才。

培養人才、選拔人才，是國家昌盛的重要人力保障。清初，戎馬倥傯，國家大部分的財政支出都用於戰爭，無暇顧及學校體系的建立與完善。至康熙朝，時任弘文院侍讀的熊賜履就曾向康熙帝上疏，陳述當時學校之制的敗壞情況。學校制度完善，是一個時代文明程式的指標，也是統治者對文教重視程度的反應。

康熙帝即位之初，先是鰲拜專權，後有吳三桂叛亂，學校的凋敝之狀並沒有得到根本的改觀。他親政以後，大力提倡教育，採取各種措施，在中央及地方掀起了辦官學的熱潮，初步形成了從中央到地方的學校體系，並分為中央與地方官學兩個系統。

中央官學，主要是指設在京師的國子監，又稱「太學」，是清朝最高的學府，屬禮部直接管轄。國子監的學生有兩種來源：一是貢生，透過歲貢、恩貢、拔貢、優貢、副貢、例貢等形式，從全國選拔出成績優異、品學兼優的學生送到國子監學習；一是監生，通常情況下，中央文官四品以上，外任文官三品以上、武官二品以上的職官，均得到朝廷的特殊照顧，可送一子入國子監讀書，又稱「恩蔭」。若三品以上官員死於國事，也可送一子入監讀書，此稱「難蔭」。中央除國子監之外，還設有專門培養宗室子弟的宗學，凡年滿十歲以上未得封的宗室子弟，均送到宗學讀書，接受教育。

地方官學，則是指設有全國各級行政區劃中的府學、州學、縣學。省級行政區劃中設學政，掌一省之教育，主持每屆的科舉考試，並負責考核師生的優劣。經考試合格之後，入學受教育的士子稱「生員」，俗稱「秀才」。未入學之前的士子稱「童生」。

地方官學所學內容，都是皇帝欽定的經書或皇帝主持編纂的圖書。

在府學、州學、縣學上學的生員，還受到朝廷的優待，可免賦稅徭役。甚至可以說，還享有一些特權，如拜見地方官時，可以不跪拜。府、州、縣學的生員，可以透過鄉試考取舉人，再透過會試進入仕途；品學兼優之人，也可被推薦到國子監繼續學習。

為了彌補偏遠鄉村的教育空缺，還在城鎮設定社學。據學者統計，康熙時，僅安徽徽州一地，就有社學五百六十二所、縣塾五所；書院則有五十四所，其中就有較著名的紫陽書院。

中央、地方各級官學的普遍設立，為國家培養了大批人才。人才乃治國之本，歷代封建王朝的有治之君皆注重對人才的培養與選拔。清朝雖然是少數民族入主中原的王朝，但非常注意總結歷代的成功之處以及經驗教訓，即尊重漢族文化傳統、汲取儒家思想中的治國之道，以化解漢族知識分子的民族排斥心理，併為其所用。歷史最終的發展程式也證明，在這一方面，清朝統治者是成功的。

（3）修纂書籍。

康熙帝在開設博學鴻儒科的同時，也意識到這種單一的途徑在召集山林隱士方面，有一定的局限性。他希望透過更加廣泛的途徑，取得更多漢族有識之士的認同與支持。大量編纂圖書、刊行儒家經典之作，是吸引知識階層，發揮他們作用的不可缺少的重要舉措。

修纂《明史》，在康熙朝初年是最引人矚目的文化盛事，也是最能滿足明朝遺民故國之思的有效之舉。因而，它比博學鴻儒科更加具有號召力。

其實，早在順治二年，也就是 1645 年，清朝統治者就繼承了新興王朝為前朝修史的傳統，設定史館，組織史官編修《明史》。清初統治者希望透過編修《明史》，向漢民族昭示：明朝已經結束，滿族人開闢了新的歷史紀元。

　　但由於當時清朝與南明諸政權的戰爭仍在繼續，短時間之內難以集中全國的優秀人才，且很多明朝的史料又毀於戰火，一時不易蒐集，故修史一事也就中途告止。

　　到了康熙朝，編修《明史》一事再次被提上日程。康熙四年，也就是 1665 年，山東道監察御史顧如華疏請重開史館。為成一代信史，顧如華建議，要廣徵海內「弘通之士，同事纂輯」。

　　康熙帝以政治家的敏感，非常重視顧如華的請求，下旨蒐集明朝天啟朝以後之事，以備纂修《明史》。但在籌備過程中，吳三桂兵起南土，修史一事再次被擱置。康熙十七年，也就是 1678 年，康熙帝在開博學鴻儒科之時，命再次開史館修《明史》。

　　康熙十八年，任命內閣學士徐元文為《明史》監修總裁官，掌院學士葉方藹、右庶子張玉書為總裁官。先前經博學鴻儒科被錄取的彭定遍等五十人，都被康熙帝任命為史官，參與《明史》的修纂工作。與此同時，監修總裁官徐元文還向康熙帝推薦了著名的學者黃宗羲、萬斯同、劉獻廷等人。

　　儘管黃宗羲以母老及個人身體原因拒絕了康熙帝的召請，但他還是同意了朝廷派人到他家抄錄他的明史著作及其收集的相關數據。他的學生萬斯同，也是博古通今，尤熟明代掌故之士。當初，他拒絕了參加博學鴻儒科，但在要寫出高品質《明史》的強烈願望的驅使下，在與其師黃宗羲商量之後，他還是與其姪子萬言一起進京。

　　當時的監修總裁官徐元文立即奏請康熙帝，授萬斯同翰林院纂修官一職。萬斯同拒絕了徐元文的好意，表示不入史館，不受官銜，不要俸祿，只以布衣身分參與修史工作。他身居徐元文家，凡《明史》所成之草稿及相關史事的分歧，都由萬斯同審校裁定，他已成為《明史》實質上的總裁官。

　　繼任徐元文的總裁官王鴻緒、陳廷敬仍舊請他居家審稿，最後萬斯同竟客死王鴻緒家中。萬斯同進京後不久，黃宗羲最終沒能拒絕朝廷的邀請，還是派自己的兒子黃百家到北京，參與修史的工作。此間，與王夫之等互為師友的大學者劉獻廷也被萬斯同引見至京，參與編修《明史》。

　　如此一來，修史就不僅是文化事件，還是籠絡明朝山林隱逸之士的文化手段。康熙帝以內閣重臣主持《明史》的編纂工作，以明朝名儒為修書的主力，這些舉措博得了很多士大夫的擁護和讚許。康熙帝自己對修史也表現出了很大的熱情，散布於民間的稗官野史和私人著作，都借修史之機被蒐集並送至京師。

　　《明史》開館後，康熙帝還多次下令不拘忌諱，獎勵進呈書籍的舉動，並令地方官採訪求購。於是，大量的圖書數據源源不斷地送入京師，為修史提供了充足的數據來源，保證了《明史》的修纂品質。

　　《明史》的編修工作，歷四十餘年。康熙帝去世前，全部書稿已完成。經雍正朝再修訂，乾隆朝初年始定稿刊行。客觀地說，在中國的二十六史中，《明史》的修纂水準是相當高的，可算是上乘之作。康熙帝也透過修《明史》這一文化事件，獲得了政治上的成功。

　　除纂修《明史》外，康熙帝還編纂經史、文學方面的書籍。在紫禁城內，康熙帝設定專門的修書處，並各有專職：蒙養齋專修天文、歷數、音律等方面的書籍，佩文、淵鑑二齋專修經史、文學方面的書籍，清經館則專門翻譯滿文、蒙古文等少數民族文字的書籍。康熙一朝，文化盛事繁多，不勝列舉。列其要者，以觀其概貌：

　　康熙十八年，以鎮國公蘇努為總裁官、大學士勒德洪等六人為副總裁官，纂修《玉牒》。《玉牒》是清朝皇室之家譜，不論是宗室還是覺羅，出生之子女系由何人、何年、何月、何日、何時所生，系第幾男第幾女，均須上報宗人府，以備編修《玉牒》之用。《玉牒》不僅記載皇室成

員的出身，而且還記其婚嫁情況，是研究清朝宗室人口及聯姻問題的重要參考數據。

康熙二十一年，康熙帝刊布《御製詩》，並親自為序。同年，又以大學士勒德洪等為總裁官、內閣學士阿蘭泰為副總裁官，纂修《平定三逆方略》《平定海寇紀略》《平定羅剎方略》《平定朔漠方略》等書，分別記載平叛吳三桂之亂、降服臺灣、反擊沙俄入侵、平定噶爾丹之亂等重大軍事事件的全過程，為研究清朝軍事戰爭史提供了寶貴的原始數據。

康熙二十三年，康熙帝命大學士勒德洪、明珠、李霨、王熙等人為總裁官，內閣學士麻爾圖、阿哈達、王鴻緒、湯斌等人為副總裁官纂修《大清會典》。一代之興必有一代之典，康熙帝命各總裁官將太祖、太宗、世祖三朝的典章制度彙整合書，以備後世子孫永遠遵行。

《大清會典》自康熙二十三年至二十九年，歷六年時間始告成。康熙帝親自作序，闡明修纂《大清會典》的意義所在。康熙朝所修之《大清會典》作為清朝歷史上第一本專門記載典章制度的書籍，不僅為清朝後世帝王制定、修改典章制度提供了參考，而且也為現代學者研究清朝典章制度的沿革提供了原始依據。

《大清會典》告成之後，禮部等衙門又請求纂修《三朝國史》。康熙帝命大學士王熙為監修總裁官，大學士伊桑阿、阿蘭泰、梁清標等人為總裁官，尚書張英、張玉書，左都御史陳廷敬等人為副總裁官，令這些人督率在館諸臣，博採掌故，編修此書。歷十餘年，終成此書。

康熙二十六年，康熙帝詔修《大清一統志》，著名學者劉獻廷和著名地理學家顧祖禹、黃儀，均接受總裁官徐乾學的邀請，到其府下參與其事。

為提高滿族尤其是滿族王公貴族的文化修養，盡快通曉儒家的思想宗旨，康熙帝親自挑選經書，組織翻譯成滿文。正是在這一宗旨的指引下，康熙三十年，滿文版的《通鑑綱目》告成。康熙帝甚愛讀此書，認

為該書有助於治道，遂親自裁定，併為之作序。

康熙四十九年，康熙帝開始組織編修《康熙字典》。該書是張玉書、陳廷敬等人奉康熙帝諭旨而編修的漢字辭書。《康熙字典》採用部首分類法，按筆畫排列單字，全書分為十二集，以十二地支為準，每集又分上、中、下三卷，並按韻母、聲調及音節分類排列韻母及對應的漢字。從康熙四十九年至五十五年，歷時六年，始修成此書。

《康熙字典》以明朝《字彙》《正字通》為藍本，有所增訂的同時，對《字彙》《正字通》二書中存在的錯誤，也進行了考辨與修訂。《康熙字典》的歷史意義就在於，它規範了漢字的讀音，是漢字研究的主要參考文獻。

至康熙四十九年，用康熙帝自己的話說，如《朱子全書》《佩文韻府》《淵鑑類函》《廣群芳譜》等書相繼告成。

據統計，康熙帝主持編纂的典籍達六十種之多。康熙帝組織修纂、翻譯漢文典籍，加速了漢族傳統文化在滿族中的傳播，促進了滿漢兩民族的融合。他在文化事業上的一系列作為，都有利於社會走向安定。康熙帝主持的文化工程，提高了滿族的文化素養，也緩和了滿漢兩民族間的矛盾，使社會走向安定，為清王朝的發展注入了新的活力。

倡導務實富民措施

康熙倡導務實、實事求是的作風，痛惡浮華不實之風、虛詞掩飾之習。他說：「朕孜孜圖治，也都是崇尚實政，不尚空談。這才是安身立命、齊家治國應持的基本態度。」康熙不僅說到了，而且做到了，在河工問題上如此，在富民問題上也同樣如此。

康熙登基時財政虧空，入不敷出，在這種情況下，他採取與民休養的政策，等到社會肌體從病困中恢復過來之後再索取，而不是竭澤而漁。康熙養民的措施有：用各種辦法鼓勵百姓墾荒，放寬起科年限，減免百姓應繳的錢糧，重視救災，取消人丁稅等。

在明末清初，中國大地經歷了數十年的戰爭，社會經濟受到嚴重的破壞。在順治十八年，也就是 1661 年康熙登基那一年，全國的耕地總面積在五百八十萬頃左右，比明朝萬曆年間少了二百萬頃。康熙從他父親手中接收的是一座十分空虛的國庫，不僅無積蓄，而且每年入不敷出，缺餉四百萬兩。

為了鞏固江山，鎮壓分裂割據勢力，有時不得不繼續增加人民的賦役負擔，但增加賦役絕非長久之道，康熙在位期間採取各種措施獎勵農耕，想方設法鼓勵百姓墾荒，恢復和發展殘破的社會經濟，從根本上達到了強國富民的目的。

康熙即位後，河南道御史認為，產權不穩和起科徵稅太急是影響墾荒事業發展的兩大障礙。過去無人承種的荒地被開墾耕熟之後，往往有人來認領，引起訴訟，結果開墾的人勞而無功。過去對新開墾的地，開種就要起科，承擔雜項稅收，所以百姓對開荒沒有積極性。

康熙認真分析之後，批准採納了河南道御史的建議，明確了開荒的產權，延長起科年限。首先，康熙決定永遠革除「廢藩名色」，改變廢藩田產的所有權，歸耕種者所有。

在明末農民大起義中，封建地主土地所有制受到了毀滅性的打擊。各家藩王、顯貴、豪紳及大大小小的地主，大多遭到農民起義軍的鎮壓，或者逃死他鄉，不少土地落到了廣大農民的手中。在這些土地中，尤以明朝藩王土地為多，分布直隸、山西、山東、河南、湖北、湖南、陝西、甘肅等八省，共約十七八萬頃。

清朝建立後，這些廢藩田產的所有權轉歸國家，墾種者按藩產租額繳租，同時要按民田額賦納糧，負擔沉重，積極性不高，墾種效果也不好。

康熙七年，也就是 1668 年，十月，清朝政府下令改變廢藩田產所有權，歸耕種者所有。然而清政府在推行這一規定時又留了一個大大的尾巴，下令農民必須用錢購買那些已歸農民所有的廢藩田產。當時，廣大農民極其貧困，國家正項錢糧都難以繳納，哪裡還有錢來購買田地？因此，藩產變價的措施受到了人民的激烈反對。

為了安定社會秩序，發展農業生產，康熙決定撤銷藩產變價的命令，把土地無償分給耕種之人。這種改入民戶的廢藩田產叫「更名田」。承認這部分土地歸墾種者所有，有利於鼓勵人們墾荒，對發展農業生產無疑是一大促進。

有些地主將土地撂荒，一旦農民將它們開墾後，地主便以產權所有者的身分前來索要，或乾脆不許農民開墾了。針對這種情況，康熙於是明文規定：

凡地土有數年無人耕種完糧者，即系拋荒，以後如已經墾熟，不許原主復問。

同時，康熙採取官貸、放寬起科年限等措施，獎勵荒地開墾。連年的戰爭，使大量的土地撂荒，無人耕種。順治年間雖然也採取了一些獎勵墾荒的措施，但短時間內效果並不顯著。到了康熙初年，全國的荒地仍然十分廣袤。

四川是李自成和張獻忠餘部李來亨、李定國等堅持抗清達二十年之久的重要戰場。由於清軍慘絕人寰的屠殺，一直到康熙十年，也就是1671 年，還是「有可耕之田，而無可耕之民」，大量耕地撂荒。

東南沿海一帶，人民抗清鬥爭最為激烈，清朝統治者進行了殘酷的

屠殺，以至於康熙初年江南仍然一片蕭條。此外，在兩湖、兩廣、雲貴、浙閩、江西等地，情況也無不如此。顯然，墾荒已是發展社會經濟、保障人民生活、進而穩定封建統治的急務。康熙意識到了墾荒的重要性，採取了一系列措施加以提倡和鼓勵。

首先是官貸牛、種。康熙五十三年，也就是 1714 年，農曆十月，為安插甘肅流民，康熙下令將荒地查出，無業之民給予口糧、種子、牛具，令其開墾。其次是放寬起科年限。拋荒田地從開墾到成熟，一般都需要兩三年甚至更多的時間。農民開墾出荒地後，政府立即「起科」即徵收錢糧，就會使農民所得甚少，甚至所獲不敷所徵，影響農民的墾荒積極性。因此，歷代統治者往往放寬荒地開墾的起科年限。

進入康熙時期，隨著大規模軍事行動告一段落，政治形勢漸趨穩定，墾荒積極、踏實，放寬起科年限才有了可能。康熙元年，也就是 1662 年，農曆三月，清朝政府允准河南南陽、汝州二府領墾荒時一應雜差「候五年後起派」。

康熙十年，也就是 1671 年，農曆六月，康熙同意將浙江溫、衡、處三府投誠兵丁所墾荒田，比照山東、山西二省之例，三年之後再寬限一年起科。

另外，康熙在大力提倡內地墾荒的同時，也十分重視對邊疆的開發，在他的關心下，康熙朝前期，結合抗擊沙俄、保護東北邊疆，在黑龍江南北進行了大規模的軍事屯田活動。康熙朝後期，西北邊疆各地的屯田活動也次第開展。

在康熙的大力提倡下，全國民田總數從順治十八年也就是 1661 年的五百四十九萬頃，到康熙二十四年也就是 1685 年增至六百零八萬頃，這裡還不包括將近四十萬頃的軍漕屯田、十七萬頃的內務府官莊和八旗莊田，以及各省的「在官地畝」「學田」等。

從康熙朝中期起，不少人在山區荒島從事開墾，更有大批農民從山東、河北、山西、陝西等省到內蒙古和東北地區開墾荒地。因此，康熙朝後期，全國田地總數實際已達到甚至超過明代萬曆初年的規模。

耕地面積迅速增加，流移農民與土地重新結合，使破殘的小農經濟結構得到恢復。

中國是一個大國，各地的地理、氣候等自然條件很不相同，風、水、旱、蟲、雨、雹、霜、雪等自然災害發生的頻率特別高。中國自古又以農業立國，農業的發展對氣候等的依賴性特別強，而廣大農民抵禦自然災害的能力又特別弱，因此，每遇自然災害發生，農業收成必受影響。

康熙在位時，曾蠲免了受災百姓大量的錢糧。這其實是一種「養民」的做法，是不與民爭利的思想。暫時地給百姓喘息的機會，人民手裡寬裕了，才能繳得起賦稅。

所謂蠲免錢糧，就是封建國家把應該向人民徵收的賦稅減少及至免除徵收，以減輕人民的負擔。一般說來，此舉是建立在封建國家財政充裕或者人民有實際困難、賦稅徵收難以進行等基礎之上的。自古以來，有遠見的封建皇帝都盡可能地蠲免錢糧，減輕人民負擔，以緩和社會矛盾，穩定封建統治。

17 世紀 40 年代後期至 50 年代初，康熙蠲免戰亂地區大量稅糧。在未受農民戰爭和征服戰爭影響的地區，稅額也從未高於明萬曆初年的水準。每逢災年，一般都有蠲免。

康熙二十二年，也就是 1683 年後，天下太平，蠲免稅糧達到極大幅度。康熙曾自豪地指出，從他登基至康熙四十年，也就是 1701 年，蠲免的稅糧共九千萬兩以上，至康熙五十年，也就是 1711 年，免稅的總額已超過一億兩。

　　清朝除地丁錢糧以外，又在山東、河南、江南、浙江、湖廣等地徵收一定數量的米、豆等物，從水路運到京師，以供皇室、貴族、官吏以及戍守北京的兵丁之用，這部分糧食稱為漕糧。一般說來，漕糧都是當年徵收，當年起運，不能有絲毫耽誤，也概不蠲免。

　　康熙六年，黃河氾濫，江南桃源縣受害尤甚，江寧巡撫韓世琦上疏，請求將該年桃源縣的起運漕糧，分兩年補徵帶運。康熙七年，也就是 1668 年，農曆二月，康熙批覆同意。

　　然而，因為災荒日益加重，至康熙九年，也就是 1670 年，農曆二月，兩年期滿，非但補徵未果，反而越欠越多。新任江寧巡撫馬祜遂上疏請免帶徵漕糧。康熙指出，按照慣例漕糧是不能免的，但是該巡撫既稱桃源等處屢遭水災，民生十分困苦，與別的地方情況不同，於是就允准了其要求。

　　實事求是是做事的基本要求，而要做到「實」而力避「虛」，做到所學與所行合一而非脫節，關鍵在於實踐。首先要有求實的態度，凡是要有弄明白的決心，不稀裡糊塗地得過且過。其次要調查研究、親自實踐。在這方面，康熙堪稱古代皇帝第一人。

　　康熙自少年時代起就喜歡看人種莊稼，而且自己也把各類種子種到地裡，以觀察收穫的多少。他的這種興趣一直堅持到老。康熙六十多歲時寫過一篇《刈麥記》，其中說：

　　在收穫的時節，看到蒼顏老農歡慶秋收，黃口孺子不再愁餓肚子，這才是我真正的快樂！

　　康熙注重發展農業生產，是從治國安邦、富國強兵的需要出發的。他經常考慮長城外寒冷地區農業的發展問題，每到關外巡行，便研究當地的土壤、氣候等問題，虛心向有經驗的老農請教，並囑咐督耕的大臣：「你們必須向當地人請教，適宜種什麼作物，才會易得收穫。……朕曾問

老農，都說將雪拌種，可以耐旱，你們應該試一試。」

康熙並讓臣僚向農民宣傳自己研究的種植技術：「邊外耕種，必先試培其苗，觀其田土性寒，而風又屬之變化。如有草苗勿令土壓，若草重發芽，則有妨田禾生長。以及種植不可過密，若過密，田禾雖覺可親，但所獲實少；若稀疏耕種，所抽之穗既好，而且所獲甚多⋯⋯」如此等等，反覆叮囑。

康熙十分注重實踐，最能展現在他培育良種的事情上。他於西苑建豐澤園，闢稻畦數畝，植桑樹十餘株，進行實驗。某年的六月下旬，水稻剛出穗子，康熙見一棵高出眾稻之上，果實已飽滿，便將其收藏，留作種子。第二年進行試種，看它是否還早熟。第二年，果然又是六月成熟，較一般水稻早兩三個月。「從此生生不已，歲取千百」，終於用「一穗傳」的育種方法，培育出早熟新稻種。因其長自西苑的田中，故名「御稻米」。

「御稻米」色微紅而粒長，氣香而味厚。由於生長期短，適於北方，南方可一年兩熟。種植成功後，不僅宮廷內食用都用此米，而且推而廣之。

康熙五十三年，也就是 1714 年，他決定向大江南北推廣，欲發展雙季稻。他首先把一石御稻種發給蘇州織造李煦、江寧織造曹頫，令他們試種雙季連作，但因下種太晚，沒有取得成功。第二季結實甚少，或根本未能成熟。

康熙仍然不灰心，第二年，他派專人去蘇州指導，提早於三月插秧，結果獲得成功。第一季畝產與其他稻種相當，第二季畝產二石一二鬥至二石七八鬥，畝產量大幅度提高。康熙打破了南方水稻雙季以糯和粳連作的傳統，實現了同種粳稻雙季連作。御稻種深受歡迎，兩年以後傳播到江蘇、浙江、安徽、江西等地。

康熙還摸索了在北方大面積種植水稻的經驗。後來，在北京西郊玉泉山種植水稻成功，後逐步推行，成為有名的「京西稻」。北方試種水稻成功並大面積推廣於長城內外，此為康熙朝農業的創舉。

中國自古以農業立國，經濟發展，財政好轉，乃至治國安邦，均離不開農業。聖明君主無不重視農業的發展。因此康熙在農業方面，特別注重從實際出發。他認為：自然條件差的地區要從實際出發，應因地制宜，多方發展經濟，不一定都要以糧為主，尤其不要搞一刀切的計畫性種植。

康熙五十五年，也就是 1716 年，農曆三月，康熙對大學士們說：「現在天下太平，人口增多而土地未增，士商僧道等不從事農業生產的人口日益增多，不知內地實無閒地。所幸的是現在口外種地度日的人也多了起來。我理想中的養民之道，也是百姓在本地區相互養育，彼此發展。」

康熙還以陝西等地為例說：「如果土地實在不可以耕種，就在有水草的地方，學一學蒙古人的生活方式搞一搞牧業，則民儘可度日。」

在大力發展農業生產的同時，康熙還努力改進地丁銀徵收辦法，盡一切可能使賦役平均，以減輕人民負擔，安定生活，發展生產。

過去人民負擔過重，主要來自兩個方面：一是國家索取太多；二是貪官汙吏營私舞弊。對於前者，康熙主要以減免錢糧的方式來解決；後者，除澄清吏治外，還透過改進地丁銀徵收辦法來平均賦役負擔，防止不法官吏舞弊。

康熙採取措施，宣布實行「滋生人丁永不加賦」的制度，這樣把全國丁銀總額基本固定，從中央到地方都不得隨意增加，使廣大農民負擔相對穩定，減少逃亡，有利於生產。

西漢時對三歲以下的男女兒童徵人頭稅時，貧民常常以殺死自己新

生的男女嬰兒來對付，結果起徵年齡不得不提高到七歲。由於明代地稅和勞役負擔特重，或由富戶轉嫁到窮人頭上，不幸的農民只能逃離家園，有時一村一地完全廢棄。清初的百姓與他們的祖輩相比，看來是幸運得多了。

清朝的地方賦稅，沿襲明朝制度，地稅、地丁銀實行分徵制。在這種情況下，田賦蠲免不等於丁銀減輕。雖然丁銀也屢次調免，但由於人丁並沒有進行徹底清查，各州縣均仍以明朝萬曆年間的丁額分擔丁銀。丁銀少時，人民不免受包賠之苦；丁銀增加，若超過了明朝萬曆年間的丁額，仍按原數申報。這樣不但對國家不利，而且丁役負擔也不減輕。

康熙年間，隨著各項政策的調整、戰爭的減少和結束，人口大大增加。但大量人丁不入戶籍，被隱瞞下來。康熙南巡時發現一戶有五六丁，只一人交納錢糧；或有九丁、十丁，也只按二三人交納錢糧。其實，對這些不納糧的人丁，地方官也不會放過他們，只是瞞報朝廷。

康熙五十一年，也就是 1712 年，皇帝以五十年也就是 1711 年的丁額為基礎，詔令此後滋生人丁，永不加賦。換言之，全國的總丁額就照 1711 年的額數永久凍結。有人盛讚這是一掃「二千年之政」的盛舉，「而額外之戶口惠無窮」。從此，窮人及無地者就很少或完全不負擔丁稅。

據當時各地給朝廷的奏報，長壽已不是罕見的現象。在康熙二十五年，也就是 1686 年，當全國剛進入和平和繁榮時期，各省上報有 169830 人年逾八十，9996 人年逾九十，21 人百歲以上，年過七十者已極普通因而已不勞各省上報朝廷了。

納蘭性德才華橫溢，他生動地描述老人們應邀出席康熙的千叟宴的歡悅景象：

聖朝建都燕山，民物日富。八九十歲翁，敦茂龍顏，朝廷優之，徭役弗事，歲時得升殿上上皇帝壽。百官朝服鞠躬以進，視班次唯謹，毋

敢越尺寸。而諸耆老高幘博褐，從容暇豫，以齒先後，門者不敢誰何。視百官退，乃陟峻陛，承清光。歸而嬉戲井陌，或騎或步，更過飲食，和氣粹如。大駕出，則龐眉黃髮，序鉤陳環衛間。見者咸曰：「樂哉太平之民也！」

康熙扭轉了農業生產凋敝、國庫虧空、財政困難、民生貧苦的狀況，恢復和擴大了農業生產，調整了社會負擔和分配關係，使社會進入發展的軌道，功績卓越，意義重大：

首先，其各項措施都有利於把人力、物力、財力用於恢復和擴大農業生產，從發展生產入手解決財政問題，增加了社會財富，提高了社會生產力。

其次，在生產恢復和發展的基礎上，增加了國家財政收入，國庫豐盈，國用富饒，在不斷大量蠲免錢糧的情況下，到康熙四十一年，也就是 1702 年以後，戶部存銀已達到了五千萬兩，為盛世打下了堅實的物質基礎。

整頓官場不良風氣

歷史上，任何一個朝代的清官都沒有康熙朝多，並不是康熙朝的官員真的廉潔，而是因為康熙採取了褒獎清官、樹立典型的做法，從而使這個時代湧現出了一批非常著名的廉吏，形成了特有的清官現象。

對於皇帝來說，最難治的不是百姓，而是官員。歷史上，帝王和官員之間一直在玩貓捉老鼠的遊戲，無論軟的硬的，官員通通不吃。明朝初年大殺貪官，其殘酷令人髮指，但貪風不但沒有消除，反而越來

重。康熙一直重視對官員的監管，透過加大獎懲制度，來確保官僚體制的正常運轉。

康熙初年，吏治敗壞，貪賄成風。但康熙並沒有和明太祖一樣，一味採用「殺」字訣，依靠嚴刑峻法來防止腐敗。他非常清楚，只要有利益驅動，貪官是殺不盡的。他更多地採用了獎勵清官的做法，以此來激勵百官，澄清吏治，從根本上改變官場風氣。康熙很注重官員的選拔，大多數清官，都是他親自調查發現並最終提拔起來的。

于成龍居官非常清廉，在任期間，從不攜親帶故，從不接受親友及他人的禮物，去世的時候箱中僅有一件綈袍，床頭只有幾碟鹽豆豉。康熙讚揚道：「朕博採輿評，都稱于成龍可以當得起『天下廉吏第一』。」還為他親筆題了「高行精粹」的大字匾額。

知縣陸隴其為官廉潔，離任時「唯圖書數卷及其妻織機一具」，康熙將他破格提拔。因為廉潔得到康熙賞識重用的，還有格爾古德、湯斌、郭琇、張鵬翮、彭鵬、李光地、徐潮等。這些人也舉薦了很多為官清正、能力超群的官員，從而帶動了整個官場由濁返清。

康熙對這些清官，不但經常破格提拔，而且對他們的建議，大多言聽計從。這些清官死後，他命令都要追贈諡號，以突顯他們的德行。如張伯行死後被諡「清恪」、李光地諡「文貞」、趙申喬諡「恭毅」、吳琠諡「文端」、格爾古德諡「文清」、于成龍和陳璸諡「清端」、徐潮諡「文敬」等，在諡號中對他們清正廉潔的生平進行了總結。這種榮譽雖然沒有實際利益，卻有很大的激勵作用。

對清官的子孫，康熙也都破格重用。如湯斌的孫子湯之旭，康熙四十五年，也就是 1706 年，中進士，官至左通政；張伯行的兒子張師載，以父蔭補為戶部員外郎；郝浴的兒子郝林，康熙二十一年，也就是 1682 年進士，也以廉正著稱，官至禮部侍郎；于成龍的孫子于準，受

祖父蔭得授山東臨清知州，因其清正有操守也被「舉卓異」而任刑部員外郎，後又任浙江按察使、四川布政使、貴州巡撫等職；徐潮的兒子徐杞，康熙五十一年，也就是 1712 年進士，官居甘肅布政使、陝西巡撫。

康熙透過表彰清官，為大小官員樹立榜樣，養成一代清廉的吏風，也借清官監督、揭發、打擊了貪官。這種做法的效果要比單純依靠嚴刑峻法明顯得多。從他親政開始三十多年裡，整個官場的貪賄之風受到了遏制，政治漸獲清明，呈現出清官輩出的局面。這也成為康熙盛世的一個重要象徵。

康熙對貪官的痛恨，不亞於明太祖，所以他也絕沒有放棄對貪官的懲罰。他從親政開始，就加大了對貪官的打擊。康熙二十三年，也就是 1684 年，康熙下令編制《大清會典》，把貪酷列為考察官吏「八法」的第一條，從法律上規定對貪官汙吏從嚴懲處。他第一次考察官員就懲治了貪官汙吏一百三十三名。據《清聖祖實錄》統計，康熙朝內知府以上官員因貪汙罪被流放和處死刑者達十五人。

康熙宣傳清官，鼓勵官吏們爭當清官，是對廣大官員的鞭策和期望。然而實際上清官不僅數量少，其活動、作用均受局限，不可能改變當時官民對立的基本狀況。所以，還必須懲治貪官。

康熙三十六年，也就是 1697 年，山西蒲州府發生民變，百姓逃入山中，康熙急忙派人招撫。同時於五月十二日將山西百姓極為痛恨的原巡撫溫保及布政使甘度革職，嚴拿赴京，交與刑部治罪。事後，康熙對眾大學士說：「今噶爾丹已平，天下無事，唯以察吏安民為要務……朕恨貪汙之吏，更過於噶爾丹。」到七月二十三日，又將甘肅巡撫郭洪革職交刑部，問擬枷責，命發黑龍江當差。

這樣，康熙在短短半年時間，將山西、陝西、甘肅三地巡撫及部分布政使、按察使予以撤換，以懲私派，安定民生。這三地的督撫藩臬全

部是由滿人擔任的，如此大批處置滿洲高級官員，表明了康熙察吏安民的決心之大。

　　繼蒲州民變之後，康熙三十六年也就是 1697 年、康熙三十七年也就是 1698 年兩年間，廣東、雲南、山西、直隸等地，又相繼發生多起民變。這些小規模民變雖然不久即被鎮壓或招撫，但卻使康熙感到不安，康熙知道，民變的根源在官不在民，從而採取嚴格措施約束官吏，進一步推動了察吏活動。一旦發現地方官有虐民劣跡，不待激變，就予以撤換。

　　山東饑荒，老百姓飢寒交迫，巡撫李煒竟不奏聞，康熙以「不知撫卹百姓」罪，將其革職。獎廉與懲貪、扶正與抑邪是相輔相成的。在社會風氣敗壞的社會，清官往往遭到貪官的嫉妒、壓抑乃至陷害，因此康熙認為，只有懲治貪官，清官才能成長並施展其才智。

　　康熙五十年，也就是 1711 年，江蘇省鄉試，考官與總督噶禮受賄舞弊，發榜之後，蘇州士子譁然，千餘人抬著財神爺遊行至孔廟，供奉於明倫堂，以示抗議。此事使人想起順治朝的士人哭廟抗議貪官事件，那次事件以金聖嘆等人被殺頭而告終。一時，貪官汙吏，大受鼓勵，三尺小兒，皆嘆不平。康熙命戶部尚書張鵬翮會同總督噶禮、巡撫張伯行以及安徽巡撫梁世勳共審此案。但由於有噶禮牽涉在其中，卻遲遲不能定案。

　　康熙五十一年，也就是 1712 年，正月，張伯行憤而疏參噶禮，告他在科場案中，以白銀五十萬兩，徇私賄買舉人，並專門打擊剛正不阿的清官，包庇穢跡昭彰的逢迎趨附者。但是，噶禮反而倒打一耙，參張伯行「七大罪狀」。康熙將此案先後交由尚書張鵬翮、總漕赫壽、尚書穆和倫、張廷樞審理。

　　結果，除張鵬翮外，其餘三人皆袒護噶禮。因為他是滿洲正紅旗旗

主，清朝開國功臣、八大「鐵帽子王」之一何和禮之孫。本來無德無能，之所以做到兩江總督，是因為滿洲貴族子弟的身分。

由滿洲貴族子弟把持大權是清廷為了保證大清的江山不被漢人奪走的一項基本措施。一般來說，滿漢官員發生矛盾，漢人總是不對。噶禮在山西巡撫任內，即因貪得無厭、私徵加派、虐吏害民而屢遭御史彈劾，但彈劾他的御史則往往以誣告罪被革職。

有前車之鑑，官員們當然袒護噶禮，打擊張伯行，照老規矩辦就是了。如果換了另一人與噶禮互參，一定是自討苦吃，可是這個張伯行與眾不同，他是一位有名的清官，康熙下江南，降旨命督撫薦舉賢官能員，張伯行未被薦舉，康熙親自考察了他的政績，知道他為官清廉，盛讚張伯行為「江南第一清官」。他對官員們說：「你們為何不保舉張伯行？朕來保舉，將來居官好，天下人以朕為明君；若貪贓枉法，天下人笑朕不識人。」

張伯行之所以勇於參劾他的頂頭上司，也許正是因了康熙的這句話。如果康熙這次再袒護噶禮，就是自己打自己的耳光了。四位尚書、總督大人都沒有看透這一層，因此康熙很不滿意。

於是，康熙親自站出來明確表態了，他說：「噶禮的操守朕是不信任的，若無張伯行則江南地方必受其盤剝一半了。比如蘇州知府陳鵬年稍有聲譽，噶禮久欲害之，曾將其《虎丘詩》二首，奏稱內有悖謬語，可是朕閱其詩，其中並無謬語。他又曾參中軍副將李麟騎射俱劣，李麟護駕時，朕試他騎射俱好。若令噶禮與之比武，定不能及。朕於是已心疑噶禮，二人互參一案，朕初次遣官往審，為噶禮所制，不能審出，再遣大臣往審，與前次無異，爾等應能體會朕保全清官之意，使正人君子無所疑懼，天下太平。」

然而大臣再議時，仍不願承認偏袒了噶禮，為了平衡就把張伯行拉

來陪綁，兩人一起革職，理由是：二人相互訐參，有汙大臣職。當張伯行罷官之日，揚州士民罷市聚哭，萬人空巷來送張伯行回蘇州。蘇州等郡的士民也舉行罷市抗議。

當時，有百姓送果菜給張伯行，他堅持不收。士民哭道：「公在任，止飲江南一杯水；今將去，勿卻子民一點心。」為了安慰百姓，他收下了一塊豆腐乾和一束鮮菜。張伯行由水路回蘇州，沿江數萬人護送，到了蘇州，百姓又紛紛送來蔬菜水果。

不得已，康熙親自干預此案：「命張伯行仍留原任，噶禮依議革職。」最終使清官得以揚眉吐氣。江蘇士民聞訊，奔走歡呼，如逢節日，家家貼紅幅，皆書「天子聖明，還我天下第一清官」。

康熙愛護清官，懲治貪官，是尊重民意的展現。他對噶禮的人品始終懷疑，有一次他向噶禮的母親詢問噶禮的情況，噶禮的母親揭發了兒子貪贓枉法的罪行，噶禮喪心病狂，竟然要用毒酒殺害老母。事發後，噶禮被康熙賜命自盡。問題還不止於督撫，其根源在部院大臣。因為京官無法直接向人民搜刮，但手握官員任免權與錢糧奏銷權，可藉助權勢向京外官員勒索賄賂。

康熙親政之後洞察官場種種弊端，十分重視對高級官吏的考察。起初，他對外官與京官勾結行賄納賄的事進行教育、警告，明令禁止。但「未見悛改……在外文武官，尚有因循陋習，借名令節生辰，剝削兵民，饋送督撫提鎮司道等官。督撫提鎮司道等官復苛索屬員，饋送在京部院大臣科道等官。在京官員亦交相饋遺」。

康熙認為，兵民日漸睏乏，原因就在這裡，所以嚴加制止，諭吏部、兵部：「今後有仍蹈前轍者，事發之日，授受之人一併從重治罪，必不姑貸。」

為割斷督撫與部院大臣的非法連繫，康熙特別規定：凡督撫司道官

員與在京大臣各官，彼此謁見、饋送，因事營求，以及派家人「問候」、來往者，將行賄者及受賄者「俱革職」；官員本人不知其事者降二級，但將經手此事兩家家人「俱正法」。即使這樣，問題仍未解決。貪官汙吏們以權謀私，用「合法」手段繼續作惡。

當時，各省地丁稅課各項錢糧，在本地支銷兵餉、驛站、俸工、漕項等，每年用銀約兩千餘萬兩，由皇帝將督撫奏請報銷的題本交戶部稽核，辦理報銷。但是在履行報銷手續時，戶部往往藉端挑剔，反覆多次難以透過。這時督撫只好向戶部行賄，那就是「內外使費」。之後，即使報銷的題本上有問題，戶部也能讓其順利完結。

還有，外省向中央解送錢糧的時候，若不足量，戶部有權令其補送，稱之為掛平。戶部大員手中有權，不分青紅皂白，硬是以不足量為藉口，強令補送，而且讓解送的數量相當大，數量每年大約占解送錢糧總數的百分之三四。如果解送錢糧的官員事先與掌庫的戶部官員講明，每十萬兩銀兩給戶部四千兩「好處費」，便可以免去「掛平」。僅此一項戶部每年可得非法收入三四十萬兩。這可謂是皇帝眼皮底下的結夥貪贓枉法。

不止這些，漕督之官與戶部大吏互相勾結侵吞國家財富的事也時有發生。這些均是辦理公事過程中，以公事「公辦」面目出現的行賄受賄、貪汙錢糧的例子，它比私下收受賄賂要高明得多，危害也更大。

經濟上結夥貪汙，政治上就很難秉公從事。如九卿會推官員，不能做到至公至正。有的草率從事，有的立議爭勝，極力推薦自己中意之人、親朋、同鄉、門生。這樣官員間往往結成黨派，互相包庇，徇私舞弊。

康熙對督撫與部院堂官營求結納，分樹門戶，處理政務放棄原則的弊端深惡痛絕。山西巡撫穆爾賽，貪酷至極，罪惡昭著。當康熙向大學

士、九卿等詢問此人為官稱職與否，滿族大學士勒德洪等竟不據實陳奏，企圖包庇。康熙震怒之下，將勒德洪等各降兩級，滿族九卿科爾坤等各降三級，穆爾賽擬絞、監候秋後處決。

康熙還發現，治理河工的大臣，一有水災衝決堤壩，就只考慮從中獲利，這樣造成治河拖延多年，費了不少人力、物力，但治河上沒有一點起色，他認為問題的根子在工部。他親自主持，經數年清查，終於查實了工部從尚書、侍郎以至分司官員，組成了一個大貪汙集團。他分別給予懲處。

康熙也從這件事情中，進一步看到了察治部院大員的重要性。因為高級官吏身居要職，直接影響下級官吏，或帶出一批清廉賢吏，或養成一群庸劣、枉法之徒。他們還左右重大朝政，包括財政、人事、立法等，決定著國家能否按正確制度行事，可謂事關重大。

康熙對滿尚書、侍郎等說：

天下之民所倚依為生者守令也。守令之賢否繫於藩（布政使）臬（按察史），藩臬之賢否繫於督撫，督撫又視乎部院大臣而行。部院大臣所行果正，則外自督撫而下，至於守令，自為良吏矣。

康熙四十二年，也就是 1703 年，正月，康熙第四次南巡途經濟南時，參觀了趵突泉，並由感而發，書寫了匾額「源清流潔」四字。他將「源清流潔」的思想用於吏治，把嚴格約束和考察高級官員作為吏治之第一要務是英明的。

嚴厲打擊朋黨勢力

　　康熙在政治上，多年來對臣下盡量實行「寬仁和平」的措施，但是，他對於朋黨的打擊，從來都不會手下留情。康熙一向乾綱獨斷，尤其是將用人、行政大權牢牢掌握在自己的手中，對於朝臣中的朋黨現象，他大力整肅，利用一黨打擊另一黨，再回手收拾剩下的這一黨，使皇權永遠處於絕對的權威地位。

　　在封建專制政治中，官僚之間結為朋黨是一種普遍現象，他們以故吏、師生、同年、同籍、姻戚等親情關係為連繫的基礎，形成以一人或數人為核心的集團勢力，為了共同的或相近的利益而相互攀緣、相互扶持，並賴此得以立身晉級。

　　這些有關係的官僚之間，雖然沒有任何組織形式的約束，但是臨事卻往往有相同的立場、相同的認知，並採取相同的措施，其勢力所結，自上而下，如同一張遮天蔽日的大網。因而，朋黨勢力的強大，不僅造成了吏治的腐敗，且直接危害到封建專制統治的穩固，為歷代封建統治者所不容。

　　明王朝因朋黨競爭激烈，最終進一步削弱了統治力量，導致自毀長城之勢。及至清代，伴隨大批漢人官員進入清政府，各黨類派系的紛爭也以一種慣習流行。

　　清初順治時，有所謂南北黨之爭，兩黨勢同水火，互相攻訐，以至於影響到朝政。作為滿漢地主階級的聯合政權，清朝的黨爭，不僅展現了不同的官僚集團之間的利益衝突，也時時處處展現出滿漢官僚集團之間的利益衝突。康熙朝也有黨爭，但康熙能抓住症結，果斷處理，因此沒有產生更大的威脅。

康熙對明末黨爭尤有更深刻的了解，因此康熙反覆強調官僚大臣要出以公心，結黨營私不僅誤國，而且害己。他說：「明末時，從師生、同年起見，懷私報怨，互相標榜，全無為公之念。雖冤抑非理之事，每因師生、同年情面，遂致掣肘，未有從直秉公立論行事者，以故明季諸事，皆致廢弛。此風殊為可惡，今亦不得謂之絕無也。」

康熙二十七年至二十八年，朝廷中所發生的幾起彈劾案，首先是靳輔下河工程屯田案，這之中又發生了明珠、余國柱結黨納賄案。因這幾起彈劾案所涉，被罷革、降級者達數十人。

靳輔是在康熙十六年，也就是 1677 年，農曆二月，由安徽巡撫授河道總督的。靳輔到任後，向康熙系統地闡述了其「束水攻沙」的治河思想，而後即「大治淮黃堤壩」。

經過六年的努力，至康熙二十二年，也就是 1683 年，取得「河歸故道」的成就，康熙稱其治河卓有成效。只是，靳輔治河雖使漕運得以暢通，但其築減水壩的措施，仍未阻止淮揚一帶的下河沿岸頻頻發生水患。

康熙二十四年，也就是 1685 年，康熙特命安徽按察使于成龍經理海口及下河事宜，聽靳輔節制。于成龍是漢軍旗人，以實心任事為康熙所重。十一月，在如何治理下河的措施上，于成龍與靳輔產生了分歧，並引發了長達四年之久的爭議。

當時，于成龍力主開濬海口故道。此前，候補布政史崔維雅視察河工之後，寫出了《河防芻議》《兩河治略》二書，進呈康熙。二書全盤否定了靳輔的治河功績，他建議拆毀全部治河工程，重新再修。康熙也提出了挑浚黃河入海口的方案。

但靳輔卻據理力爭，認為下河低於海潮五尺，疏濬海口則會引潮水內侵，故請於高郵、寶應諸外縣下河外築長堤，束水注海，則下河不浚自治。

在于成龍和靳輔兩人的意見中，康熙是傾向於于成龍的開濬海口之議的，而大學士們則支持靳輔的築堤束水之議，因此在對下河的治理上，皇權與相權產生了分歧。

以明珠為首的大學士、九卿、靳輔等治河官員組織了一場從上到下抵制皇帝開濬下河方案的運動。抵制態度的堅決出乎康熙的意料。從討論、定案甚至動工之後，明珠一派都在不停地上疏反對。朝中僅有極少數幾個人同意于成龍的方案。

朝廷大員的一致反對不僅僅是由於技術上的原因，事實上許多朝臣對河務並不真正了解。問題出在康熙不同意由靳輔兼理「海口」工程，而另派于成龍督理。靳輔是由明珠舉薦的，拋開技術上孰是孰非不談，而把河工與朝臣的利益連在一起，這是不言而喻的。他們在向康熙答辯之時，常常隱去反對意見，形成朝中輿論一邊傾斜的局面。由於在廷議中，支持靳輔者為多，特別是明珠等重臣也反對挑濬河口，於是擬用靳輔之策。

康熙看到自己的意見頻頻被否決，他震驚了，借所謂工部尚書薩穆哈等赴江南就治河方案民調失實案，明確了自己支持開濬海口的態度。朝廷中聞風者立即轉而支持于成龍。於是，康熙命工部右侍郎孫在豐前往督修。

伴隨靳輔之議的被否決，九卿在遵旨商議對靳輔的處置時，轉而議將靳輔革職。對此，康熙敏銳地指出：「這是大臣等挾私意，縱偏論。」因此，康熙堅決反對將靳輔革職，仍令其督修。

然而，康熙二十五年，也就是 1686 年，農曆十二月，由孫在豐主持的下河挑濬工程實施在即，又出現新的意見分歧。為挑濬下河，孫在豐提出要趁水勢稍減之時，將上河滾水壩盡行閉塞。但靳輔不同意，說：「唯高家堰之壩斷不可塞。」由於河員多為靳輔舊人，只願聽命於靳輔，

孫在豐事事孤立。

康熙這次則完全站在了孫在豐一方，認為靳輔是在有意阻撓河工。因此，康熙二十六年，也就是 1687 年，農曆三月，康熙令大學士、九卿就此事商議，說：「就因為孫在豐是漢人，所以不能約束靳輔他們。」明確指出了官僚們在治河問題上的朋黨行為，及當時所存在的滿漢官僚之間的矛盾。

而後，康熙雖不斷詔詢下河事宜，但總因靳輔與于成龍均各執前議、互不相讓而未果。靳輔的固執使康熙頗為惱怒，他認定其中必有情弊，遂於十月特命戶部尚書佛倫、侍郎熊一瀟、給事中達奇納、趙吉士，與總督董納、總漕慕天顏會勘河道。

但是佛倫是靳輔的支持者。當年十二月，佛倫回奏稱：「我們檢視了高家堰地勢，應如靳輔原議。」而總漕慕天顏、侍郎孫在豐則為于成龍之黨，故與佛倫意見相左，又出現了兩議相持不下的現象。

靳輔的支持者之所以勇於屢次逆上意，其原因在於，靳輔有大學士明珠為後盾。靳輔出任河道總督，乃明珠所薦。在靳輔與于成龍就下河治理爭執不休之時，靳輔始終得到了朝中多數人的支持，其中一個重要的原因就是靳輔有朝中重臣大學士明珠為其撐腰。

靳輔與于成龍意見不合，爭至面紅耳赤，是因為雙方都有倚傍大臣，故敢如此。這種以朝廷權臣結成政治核心，進而擅決朝政的現象是康熙所不能允許的。

明珠，滿洲正黃旗人，幾年時間由侍衛升至兵部尚書。明珠於康熙十二年也就是 1673 年兵部尚書任上，以「力主撤藩」為康熙所信重，康熙十六年，也就是 1677 年，授予武英殿大學士，躋身於輔臣之列。

明珠的為人相當機智靈巧，很會討皇上的歡心。當他得知康熙將到京城南苑晾鷹臺檢閱八旗兵時，他便事先暗中安排訓練。檢閱之時，八

旗兵自然軍容整齊，威武雄壯，甚得皇上稱讚，並被定為閱兵的楷模。諸多此類之事，使得明珠官運亨通，權勢日重。

當時，另一個權臣索額圖已居首輔，二人為爭權奪勢，在朝廷內外各結黨羽，互相傾軋，可謂勢均力敵。索額圖出身顯貴，生性剛愎自用，有不依順自己的就當面斥責，在朝中唯獨與李光地關係很好。

而明珠則生性謙和，輕財好施，以招來新進。對異己則用陰謀來陷害。二人為樹立門戶，均不分滿漢、不論新舊，於官僚集團中廣為朋比交結，於朝政各執一端。

總的來說，索額圖的追隨者多為滿洲八旗將領，而明珠的黨羽多為朝中大臣。內閣大臣會議已被明珠控制，內閣中檔案起草和批示皆由明珠指揮，輕重任意。

在康熙朝，君主專制政治呈不斷強化的趨勢，官僚之間的黨爭往往圍繞著固寵展開，而最終的結局也總是展現出君主的意願。索額圖曾因有「撤藩激變，請誅建議之人」的奏議，為康熙所斥，明珠則是力主撤藩之人，故二人專寵的結果也就不言而喻了。明珠由此得以總攬朝政。

明珠並未因索額圖失寵而有所收斂。除去異己之後，明珠黨更是遍布朝野，且皆居高位，如大學士余國柱，尚書佛倫、科爾坤、薩穆哈，侍郎傅剌塔，督撫靳輔、蔡毓榮等。顯然，這是一個以滿人為主體的官僚集團，他們以明珠為核心，上下溝通，互相援引，敗壞法紀，在朝廷中影響極大。

明珠還示恩立威，籠絡人心。凡是皇帝諭旨稱不好的人，他就說：「這是皇上不喜歡，我一定盡力挽救。」凡是皇帝諭旨稱讚的人，他就說，這是他極力推薦的結果。他身邊因此聚集了一群黨羽。每當明珠上朝完畢，出中左門時，他的心腹們便拱立以待，圍在一起竊竊私語，朝中一切機密大事俱洩無遺。

　　對專制君主而言，大臣納賄、結黨，必然在客觀上造成官僚群體與皇權的對峙，危及皇權的絕對權威，故防止大臣朋黨，是其加強專制政治的重要內容之一。所以，明珠與康熙發生衝突的最主要的原因在於他「欺矇攬權」。

　　當時，滿大學士只有勒德洪和明珠二人，漢大學士有王熙、吳正治、宋德宜。內閣大學士序班，當以勒德洪為首，但因明珠最得帝寵，而實居首輔之位，把持朝政，凡是於己有利或為己所用者，明珠都要插手其中。

　　康熙發現了這種現象，曾怒斥大學士等人：「你們所承擔的都是朝廷重務，豈可專為一身一家之計……今滿大學士凡有所言，漢大學士但唯唯諾諾，只是為了自保祿位，並不辯論是非。」

　　勒德洪雖地位崇貴，卻諸事遜讓明珠。所以，康熙所指的「滿大學士」即是明珠。也就是說，漢大學士等但知有滿大學士，唯唯諾諾，等於無視皇帝的存在。

　　明珠隨著權勢日重，在用人的問題上也常常與康熙意見不一。康熙二十六年，也就是 1687 年，六月，康熙欲給皇太子挑選「謹慎之人」為師，稱「達哈塔、湯斌、耿介三人皆有賢聲，朕欲用之」，令明珠等人傳問九卿。

　　但明珠卻借達哈塔、湯斌二人的自謙予以反對，回奏康熙說：「達哈塔自稱『庸愚』，何能當此重任？湯斌也自稱『今年已六十外，諸事健忘』，衰老之人，豈能當此重任？」

　　康熙十分不快，轉問九卿，九卿同奏：「此三人皇上用得極當。」康熙於是在九卿的支持下，令這三人在皇太子前講書。

　　在那場歷時三年的治河方案的討論中，就是以明珠為後盾，支持靳輔對抗康熙的命令，令康熙大失君威。由此，一場因河工而起，卻暗藏

著打擊權臣的風暴，便由康熙發動起來了。

康熙二十七年，也就是 1688 年，正月二十三日，御史郭琇上《特參河臣疏》，率先參劾靳輔。郭琇說，皇上愛民，開濬河口，靳輔專信幕客陳潢之言，百般阻撓。

後來，郭琇又參劾大學士明珠、余國柱等人結黨營私，是靳輔的後臺。參劾明珠那日，正值明珠壽誕，大宴百官，郭琇忽然從袖裡掏出彈劾奏章，當眾宣讀，然後飲大杯酒自罰，說：「郭琇無理。」隨即昂然而出。郭琇參明珠奏疏中的內容是經由康熙過目併為康熙欽定的。這表明，康熙除去明珠之意已決。

康熙覽過郭琇的奏疏後，一反以往的做法，既不讓大臣討論處理辦法，也不調查所奏是否屬實，而是給吏部下了一道長長的諭旨，列舉了目前吏治敗壞的種種表現，特別強調明珠、佛倫等背公營私之狀，最後宣布：「明珠、勒德洪革去大學士官銜，令大學士李之芳休致回籍，大學士余國柱革職，滿吏部尚書科爾坤以原品解位。」

這樣，在當時五位內閣大學士中，除兩朝元老王熙外，全部被革職或勒令休致。不久，支持靳輔一派的尚書佛倫、侍郎熊一瀟、給事中達奇納、趙吉士均相繼被解任。

明珠下臺後，靳輔遂成眾矢之的。見諸臣連日間交章彈劾靳輔，康熙意識到在其背後不無交結傾陷的因素，他明確指出：「近因靳輔被參，議論其過者甚多……眾皆隨聲附和。」意欲加以制止。但隨著河工之爭一直沒有結果，諸臣之間的相互攻訐卻有增無減，日趨激化。

康熙二十七年，也就是 1688 年，農曆二月二十七日，靳輔奉旨入覲，即向康熙面陳于成龍與慕天顏、孫在豐等朋比相結。靳輔說：「于成龍久與結拜弟兄慕天顏互致殷勤……慕天顏與孫在豐結婚姻，因于成龍倡開海口之議，故必欲附成龍以攻臣而助孫在豐。郭琇與孫在豐為同

年，陸祖修為諸生時，拜慕天顏為師，他們都是江南人，故彼呼此應。」

不難看出，以于成龍為首的漢軍旗人和部分江南籍的漢人，的確存在著盤根錯節的社會關係。對於雙方攻訐的現象，九卿諸官卻皆緘口不言。因為無論是靳輔還是于成龍，均為朝廷中的實力派人物，人們不敢對之貿下結論。

諸臣緘默還有一個更重要的原因，即康熙對靳輔與于成龍之間的河工之爭再次做出了明確的裁決。他說：「屯田害民，靳輔縱有百口亦不能辯，開海口乃必然應行之事……海水倒灌，無有是理。」從而否定了靳輔之議。

三月二十四日，九卿等奉旨議復河工一案的應革人員，康熙詔命將靳輔革職，幕賓陳潢革去金事道銜。慕天顏、熊一瀟、趙吉士也分別以居官不善、庸劣、行止不端被革職。佛倫、孫在豐、董納、達奇納分別降級留任，對一應人員作出處置。顯然，康熙雖有各打五十大板之意，但實際上，以于成龍為核心的漢軍旗人黨明顯占了上風。

當明珠倒臺，靳輔罷黜時，許多人又跳出來反戈一擊。為了撇開同靳輔的關係，有的人竟不顧事實誣過他人。在這場圍繞河工及屯田的爭論中，慕天顏所持之議始終與靳輔相對，且態度憤激，並於二月五日先有奏疏參劾靳輔、佛倫等。而後，靳輔被指控，明珠被罷，慕天顏有變本加厲之勢。所以，康熙認為其中必有官僚朋謀之事，方致其有恃無恐，於是將其下獄審訊。審訊中發現，慕天顏與于成龍等確有朋比之情。

康熙同樣也不允許另一派大臣借河工之爭進而打擊報復。自己還特別褒獎過靳輔的治績，如果靳輔全錯了，自己豈不也錯了嗎？現在他要反過來整肅于成龍的支持者了。康熙在對靳輔等做出處分的同時，又誠諭諸臣曰：「凡為臣子者，懷挾私意互相陷害，自古有之。不但漢官蹈此習俗，雖滿洲亦然。爾等宜竭誠秉公，變此習俗。」

康熙還發現，一貫支持自己的于成龍，並不真正了解河務，而是為了辯論也道聽塗說，結盟作假。為了防止于成龍等藉端構陷，康熙又頒旨肯定靳輔的治河成績。

康熙先任命王新命為河道總督，又派出兵部尚書張玉書、刑部尚書圖納、左都御史馬齊等人，對靳輔主持的河工進行全面審查。康熙特別囑咐他們對實際情況要作出客觀評價。他說：「爾等到彼處，宜從公詳看，是曰是，非曰非，據實陳奏。」顯示了公平的姿態。

康熙二十七年，也就是 1688 年，農曆四月，康熙又諭旨全面肯定靳輔開濬中河，明確指出于成龍挾私報復，阻撓河務。康熙說：「如果說靳輔治河全無裨益，不只是靳輔不服，朕於心也不安。」

封建官場上的是與非，在相當程度上取決於君主的意願。康熙並不想使事態演變成一方壓倒另一方的情勢，形成新的朋黨勢力。所以，雖然于成龍有結黨傾陷之私，但康熙在於黨中選中了官聲不佳的慕天顏，藉機嚴懲，以儆效尤。

雖然于成龍是慕天顏背後的主使之人，朝中大臣廷議時建議削其太子少保，降調。但康熙的處置卻出人意料，詔曰：「于成龍巡撫直隸，居官甚優，我看仍然讓他任職。慕天顏居官不善，素來行事乖張，仍然拘禁，等將來看情況定奪。」

康熙對官僚朋黨的處置歷來從輕，大都不從重治罪，似乎缺乏專制君主的必要手段。這一方面與康熙不為「狹小苛刻」，不行「事事推求」的寬容性格有關，他追求的是要官僚們自知罪責，痛加省改；另一方面，這與他對官僚朋黨問題的認知有關。

在朋黨這一問題上，康熙受宋人歐陽修的影響較大。歐陽修的理論是：「君子有君子之黨，小人有小人之黨……君子同道為朋者，是又不可以朋黨論也。」但是，在現實中誰為小人、誰為君子，卻很難找到一把

公平合適的尺子。

　　此外，處理朋黨問題的寬大，還與康熙一貫對重大事件謹慎處置有關。康熙中期官僚中的黨爭主要在三個集團之間展開，即以明珠為代表的滿族官僚集團、以于成龍為代表的漢軍集團以及徐乾學、高士奇等人所結成的江浙集團。他們之間既有矛盾，又有聯合，其分裂組合則完全取決於個人的利益，或者說利害關係。但從中卻不難看出，滿漢關係仍是一個十分突出的問題，也是當時官僚朋黨之風熾烈而複雜的原因之一。

　　河工一案，從其黨爭陣營的分野中可以看出，靳輔的支持者明珠、佛倫、科爾坤、薩穆哈、葛思泰等皆為滿族，而于成龍的支持者慕天顏、孫在豐、董納等多為漢軍旗人和漢人，這其中固然有各種複雜的因素，但不可否認的是官僚集團中滿漢之間的民族隔閡仍是其產生矛盾的一個症結。

　　而康熙在處理官僚朋黨的問題時，凡觸及滿漢關係均相當謹慎。康熙二十九年，也就是 1690 年，農曆五月，於山東巡撫佛倫奏摺內硃批曰：「孫光祀居官有年，門生熟人極多，有山東地方為首惡劣鄉宦。前年，郭琇剛剛大參滿洲為首大臣明珠、科爾坤等。現在立刻將孫光祀列款參劾，必將屬實，國法難容。我雖無私心，但在眾漢人心中，或以為我降旨使參，或以為參劾為滿洲報仇，反而近乎畫虎類狗，投鼠忌器之言矣。暫且略加觀察。」

　　康熙二十八年，也就是 1689 年，康熙三次南巡，三月，閱視河工後又說：「我聽說江淮諸處百姓及行船伕役，都稱頌原任總河靳輔，感念不忘。且見靳輔疏理河道及修築上河一帶堤岸，於河工似有成效，實心任事，不辭辛勞。以前革他的職可能屬於過分了，可以讓他恢復其從前的官職。」這場圍繞河工及屯田所展開的論爭似乎暫告一個段落。

　　康熙雖然是天下之主，但靠他一個人的力量來治理億萬百姓是不可

能的，必須依靠大臣。而康熙管理大臣無非是軟硬兩手，恩威並用。施恩不外乎賞賜，樹威莫過於懲罰。另外，他在打擊朋黨的時候還注意了平衡，同時打擊兩派大臣。

康熙就是靠這一番功夫，既樹立了自己的權威，又讓臣子們心服口服。

謹慎使用刑獄處罰

康熙一直強調以「仁」來治天下，他說：

仁者無敵，此是王道。與其用權謀詐偽無稽之言，不若行王道，則不戰而敵兵自敗矣。王道二字，即是極妙兵法。

康熙在多年的執政生涯中，一直對潛在的容易引發變亂的因素特別注意。他知道：「民富懷安，民乏思亂，人民貧困無業，就要生亂。」所以他對災荒、流民、民族矛盾、嚴刑酷法等易激起民變的事，總是盡量以和緩、寬大的手段去處理。

康熙熟諳歷史與國情，「前史民亂，率起於飢」，歷史的經驗不容忽視，何況「國家賦稅皆出於農」。所以康熙體察民情，對災荒向來重視，把救災視為「養民」之舉。

康熙牢記明朝末年官員匿災不救，以致農民飢餓而造反的歷史教訓。他要求及時報告災情，最痛恨地方官員匿災不報，認為「自古弊端，匿災為甚」。他不止一次地告誡各地督撫：「地方遭受了災荒，應該立即題報，使朕得以預籌救賑之策。……凡報災遲延者都要受到處罰。」

康熙三十年，也就是 1691 年，陝西西安、鳳翔等地旱災，地方官員

未呈報，救不及時，致使大批災民流離他鄉。康熙深感憂慮，決定「大沛恩施」，蠲免其康熙三十一年也就是 1692 年的應徵銀米，並從山西撥銀二十萬兩，派人前去賑濟。

康熙還不放心，接著，他又決定調撥寧夏倉糧十五萬石、襄陽倉糧十萬石，送到潼關；從山西再撥銀十萬兩，接濟陝西軍需民食。流落四方的饑民，均就地賑濟，「令各得所」，然後將賑濟過的流民人口數目造冊題報。同時，對於在這次災荒中隱瞞災情、防救不力的官員盡行革職。

康熙三十六年，也就是 1697 年，甘肅自西和至隴西等州縣皆遭受嚴重災害，農業歉收，百姓流離失所。身為甘肅巡撫的喀拜對此竟不上報。這年七月，康熙巡行塞外，得知當地災情嚴重，十分氣憤，立即下令辦賑，並將喀拜革職。後因為隱瞞災情不報而受罰的督撫屢見不鮮，甚至有的因此降五級呼叫。

次年四月，康熙為吸引流民回原籍，再次下令動支戶部庫銀一百萬兩，送到陝西供應軍需和賑濟饑民。如此大力賑濟，情況還未根本好轉，康熙倍感焦慮，決定停止元旦筵宴，以表掛念陝西災民之意。

康熙很關注流動人口，他諭令各省督撫稽查越省的遊僧、遊道、行醫人等，並對大學士們說：「要設法防止人口流動，及早著手，如果任他們隨意來去，結成團夥，像滾雪球一樣越滾越大，越聚越多，這樣就會搞搶掠活動，損害地方治安，就難以治理了。」因此，康熙設法透過改革賦役制度來控制流動人口。

康熙五十一年，也就是 1712 年，農曆二月二十九日，康熙採取果斷措施，毅然宣布實行滋生人丁永不加賦制。康熙為此對大學士、九卿等說：「朕覽各省督撫奏編審人丁數目，並未將加增之數進行開報。今海宇承平已久，戶口日繁，若按現在人丁加徵錢糧實有不可，人丁雖增，地畝並未加廣。應令直省督撫，將現今糧冊內有名丁數，勿增勿減，永為

定額。其自後所生人丁，不必徵收錢糧。編審時，只將增出實數查明，另造清冊題報。朕故欲知人丁之實數，不在贈錢也。」

康熙諭令地方官，將往來種地民人的年貌、姓名、籍貫，查明造冊，移送該撫，對照名冊稽查，以限制百姓任意流動。透過改革賦役制度、賑災等措施，調整了各階級的關係，人民負擔相對減輕，既照顧了地主階級利益，鞏固了清王朝統治的階級基礎，也在一定程度上改善了農民的處境，從而有利於社會生產的發展和階級矛盾的緩和。

康熙不但慎重對待百姓中潛在的不安定因素，透過積極的措施把危險消滅於萌芽之中，而且，涉及個體的生命，康熙也很慎重，不因自己高高在上掌有生殺大權而草菅人命。康熙認為人生下來就有生存的權利、生活的權利，不能隨便將人置於死地，對男女老少皆如此，甚至對在押的犯人也不例外，該死按法處死，不該死也不能虐待致死。康熙常講人命攸關、人命至重、人命關係重大，所以不可輕忽，不能等閒視之，即寓有此意。

康熙親政後，於康熙十二年，也就是 1673 年的一年中釋出了三道有關人命問題的諭旨。清朝殉葬之風亦很盛行，八旗官員的家奴都陪葬，皇帝更不待言。康熙的父親順治二十四歲駕崩，下葬時由一等阿達哈哈番即輕車都尉、侍衛官傅達理，隨世祖章皇帝陪葬，諡號忠烈。

康熙十二年，也就是 1673 年，農曆六月十七日，釋出第一道命令，禁止八旗包衣佐領下的奴僕隨主人殉葬。

八月二十日又釋出第二道諭旨，下令禁止主人逼死奴婢。康熙多次強調說，人命關天。旗下的奴僕，如果撫卹得好，怎麼能夠願意輕生自盡呢？嗣後傳八旗人家，對家奴要注意愛養，不允許逼迫責罵而導致身亡。

第三道釋出於十月十三日，下令禁止遺棄嬰兒。時有科臣上疏：京城內外，時棄嬰。康熙命令戶部研究這一問題。同時指出：凡是民間因

為貧窮不能養活而遺棄親生兒子，或者為乳主人的孩子而放棄自己的孩子的人，都應當全部包養，使其健康成長。有人扔掉孩子而不管者，一律制止。通飭八旗幷包衣佐領及五城御史，一體遵行。

三道命令，一個宗旨：救人活命要緊，給予人生存之權。

順治年間，許多反對高壓政策的官員及家屬，因「科場」和「奏銷」等案牽連的士人、江南富室以及一些抗清鬥爭失敗者，一批一批被流放到東北的鐵嶺、尚陽堡、吉林、寧古塔等荒寒之地，給當地駐防「新滿洲」為奴，受盡了凌辱和折磨。

康熙親政不久，就命令刑部改變原來發遣流犯的時間，他說：「十月到正月，都是非常寒冷的季節，所要流徙的罪人大多是窮苦人，穿得很單薄，沒有用以禦寒的衣物，他們的罪行還沒大到被凍死在路上的地步，太可憐了！從今往後，流徙到尚陽堡、寧古塔的罪人，從十月到正月以及酷熱的六月，都不要再遣送了。」

康熙二十一年，也就是 1682 年，因為平定了「三藩之亂」，康熙前往東北祖陵告祭，目睹了流放犯人的艱難困苦，非常震驚地說：「這些流徙到寧古塔、烏拉的人犯，我向來不了解他們的苦楚，現在因為拜謁祖陵來到這裡，親眼看到才知道原來是這樣的。這些人既沒有棲身的房屋，又沒錢財和能力耕種，差役還那麼沉重。何況南方人身體弱，來到這苦寒之地，寒風凜冽，這裡又遠離他們的家鄉，不通音信，實在令人憐憫。雖然他們是自作自受，然而遣送到遼陽這些地方，也足以抵消他們的罪行了。這裡還有土地，可以讓他們耕作用以維持生計，再讓他們蓋些房舍用以避寒吧。」

幾天以後，康熙又對刑部下令說：「這些流犯，既然已經免掉其死罪，原來是為了讓他們活下去，如果仍舊流放到苦寒荒蕪的地方，最後還是要受盡折磨而死，這就不是法外寬容他們的本意了，我感到很不忍

心。以後，對那些免掉死罪或減刑的犯人，都發放到尚陽堡；而應當發往尚陽堡的，則改為發放到遼陽。至於反叛罪案中應當流放的犯人，仍然發往烏拉當差，但不用給新披甲人為奴僕了。按照我憐憫保全的意思，你們刑部要立即這樣去做。」

康熙針對執法中的審案草率、偏私含糊，甚至收受請託、用刑逼供、株連牽扯、稽遲拖延、翫忽職守等弊端，曾多次對官員們加以痛斥。為了說明自己對法制的了解和表明自己「慎刑輕獄」的思想，康熙又特意寫了一篇論文《慎刑論》。

他認為古代聖人治理天下是既用刑罰也用禮教的，為此他說：「禮教是勸導人民從善為善，刑罰是用來禁止人民胡作非為的。我希望人們能夠人人向善，以至於刑罰最好都派不上用場。之所以設立刑罰，是聖人實在無可奈何啊！刑罰一施，輕者傷其肌膚，重的就要殺害他的生命，天下最慘痛的事情，要數施加刑罰了。雖然即使是聖人當世，也未必能夠使社會上沒有一個受刑之人，但是千萬不要濫施刑罰，而多施教化之功，用刑該怎麼樣就怎麼樣，讓人民不多受無謂的困苦，這就得到了慎刑的精神實質了……我曾經說過，要使天下得到大治，必須使刑獄之事少了再少，就是因為這個原因。」

康熙三十七年，也就是 1698 年，康熙下令除對當時逃匿的首犯繼續通緝外，其餘全部寬免，准許其開荒種地，輸納錢糧，子弟也可以參加科舉考試。不僅如此，對那些各地作亂的亂民、山賊，康熙雖然也進行鎮壓，但還是指示地方對脅從和因生存無著而附亂的一般民眾進行赦免，妥為安置。

另外，在許多重大節慶需要「恩詔」時，康熙幾乎都會考慮到許多因民間糾紛而在押的人犯，將那些關押多年的人減刑或赦免。這在他執政期間進行了無數次，當然有所謂「十惡」和貪官是難以得到寬宥的。

　　康熙不僅對執法作出許多指導性的指示，而且有時候還對一些較為複雜的案件親自調閱審案紀錄，參與裁決。有時甚至親自囑咐刑審官不許亂用夾棍，告誡刑部木枷枷孔不許有大小、厚薄之分。即使對在押人犯，他也多次命令御醫給予藥物，治療那些有病的人，並對治病不積極的官員嚴加批評。

　　從「平定三藩」之亂以後，國內形勢慢慢地穩定了，社會矛盾雖然仍很複雜，但犯罪率已呈明顯下降趨勢。後來，隨著經濟的逐漸恢復和治理工作的展開，到平定噶爾丹叛亂之時，國內形勢更加樂觀。

　　康熙三十七年，也就是 1698 年，農曆十一月，大學士以朝審情實案四十八人請旨，康熙對判案反覆審查，最後僅勾決處死三十五人。康熙四十五年，也就是 1706 年，農曆十一月，在上報的七十名死刑名單中，康熙反覆審閱，僅勾決二十五名。

　　康熙五十一年，也就是 1712 年，在上報的五十名死刑犯中，他逐一詳閱刑部重刑名冊，反覆審定，最後勾決三十二人。康熙五十四年，也就是 1715 年，全國秋審勾決的只有十五人，並建議因勾決人犯較少，還可以考慮停刑。康熙在一個總數當時已達一億數千萬人口的國家裡，每年處決的罪犯只有二三十人左右，這在古代史上是罕見的。

　　他曾在康熙四十一年，也就是 1702 年，對刑部談了自己的想法：「我愛惜人民的生命，希望他們多得生路。每次刑獄部門奏上判決書以後，我都一定要連看幾遍，看是否能找到讓罪犯生存的理由。即使他的罪名屬實，我也不忍心立即將他處決，而是改成斬監候緩決，以便來年再觀察觀察。因為罪犯一知道不立即處死，就會希望能夠存活下去。」

　　康熙認為，國家之興亡，並非定於天命，而是繫於人事。民心即天意，若要社稷久遠，江山永固，唯有經世濟民，非以一己之威加於天下，作威作福，而是以天下為己任，謹終如始，防微杜漸。

知人善任選擇良才

　　治人之首在治吏。用賢才國家興，用貪蠹之庸才，國家危殆，百姓遭殃。因此，官吏的清廉節儉與否，對國家關係甚重。康熙被稱為賢明的代表之一是選用有德有才的官吏。

　　康熙選擇官吏的標準，首先是清廉的人，其次是理學名臣。但康熙用人的標準並不苛刻，他既有識人之明，又有容人之量，極高明而又中庸，嚴中有寬，動中有靜。康熙把清廉作為選擇官吏的第一條標準，他說：「居官既廉，辦事自善。……考察官吏，以獎勵廉潔為要。」

　　清朝初年，清官迭出，尤其是康熙一朝，康熙面對滿朝大臣多為貪官這一基本事實，努力澄清吏治，大力推行獎廉懲貪的察吏考官制度。康熙著意發現清官並加以保護和培植，而其中他最讚賞的清官是于成龍。

　　于成龍，字北溟，山西永寧人，被授任廣西羅城知縣時，年已四十五歲，當時親朋好友都勸他不要去那個窮鄉僻壤赴任，上任前他在寄友人書信中表明心跡：「此行絕不以溫飽為念，所自信者，『天理良心』四字而已。」然後，變賣家產，湊足盤纏上路了。

　　羅城縣是一個貧困山區，人民生活困苦，于成龍下令廢除苛捐雜稅，以身作則不要「火耗」。于成龍在生活上安於淡泊。他住在敗屋之中，沒有廚房，只在案邊設灶，晚上頭枕鋼刀而臥，以防野獸襲擊。

　　百姓見于成龍生活窘迫，反過來賙濟他。某次，有人送數弔錢給他，他問：「這是何意？」

　　那人說：「大人不要火耗，不謀衣食，難道不買酒嗎？」于成龍嗜酒，於是只留一壺酒錢，多餘的奉還。

　　清朝獎廉制度，把清正廉明，不搞加派、勒索，政績突出的州縣官

吏，定選為「卓異」。當時的兩廣總督盧興祖，特別推薦了于成龍。

有一次廉官秋試，眾廉官都穿著光鮮的衣服，騎著高頭大馬，帶著家奴而來，唯獨于成龍布袍破舊，攜一老家人而來。眾人相互寒暄，不屑於理睬于成龍。巡撫卻早聞其賢名，特意要與他親近，看見他敝衣垢褸，說：「此人必羅城令也！」後見于成龍處理政務，甚有章法，與之談古論今，無不說中要旨，對他大為敬服。

于成龍在出任湖北黃岡州同知時，黃州遇災，百姓受飢寒之苦，于成龍及時賑濟災民。上船前他買了幾十斤蘿蔔放在上面，有人笑話他：「這種便宜貨，何必帶許多？」他說：「我一路上吃菜就是這些。」

康熙知道之後感嘆說：「在平常人看來，千里帶蘿蔔是可笑之事，認為清官只要為人民多做好事即是大恩大德，又何必在飯菜上節省呢？殊不知，在口腹之慾上不節儉，又如何能在政務大事上秉公辦理呢？那些從早到晚都在筵席上吃喝不休的官吏，哪有心思去為人民辦事？」

康熙十七年，也就是1678年，于成龍因為政績卓著遷福建按察使，主管刑獄和官吏考核。清政府對廉能的官吏，提出表揚，康熙多次要群臣推舉廉能。「廉能」是與「卓異」相似的一種榮譽稱號。福建巡撫吳興祚，推薦于成龍為「廉能第一」，于成龍因此被擢升為福建布政使。

康熙十九年，也就是1680年，于成龍遷直隸巡撫。京畿之地，八旗豪強橫行不法，當地官員不敢管，官場中流傳一句話：京兆尹難當，所以皇帝特意將他放在這個位置上。

在任上，于成龍支持清官廉吏，打擊貪官汙吏，八旗豪強也不敢不收斂，他把直隸治理得井井有條。次年，康熙在懋勤殿親自召見他，表彰他是「當今清官第一」，賞賜白金、良馬等，以此嘉獎他的廉能。

于成龍每次提出免稅和賑災的要求，都能得到康熙的同意，這也是康熙鼓勵清官的一種作為。

官場中，人們必須相互攀緣，結黨營私，走門路，講交情，請客送禮，才能官運亨通。然而，于成龍卻完全依靠自己的才德和皇上的明鑑，做到了一品大員的位置。這在盛世或中興時代是比較典型的，皇帝重用清官，自然國泰民安；反之，國計民生就成問題。

康熙對眾臣說：「設官分職，目的都是為了百姓。地方得一良吏，則百姓才得安生。今觀各官，雖有品行清潔者，只是因為畏懼國法才這樣，像直隸巡撫于成龍這樣真實清廉者甚少。觀其為人，天性忠直，並無交遊，唯知愛民……直隸地方百姓旗人無不感戴稱頌。如此好官，若不從優褒獎，何以勸眾？著加太子少保銜，以為廉能稱職者勸。」

于成龍病逝後，署中官員去他家弔念，看到他家中的遺物只有床頭一個破箱，裡面有一套官服、官靴，以及瓦缸中粗米數斛，粗鹽豆豉數罐而已。康熙對此十分感慨，稱于成龍為「天下廉吏第一」，加贈太子太保，予諡「清端」，安排他一個兒子入朝為官，並御書「高行清粹」四字為祠額，以及楹聯賜贈。

熊賜履為于成龍撰寫了墓誌銘，稱他是「性善吃苦，諸人所不能堪者，一處之如飴，為學務敦實行，不屑詞章之末，嘗曰『學行苟識得道理，埋頭去做，不患不到聖賢地位』」。

百姓聞聽于成龍病死，罷市聚哭，家家繪像設案進行祭祀。康熙嘆息說：「于成龍因在直隸為官的時候名聲很好，我特意選他出任江南總督。聽說上任以後，他變得不如從前好了。至病故後，始知他居家清廉，甚為百姓所稱道，或許于成龍向來所行耿直，與之不合之人挾仇陷害，造謠汙衊，是不屑之徒嫉妒也，居官能如于成龍者有幾人？」

康熙考察官吏的標準，是百姓的口碑，而不是屬下和上司的評語，可見其頗具洞察力。在康熙的執政生涯中，理學是康熙的思想根基和決策指南，他努力鑽研儒家經典，並求得融會貫通，還堅持不懈地把理學

的理想原則一步步運用於現實之中。

在前代各種對儒學的闡發中，他諳服程朱理學。朱熹強調三綱五常，禮之大體。認為君仁、臣忠、父慈、子孝，朋友有信，各有定矩。朱熹學說進一步為統治階級提供了思想武器。

康熙五十一年，也就是1712年，康熙對大學士等下諭說：「朕自幼好讀書，諸書無不覽誦。每見歷代文士著述一字一句有不合於義理的，就會被後人指摘。只有宋儒朱子註釋群經，闡發道理，凡所著作及編纂之書，皆明白精確，歸於大中至正。經今五百餘年，知學之人，無敢疵議。朕以為孔孟之後朱子之功最為宏巨。」

為此，康熙下令把朱熹升配大成殿東序之第十一哲。之後，各省府、孔廟都照此辦理。第二年，康熙又頒布命令，把刻成的《朱子全書》《四書集註》發行全國。康熙服膺理學，身體力行，清心寡慾，唯以安定民生作為自己的本分，提倡養民與愛民。而養民與愛民是要透過官吏去具體實行的事情，所以吏治問題是一個關鍵的中間環節，事關國運的長久。

而吏治的核心是「實心為民」。康熙說：「選用一個官，如果他心中沒有百姓，不念民生，便是我用人不當。」他下令九卿各官把「有真實留心性理正學之人」推薦上來。

康熙深刻意識到吏治與民生的因果關係，他說：「自古帝王治理天下，惠育百姓，必先澄清吏治，而後才能談得上民生安泰。」康熙非常贊同唐太宗李世民所說「得賢能之臣，為國家之大瑞」的觀點，稱之為「千古名論」。

康熙與當時一些理學大師朝夕相處，並與李光地、熊賜履等結為深摯的夥伴，他延請張英、熊賜履教授性理諸書。康熙精心培植了一批心腹官僚，除了李光地、湯斌、熊賜履等人外，還有「力崇程、朱為己任」

的張伯行，「篤守程朱」的陸隴其等，都是顯赫一時的理學「名臣」，是理學化解了滿漢統治者之間的芥蒂，推崇理學成為滿漢統治者的共同語言。

康熙扶持清官，不僅讚賞他們的政績，而且贊同他們的操守。而程朱理學在培養人的操守、加強人的修養方面有固本強基的作用，所以康熙重視理學名臣。在康熙培養的理學名臣中，湯斌、張伯行、宋犖三人都是河南人，故被時人譽之為「中州三賢」。

康熙二十三年，也就是 1684 年，五十七歲的湯斌遷升內閣學士兼禮部侍郎，同年四月，江蘇巡撫出缺，部議提名康熙不滿意。他對明珠說：「理學之可貴，貴在身體力行，見諸事實。現在講理學有名的人很多，仔細考究，大都言行不一致，只有湯斌是內外一致的，說的話是這樣，做的事也是這樣，操守極好，江蘇巡撫就叫他去。」

有一年大旱，康熙下旨百官議抗旱之法。靈臺郎董漢臣應詔疏言十事，話語中冒犯了內閣，得罪了明珠。有的大臣附和明珠，討論將董漢臣斬首。這時，湯斌仗義執言，他說：「漢官應詔直言，沒有定死罪的道理。大官不敢講的話，小官講了，我們做大官的應當深自反省。」

康熙聽取了湯斌的建議，赦董漢臣無罪。湯斌卻因此更加遭明珠、余國柱的嫉恨，他們一直想置他於死地，因為他遠在江南，不容易下手，他們故意先向皇上誇他學問好，推薦他為太子的老師，把他調回北京，然後又在康熙面前挑撥是非，一些勢利小人也趁機彈劾湯斌，建議奪去他的官職。

康熙心裡清楚，又愛惜清官，所以仍然將湯斌留任。湯斌在京城租住一套普通的房屋，冬天只穿一件老羊皮襖禦寒。入朝時，宮中衛士不論認識與不認識，都知道穿老羊皮襖的人是誰，說：「穿老羊皮襖的就是湯尚書了。」

康熙去拜祭皇陵，由遵化南下，直隸巡撫于成龍在霸州接駕，趁無人之時，他說：「如今明珠、余國柱必欲置湯斌於死地而後快，若非皇上保全善類，天下將無正人好官。」

康熙見于成龍神色悲憤，大驚之下追問原因。于成龍大膽揭發了明珠的罪行，說明珠結黨營私、貪贓弄權、聲名狼藉。康熙對這些其實也早有耳聞。

有一次他旁敲側擊地對明珠說：「如今做官像于成龍那樣清廉的人非常少。做十全十美的人確實很難，但是，如果把『性理』一類談修養、正人心的書多少看一些，就會使人感到慚愧。雖然人們不能全照書上說的那樣做，但也應勉力而為，依理而行才好。」

宋犖，字牧仲，河南商丘人，也是清初理學名臣，他任江西、江蘇巡撫時期，以提倡文教風雅而名重一時。古代官署衙門口，常高懸匾額，上面寫著：清、慎、勤。清是不貪汙，慎是斷獄明，勤是多調查。

在當時的情況下，沒有發達的新聞傳媒，官與民之間要相互了解實在很難，官要了解民生疾苦，不微服私訪，大概也沒有其他更可靠的辦法，由此可以推斷，不搞微服私訪者，可謂不勤，必不是好官。不搞微服私訪者，一是無視人民疾苦，二是貪生怕死，他們輕民生如草芥，重己命如泰山，居住則深宅大院，出行則武弁隨從如雲，即使這樣還覺得不安全，又怎麼肯微服私訪？

有一天，宋犖身穿布衣在街頭走訪，路遇縣太爺的轎子從街上迎面而來，百姓紛紛躲避，宋犖不躲，結果被拉到轎前問罪。縣令一看是巡撫大人，驚得屁滾尿流，跪在地上請罪。

宋犖也不責怪，只是叫他換上便服與自己一同走走。他們來到城外一家酒店，宋犖與縣令坐下飲酒，宋犖問店主人：「生意如何？官府收稅如何？」

店主人說：「生意還好，就是新來的縣太爺太凶橫，欺壓小民，收稅繁重，百姓實在苦啊。」

出了酒店，宋犖見縣令神色不安，便安慰他說：「不必介意，百姓罵官府本是正常的，以後只要愛護百姓，約束下屬就行了。」

兩人分手之後，宋犖卻不回府，而是又去了那家酒店，當夜就住在店裡，穿上店主人的衣服躺在外面木櫃上。半夜，宋犖被破門而入的差役捆綁起來，押進縣衙。縣令一看，怎麼又把巡撫大人抓來了，下堂來磕頭如搗蒜。

宋犖道：「白天酒店主人罵你，我並未深信，現在證明百姓所說不假，此事我不難為你，只需你把大印交給我，我交布政使便是了。」

第二天，布政使衙門口貼出告示：某縣著令開缺，罷官回籍。百姓見了告示，拍手稱快。

康熙四十二年，也就是 1703 年，康熙南巡，對宋犖大加讚揚，說：「朕到此，無一人說你不好，你真是好官，深得大臣之體。」

中國歷史上如康熙這樣具有民本思想的帝王是不多見的，康熙常說：「知人難，用人不易，致治之道全在於此。」其實，如能尊重民意，知人就不難。

張伯行，字孝先，河南儀村人，一生研究程朱理學，康熙進士。因為功績卓著、做官清正，被康熙授補濟寧道。

張伯行注重修身，一絲不苟，為了表明心跡，他曾寫下禁止饋送檄文：「一絲一粒，我之名節；一釐一毫，民之脂膏。寬一分，民受賜不止一分；取一分，我為人不值一分。誰云交際之常，廉恥實傷，倘非不義之財，此物何來？」

康熙強調「學問無窮，不在徒言，要唯當躬行實踐，方得益於所學」。封建官場腐敗成風，即使是反腐敗，也往往成為官吏之間相互傾軋

的一種手段，而不是為了政治清明、民眾幸福，故此做清官極不易，非有深厚的道德修養、堅強的意志不可。

于成龍、張伯行等清官之所以備受康熙賞識，正在於他們的窮理知性與倫理涵養是與實踐緊密連繫在一起的。以如此之真知灼見去指導治理地方的工作，自然會收到實際成效了。如一切學問道德一樣，理道之學也有真假之分，不能因為有假道學，就將真道學一概否定。

康熙選拔官吏的方式，首先是科舉考選。但這是他不喜歡的方式，他說，科舉人才多是只會「記誦之學，文詞之末」，對於國計民生往往一無所知的書生。武舉也是只能得到弓馬嫻熟的一介武夫罷了。這只是一種低階的選才方式。

康熙更喜歡親自明察暗訪，因此他更青睞於一種方式，那就是保舉，他說：「我一個人觀察人的識見，畢竟精神有限……天下之官員，我一人何能周知？只有依賴於左右大臣。」

透過保舉，既避免了一人不能周知的局限，又給康熙提供了一個考察官吏是否結黨營私的機會。如果這個人所舉之人俱是庸劣不堪者，他自己必是結黨營私、用人唯親、裙帶襟連的汙吏；而他所舉之人皆是公忠為國的清官，他自己必是「實心為國無私之賢臣」；如果他所舉之人良莠不齊，他自己可能是一個見識不精、才力有限的人。

要用好人、用對人，關鍵是要「明」。要有識人之明，對於下屬要能明察秋毫。所以對於大臣或地方官推舉的人才，康熙還要親自面試，才能發現真正的人才。

在治理黃河的過程中，由於有專臣在治河前線專理，加之治水的專業性很強，所以涉及評判治河臣工的業績時，不好妄下斷語。康熙為了不「失明」，不變成深宮中任人欺騙的瞎子，特別注重調查研究。

當有人對治河工作提出異議時，康熙先任命王新命為河道總督，又

派出兵部尚書張玉書、刑部尚書圖納、左都御史馬齊等人，對靳輔主持的河工進行審查。康熙特別囑咐他們對實際情況要做出客觀評價，他說：「你們應該從公正的角度檢查，是就是，非就非，據實陳奏。」

康熙二十八年，也就是 1689 年，正月初八日，康熙第二次南巡，靳輔、于成龍、王新命隨行。康熙看到新開挖的運河十分狹隘，認為不可靠。王新命也說，這樣一來洪水不利於排洩。其實這段漕運以前是借用黃河的一百八十里的一段，非常危險，所以靳輔新開這段運河挖得狹隘是為了蓄水，有利於航行和刷沙敵黃。

康熙對靳輔的做法頗為懷疑，於是他詳細考察了這段運河，並詢問商民和官吏，反覆聽取意見。商民們說行船很安全，隨行大臣們也認為挖這條河是有益的，他才對靳輔的做法表示贊同。

康熙又閱視了七裡閘、太平閘、高家堰一帶壩，認為很堅固，減水壩也修得好。沿河官民及商人船伕都盛讚靳輔的功績，使康熙大為感動。回京之後，他下諭表彰靳輔。

康熙四十三年，也就是 1704 年，正月，康熙第四次南巡，視察河工，由於張鵬翮認真貫徹皇上的意圖，治河大有成效，康熙很是滿意，他見到洪澤湖水勢，順暢地從黃河、淮河與大運河的交會口排洩出去，高興地對隨行大臣說：「向來黃水高於淮水六尺，淮河不能敵黃河……今將六壩堵閉，洪澤湖水升高，力能敵黃，運河不致有倒灌之患，此河工之所以能告成也。」

以後，康熙每隔兩年南巡一次，視察河工，對治河提出具體指導，康熙見河水清暢，十分高興，說這是二十年未見的奇蹟。他又不斷督促張鵬翮，及時糾正他的錯誤，有時張鵬翮表現得十分懶散，安居署中，數月不出，凡事委派下人，康熙告誡他要時時巡視河堤，不避風雨，以勉恪盡職守。康熙用人講究公平原則。他說：「為政之道在於用人，用人

之道在於公平。公平才有說服力，才能真正收攬人心為己所用。」

吳三桂從一開始作亂，就很善於拉攏盟友，一些漢族官吏紛紛投入反抗清廷的鬥爭，某些大清貴族因此愈加猜忌和打擊漢族官吏，其結果是大大地幫了吳三桂的忙。

康熙及時糾正了他們，採取重用漢軍綠營兵的辦法，使戰爭向有利於朝廷的方面發展。清軍三路進兵雲南，新任雲貴總督趙良棟提出一個由湖廣、廣西、四川三路進兵雲貴的方案，受到康熙的讚賞。

趙良棟，字擎宇，甘肅人，行伍出身，很富韜略，原來在洪承疇手下任副將，曾受到吳三桂的薦舉，但他早就對吳三桂的野心有所警覺，知其必反，拒絕了他的拉攏，險些被吳三桂殺掉。後來，趙良棟就任天津總兵官。

良禽擇木而棲，人生在世，慎選安身立命之所是很要緊的，不可糊塗。私慾重的人，無非是以名利來衡量，名利之所在，就如蠅逐臭而至，吳三桂就是這類人，無論對於明朝還是對於清朝，他都不忠，只因為他立身處世以名利為歸宿，貪心不足，最終也沒有落好下場。

趙良棟看出了高官厚祿後面的陷阱，於是遠遠躲開吳三桂。當初，康熙苦於無將可用，想到起用趙良棟，朝中滿臣認為他是陝甘人，不可靠，反對任用他。這些人被吳三桂「反清復明」的口號迷惑住了，對漢人普遍不信任。

為此，趙良棟向康熙請求暫且把自己的眷屬留在北京當做人質，而自己率兵前往陝甘剿滅叛軍。這下朝廷對他就可以放心了。封建制度下，上司對下級的態度，無論表面上是賞識還是輕慢，在本質上則只有「利用」二字，一個人才與一匹良馬的價值是相同的，所謂「伯樂識馬」，正反映了這種對人的態度。

康熙發現了趙良棟，提拔他為寧夏提督。他在平叛戰爭中大展雄

才，奪密樹關、略陽，占領進川要道陽平關，康熙聞訊，無限欣慰，立即部署進川事宜。

康熙十八年，也就是 1679 年，農曆十一月，趙良棟、王進寶會師寧羌州，疏請兩路進兵，康熙當即批准，並授趙良棟為勇略將軍，負責西線軍事指揮。趙良棟得遇伯樂，信心倍增，躍馬橫刀，浮水渡江，大破叛軍，收降無數。康熙十九年，也就是 1680 年，正月，順利收復成都，康熙擢升他為雲貴總督，加兵部尚書。

由於滿兵糧足，綠營兵無糧故不宜久圍，因此趙良棟建議，切斷叛軍水路，使其糧運受阻，然後速戰速決。又建議，降者宜分別收養，不宜盡發滿洲為奴。滿將軍們不以為然，以滿語駁斥謾罵，趙良棟聽不懂，直接向皇上奏報請示方略。

康熙聞奏，下諭：「悉照趙良棟之策，迅速攻城。」整個戰爭多虧了康熙遙控指揮得當，慎重縝密，大大加速了戰爭勝利的程式。趙良棟性情憨直，在四川時得罪了明珠的姪子 —— 將軍吳丹。趙良棟還多次參劾滿族將軍們縱兵掠民。滿族將軍們卻反誣趙良棟縱兵掠民，故有功不賞，幾乎被殺。康熙愛惜他是個將才，命他退休回家休養。

後來，康熙親征噶爾丹路過趙良棟家鄉，特意去訪他，徵詢討敵方略。許多年後康熙曾對西北地方官員及將領們說：「趙良棟操守頗好，恢復雲南秋毫無犯，在武臣中可謂良將矣，爾等居官，俱當法之。」

康熙用人講求中庸之道，展現為強調「廉」與「能」結合。他很強調清廉，但是光清廉而沒有能力也不用。他說：「督撫為地方大吏，操守為要，才幹為用。大法而小廉，百姓則俱蒙福矣。為官不可過貪，亦不可過於廉刻。過於廉刻則不能和平寬宏以率下，操守雖然清廉卻不利於辦事。只有既廉潔又能行有益於地方民生之事者，才堪委任。」

所謂持平則不偏，不偏即是執中。康熙曾告誡漕運總督徐旭齡說：

「為官須廉潔，不可縱吏擾民。然而待屬員不可過苛，下吏各有艱難之處，唯心平氣和，則皆悅服矣。」

康熙致力於抑制腐敗，提倡廉政，他肅清吏治的方式，是以優待清官為主，革除惡吏為輔，正面鼓勵是其特點。康熙自己對待大臣一向是較為寬嚴適中的。做官之人如果不是貪汙過分，他一般不糾，稍貪而又能辦事就好。他說：「君德莫大於有容，治道莫尚於能寬。」

有一回，某大臣在康熙面前揭發南書房侍講高士奇，說他當初肩披棉被入京應試，現在只要問他有多少家產，就可知道他利用權力收了多少賄賂。其實康熙對這些情況早已了解，卻不追究。他說：「諸臣為秀才時，誰不是布衣步行？一旦做了官，便高軒駟馬，前呼後擁，這些錢都是哪兒來的，都能問得清楚嗎？」

康熙常常要求督撫大員用人行政之時「不必吹毛求疵，在地方務以安靜為善」。康熙說：「從來民生不安，在於吏治不清，官吏賢則百姓自安，官吏其能任事者甚難得。……我從不多生事，但穆然清靜，處之以和平。……地方官要多行有益於地方民生之事，做清官尚須不生事擾民，於地方生事雖清亦屬無益……或官雖清，一味生事更病於民。」

寬仁，不事苛求，施教安民；和平，不事喧囂，清靜無為，行事太平，才有盛世。用人是君主最重要的權力，也是最難的事情。一個君主是否是明君，只要看他會不會用人就知道了。康熙會用人，因為他既有知人之明，又有容人之量，還有用人之智與馭人之術。

爭取漢族知識分子

康熙知道，知識分子是一個民族的靈魂，只有爭取了他們的支持，才能保證統治的穩固和有效。所以，他改變了以前的統治策略，盡量爭取不合作的漢族知識分子。

康熙親政不久，就頒詔天下：「命有關部門薦舉才品優長，但又不願出來為官的明朝遺老，聘請來京，以便重用，為國效力。」

陝西總督鄂善按照康熙的旨意，舉薦了關中著名學者李顒，而李顒身為前朝舊臣，恪守不事二君的傳統道德，自稱廢疾，長臥不起，堅決不受，讓康熙碰了個軟釘子。

康熙深感若能把李顒這樣一大批德高望重、學識淵博的前朝知識分子爭取過來，對幫助他治理天下、安定社會、繁榮文化等有著非同尋常的意義，於是努力爭取，耐心等待，並不為一時的失敗而自餒。儘管李顒借病推託，但康熙仍然安排鄂善等諸官大吏們不斷地去看望他，以便見他病好之後即催促入京。

由於一心想贏得博學大儒李顒的合作，康熙讓陝西的大吏們天天催，以至於後來省裡官員見李顒依然固稱疾病，就把他從家裡一直抬到西安，陝西督撫大員親自到床前勸他進京，李顒為此竟然絕食六天，水漿不進，還趁人不備取佩刀自刺，以死拒仕，被嚇破了膽的督撫趕快奏報康熙。

康熙得知李顒如此剛強，並不生氣，便吩咐下臣不要再逼他。後來康熙西巡到了西安，依然沒有忘記李顒，讓地方督撫轉達自己尊崇當代大儒並打算親自去拜訪之意。李顒心裡明白，這是康熙讓他出山替清朝做事的最後手段，於是仍以有病無法接駕婉拒。

李顒沒想到，康熙竟然表示說他接不接駕沒有關係，並且真的來到李顒家鄉的縣城，捎信說要親到李顒家探望病情。李顒十分為難，竟大哭道：「我雖活著，其實和死差不多了呀！」終於感動，於是讓兒子帶著自己寫的幾本書去見康熙。

康熙見到李顒的兒子，得知李顒確實有病，為不使他為難，也就不再勉強去看他了。他勉勵李顒的兒子說：「你父親讀書守志，可謂完節。我有意題『志操高潔』匾額並手書詩帖以表彰你父親的志氣。」

當時就諭示巡撫鄂善說：「周至縣處士李顒，人好讀書，明理學，屢徵不出，朕甚喜之。你們一定要妥善照顧李顒，因為我是皇帝，不得不回京，而你們地方官守著李顒，早晚都可以向他學習，也實在是幸運。」

康熙這一招當然也有更鮮明的政治目的。他十四歲開始新政，統治了中國幾十年，清朝天下在他手裡才算安定下來。當時，中國知識分子中，反清復明的人太多了，如顧亭林、李顒、王船山、傅青主這一班人都是不投降的，尤其是思想上、學說上所做反清復明的工作，實在太可怕了。

李顒講學於關中，所以後來顧亭林這些人就經常往陝西跑，組織反清復明的地下工作。康熙明明知道，他反而徵召李顒做官，當然李顒是不會去做的。但康熙特別命令陝西的督撫，表示尊崇李顒先生為當代大儒，是當代聖人，並向外界表示一定要親自去拜訪李顒。

康熙很高明，他沒有勉強去李家見李顒。否則，他到李顒家，萬一李顒不顧情面地罵他一頓的話，則非殺李顒不可。殺了，引起民族的反感；不殺，又有失皇帝的尊嚴，下不了臺，所以也就不去了。

康熙的這一番運用，就是把中國文化好的一面，用到他的權術上去了。康熙對大儒李顒如此尊崇，對其他學者亦然。著名學者顧炎武、黃宗羲、孫奇逢等也如李顒一樣，名節甚高，地方官員備禮敦促，他們都

堅臥不起。康熙雖然感到惋惜，但也沒有計較。

不過越是這樣，康熙越是求賢若渴。為了進一步籠絡漢族士大夫，康熙十七年，也就是 1678 年，在實施恢復科舉和捐納制度、培植漢族青年知識分子計畫的同時，康熙還特為帶著潛在反清情緒的學界大儒開設博學鴻儒科，選拔才華出眾之士，開局纂修《明史》。康熙對死不屈服的明朝舊臣並不灰心，不管來京與否都給予光榮的頭銜。

康熙一方面沿襲常規之科舉舊制，網羅漢族士子；另一方面又透過薦舉之法，敦請名節之士出仕任職。必須抓住有利時機，採取特殊辦法，才能達到目的。康熙為此降諭宣稱：

凡有學行兼優，文詞卓越之人，不論已仕、未仕，令在京三品以上及科道官員，在外督、撫、布、按，各舉所知，朕將親試錄用。

大學士李蔚等遵旨薦舉一百七十餘人。各地名流學者、懷才不遇之士，皆在被薦之列。因丁憂、病故等因陸續至京者一百五十人左右。康熙推遲考期，每月每人給俸銀三兩、米三斗，讓他們保證溫飽，研練辭賦。

康熙十八年，也就是 1679 年，農曆三月初一日，康熙在體仁閣親自考試博學鴻儒一百四十三人。考完之後，吏部收卷，翰林院總封，進呈皇帝。次日，康熙至霸州，攜卷親閱，後交閱卷官大學士李蔚、杜立德、馮溥和翰林院掌院學士葉方藹公閱，並商議錄取人選。

康熙經過精心考慮，交代大學士們：「凡在所必取之人，即使做詩出了韻，或用語犯了違礙，一律寬容，不做計較。」

此時清朝入關才三十五年，漢族知識分子中還存在著嚴重的滿漢對立情緒，在這場考試中，許多人並不熱衷在清廷做官，採取可有可無或心不在焉只湊熱鬧的態度，其中嚴繩孫在考試中只作了一首詩，有一個人故意把詩寫得言詞不通順，李泰、施閏章等人的詩作不合韻律，康熙

卻網開一面，去偽存真，把他們都錄用了。

浙江蕭山人毛奇齡卷中有「天傾於北，豈煉石之可補」的句子，有影射的意味。康熙故作不知，沒有挑剔其政治含意，只是問道：「媧皇補天事可信嗎？」

馮溥說：「賦主要的修辭方法是鋪張，古籍宜可用。」

於是毛奇齡仍被取中。

無錫百姓嚴繩孫，是明朝尚書嚴一鵬的孫子，考試那天藉口眼睛有病，只作了一首詩。但康熙一直對他很欣賞，特諭閣臣說：「史局不可無此人。」遂取為二等。

最後，從這些人中取中一等二十名，二等三十名。在取中的五十人中：江蘇二十三人，浙江十三人，直隸五人，安徽三人，江西二人，陝、豫、魯、鄂均為一人。

康熙經過與大學士們反覆商酌，最後決定從優都以翰林用，根據其現任、候補、已仕、未仕等情況，分別授以侍讀、侍講、編修、檢討等職。另據康熙諭旨，在與試未中者間，擇年高之布衣處士陝西孫枝蔚等7人，及來京後因年老未參加御試的太原傅山、定興杜越，授內閣中書。

透過博學鴻儒科，清廷掌握了當時名流學者的基本情況。有些學者雖未能參加博學鴻儒科御試，朝廷仍設法聘請參與纂修《明史》。當時著名史學家萬斯同應徵至京，但因辭入館，不署銜、不受俸，僅答應以「布衣」身分參與修史。因他熟知明朝史事，故史館對他極為倚重信任，請他複審所有書稿，歷時十九年之久，實際上起了總裁作用。

名儒黃宗羲以老病不能就道，除允許錄其所著書外，並令其子黃百家應徵入館。透過博學鴻儒科試及《明史》之纂修，康熙與漢族士大夫特別是江南士大夫的關係更加密切了。

考取者不僅參與修史，而且其中湯斌、秦松齡、曹禾、朱彝尊、嚴

繩孫等，曾被選任日講起居注官；陸柔、朱彝尊等，先後入直南書房。嚴繩孫擔任日講起居注官後，一改往昔高傲態度，凡職所當盡者，無不夙夜兢兢，以報聖祖知遇之恩。

康熙不僅與這些鴻儒在任時密切交往，在他們離任返鄉後，仍與他們保持友好關係。如汪琬，因修史時與別人意見不一，僅在館六十天就告病返鄉。時間雖短，康熙也沒有忘懷，南巡時到達無錫時，前去探望，以其久在翰林，有文譽，居鄉甚清正，「特賜御書一軸」。

康熙不僅團結了一大批名流學者，還把他們都組織起來為國所用，這充分展現了他博大的胸懷和重視人才的遠見卓識。由於他的容人，許多發誓不為大清做事的知識分子被感動，成了清朝的忠實臣子。康熙則把他們作為國家最寶貴的財富來看待和使用，促進了統治的穩定和國家的繁榮。

康熙身上有著滿族、漢族、蒙古族三個民族的優秀基因，因此他能站在全域性的角度考慮問題，透過設立南書房等方式，提高了漢族官員的地位，得到漢人士大夫的支持，保持著滿、漢大臣的平衡，有人曾評價說，康熙這一手，「極得馭漢人之法」。

學習西方先進科技

康熙在還沒有親政的時候，就已經養成了好學的習慣。康熙初年發生的曆法之爭，更讓他意識到，身為君主，自然科學也要懂。因此他不但對中國傳統文化有著濃厚的興趣，與李光地、湯斌、熊賜履、高士奇、張英等理學大家為友，苦讀四書五經，而且對自然科學也傾注了大

量精力。

所以有人評價說，在中國歷代帝王中，康熙是絕無僅有的從不間斷學習的一位。他不僅政治成就大大超出以前的歷代帝王，而且在中國自然科學發展史上也有著重要的地位。

明朝以來，由於長期襲用元朝科學家郭守敬制定的《授時曆》，誤差累積日益嚴重，節氣推算也常常發生差錯。為此，崇禎年間，崇禎皇帝採納大學士徐光啟的建議，聘請德國傳教士湯若望主持改進曆法並修成《崇禎曆書》一百三十七卷，但是未及推行，明朝就滅亡了。

清朝入關以後，順治二年，也就是 1645 年，攝政王多爾袞將此曆改名《時憲曆》，頒行於世。同時任用湯若望掌管欽天監。順治去世後，四個輔政大臣掌權，對順治時期的各項政策進行了大的改動。

康熙三年，也就是 1664 年，新安衛官生楊光先上疏，對湯若望所編新曆加以指責。為此，四輔政大臣將湯若望逮捕下獄，改任楊光先為欽天監監正，廢除《時憲曆》，改行新曆。但是，由於楊光先對此研究不深，曆法推算連年出錯，甚至還出現了一年兩個春分、兩個秋分的笑話，受到傳教士南懷仁等人的批評。

康熙親政後，為了弄清是非，在康熙七年，也就是 1668 年，農曆十二月，命大學士圖海等會同監正馬祜監督測驗立春、雨水、太陽、火星、木星。結果，南懷仁所指每一項都符合，楊光先所稱每款都不合。康熙於是下令將楊光先革職，任命南懷仁為欽天監監副，恢復使用《時憲曆》。

透過這次曆法之爭，康熙深深地感到，身為一個最高統治者，更要通曉科學技術，才能不被人矇騙，更好地統治國家。後來他回憶當時情形時說：

你們只知道我算術之精，卻不知我學習算術的原因。在我還小的時

候，欽天監漢官與西洋人不睦，互相參劾……楊光先、湯若望於午門外九卿前當面測睹日影，但無奈九卿中無一知其法者，我暗想就連我也不知道，所以也不能責怪別人，於是發憤自學。

在這種思想指導下，親政後不久，康熙就開始自己學習自然科學。數學是一切自然科學的基礎和工具，為了精通天文曆算，康熙首先刻苦學習數學。中國古代的數學計算一直居於世界先進行列，但自宋元以後，由於統治者不加重視，數學科學不但發展十分緩慢，而且不少原已發明的計算方法也淹沒失傳。

與之相反，隨著資產階級的興起，西方各國數學知識卻迅速發展，後來居上。有鑒於此，康熙就拜南懷仁、安多為師，學習數學。為了掌握數學知識，「三藩之亂」前兩年左右的時間裡，康熙以極大的熱情專心致志地鑽研，了解主要天文儀器、數學儀器的用法，學習了幾何學、靜力學、天文學中的一些基礎知識。

後來雖因「三藩之亂」爆發，迫使康熙暫時中斷了自己的學習，但是，出於對自然科學濃厚的興趣，康熙一有空就複習已經學過的知識。康熙所處的時代，正是西方科學技術飛速發展的時期，康熙沒有故步自封，而是以博大的胸懷，飽覽群書，從數學、天文、地理到光學、靜力學、重力學、農學，無不涉獵，他不僅是中國歷史上最早學習外語的帝王，也可以說是當時中國學問最淵博的學者。

「三藩之亂」平定後，清朝統治日益鞏固，社會進入了和平發展的新時期。由於緊急政務相對減少，康熙比以前更加熱心地學習西洋科學。

為了這一目的，除南懷仁、安多之外，康熙又將西方傳教士徐日昇、張誠、白晉、蘇霖等請入宮中，講解天文曆算等多學科的知識。

為了消除語言障礙，康熙還為他們專門配備滿、漢教師，輔導他們學習滿、漢文字。為了使講課收到滿意的效果，還下令內廷官員將他

們講課內容整理成稿，由傳教士在講課時口授文稿內容。在講課過程中，康熙態度認真，不但聚精會神地聽講，不懂就問，而且還於課後認真複習。

與此同時，由於治國的需要，康熙對有關國計民生的各種自然科學知識如兵器製造、地圖測繪、醫學、農學等也都產生了廣泛的興趣。為此，他多次表示歡迎懂科學的西方傳教士來中國。

康熙二十一年，也就是 1682 年，在康熙的授意下，南懷仁在致西歐耶穌會教士的一封信中呼籲道：「凡擅長天文學、光學、靜力學、重力學等物質科學之耶穌會教士，中國無不歡迎。」

在康熙的招徠下，洪若翰、白晉、張誠、蘇霖同時來華，供奉內廷。康熙三十六年，也就是 1697 年，康熙又派遣法國傳教士白晉回歐應徵。康熙三十八年，也就是 1699 年，馬若瑟、雷孝思、巴多明等人也應召來華。

就是在清朝政府因教規問題和羅馬教皇嚴重對峙期間，康熙也沒有放鬆爭取西方科學人士來華的努力，並先後授意西方傳教士沙國安、德裡格、馬國賢等致書羅馬教皇，要他「選極有學問天文、律呂、演算法、畫工、內科、外科幾人來中國以效力」。

後來，法國傳教士白晉於《康熙》一書中，曾經記載康熙認真學習的詳細情景：

康熙傳旨，每天早上由上駟院備馬接我們進宮，傍晚送我們返回寓所。還指派兩位擅長滿語和漢語的內廷官員協助我們準備進講的文稿，並令書法家把草稿謄寫清楚。皇上旨諭我們每天進宮口授文稿內容。皇上認真聽講，反覆練習，親手繪圖，對不懂的地方立刻提出問題，就這樣整整幾個小時和我們在一起學習，然後把文稿留在身邊，在內室裡反覆閱讀。同時，皇上還經常練習運算和儀器的用法，複習歐幾裡德的主

要定律，並努力記住其推理過程。這樣學習了五六個月，康熙精通了幾何學原理，取得了很大的進步，以至於一看到某個定律的幾何圖形，就能立即想到這個定律及其證明。有一天皇上說，他打算把這些定律從頭至尾閱讀十二遍以上。我們用滿語把這些原理寫出來，並在草稿中補充歐幾里得和阿基米德著作中的必要而有價值的定律和圖形。除上述課程外，康熙還掌握了比例規的全部操作法、主要數學儀器的用法和幾種幾何學及算術的應用法。

　　康熙令人難以置信地深切注意而且細心地從事這些研究工作。儘管這些原理中包含著極其複雜的問題，而且我們在進講時，也不夠注意禮節，但皇上從不感到厭煩。最初，我們解釋的某些證明，皇上還不能理解，這可能是由於證明題本身確實難懂，更確切說，也許是由於我們不能靈活地運用適當的詞彙清楚地表達自己的思想。不論什麼原因，一碰到這類證明題，皇上總是不辭辛苦地時而向這個傳教士，時而向那個傳教士再三垂問解決。遺憾的是我們往往不能像我們想的那樣使皇上把這些問題理解得十分透澈。在這種情況下，皇上就要求我們改日再作解釋。當時他約束自己專心致志地聽我們講課的情形，是非常令人欽佩的。有一天，皇上在談到他自己時，曾經涉及這個問題。談到刻苦學習的問題時，他說對於刻苦學習科學知識，他從不感到苦惱，並頗有感觸地追述，他從少年時代起，就以堅韌不拔的毅力，專心致志地學習規定的一切知識。康熙充分領會了幾何學原理之後，還希望能用滿語起草一本包括全部理論的幾何學問題集，並以講解原理時所用的方法，進解應用幾何學。同時，皇上旨諭安多神甫用漢語起草一本算術和幾何計算問題集，它該是西洋和中國書籍中內容最豐富的。

　　皇上在研究數學的過程中，已感到最大的樂趣。因此，他每天都和我們在一起度過兩三個小時。此外，在內室裡，不論白天還是夜晚，皇

上都把更多的時間用於研究數學。由於這位皇帝特別厭煩萎靡不振的、無所事事的生活，所以即使工作到深夜，次日清晨也一定起得很早。因此，儘管我們經常注意要早進宮謁見聖上，但仍有好幾次在我們動身之前，皇上就已傳旨令我們進宮。這有時只是為了讓我們審閱他在前一天晚上所做的算題。因為每當學習到幾何學中最有價值的知識時，皇上總是懷著濃厚的興趣，把這些知識應用於實際，並練習數學儀器的操作。由此可見，康熙為了獨立解決與我們以往講過的相類似的問題，曾經做出何等努力，實在令人欽佩之至。

康熙一方面廣攬人才，另一方面發憤自學，如飢似渴地投身於各種自然科學知識的學習和試驗之中。

康熙出巡的時候，經常利用剛會使用的天文儀器，在朝臣們面前愉快地進行各種測量學和天文學方面的觀測。他有時用照准儀測定太陽子午線的高度，用大型子午環測定時分，並推算所測地的地極高度。他也常測定塔和山的高度或是感興趣的兩個地點的距離。

農學和百姓的生存、國家的強弱息息相關，所以康熙很早就給予了關注，併作過深入的研究。他親自培育過御稻米和白粟米兩種優良品種。其中御稻米不僅氣香味美，而且生長期短，北方也能種植，南方則可以連收兩季。他還做過南北作物移植的試驗，北京豐澤園、熱河避暑山莊種有南方的修竹、關外的人蔘，山莊的千林島遍植東北的稠梨，每到夏天，碩果纍纍。

對於醫學，康熙也很有研究。為此，他還在宮專科門建立了化驗室。對於一些先進的醫療技術，他還極力加以推廣。如他發現點種牛痘，對於防治天花極為有效，在邊外四十九旗及喀爾喀蒙古積極推廣，收到了很好的效果。他還諭令西方傳教士巴多明將《人體解剖學》一書以滿漢兩種文字譯出。

　　至於興修水利、兵器製造、地圖測繪等項知識，因為這都和鞏固統治關係極為密切，康熙更是十分關心。如對治理黃河，他不但對前代有關河務之書，無不披閱，而且還乘六次南巡之機，實地視察河工，同時又廣泛諮詢，經過十多年的努力，終於摸索出了一套治理黃河行之有效的方法，從而改變了黃河連年潰決的現狀，出現了四十年安定的大好局面。

　　對於地理測量，康熙的態度也十分積極，每次巡幸或者出征，他都攜帶儀器。在此基礎上，自康熙四十六年至五十六年，他又組織一批中西學者對全國進行實測，編制了《康熙皇輿全覽圖》。

　　康熙還重視軍事科技的發展。在「三藩」叛亂期間，他曾命西方傳教士南懷仁研製改制火炮，並親至盧溝橋閱視新炮的實彈演習。「三藩」叛亂平定後，他仍重視並下令繼續鑄造，分別配備於全國的策略要地。

　　由於長期堅持鑽研，在一些領域中，康熙頗有亮點。

　　康熙四十三年，也就是 1704 年，農曆十一月，他根據實測結果認定據西洋新曆推算本月初一日食時刻略有失誤，因此懷疑可能是算者有誤。康熙五十年，也就是 1711 年，康熙又根據實測發現當年夏至是在「午初三刻九分」，而不是西洋歷推算的「午初三刻」。

　　康熙對於自然科學的興趣始終不衰，學習自然科學成了他終生愛好。透過學習，康熙也使自己在自然科學領域內成為內行，取得了主動權，從而在決策的時候能分清是非，避免或少走了不少彎路。

　　康熙重視自然科學，還在一定程度上改變了長期以來人們輕視自然科學的錯誤傾向，產生了深遠的影響。

　　明清時期，正是西方科技傳入中國之際，東西方的政治文化觀念相互碰撞。在這種世界背景下，如何對待這種碰撞，如何對待西方科技，是檢驗統治者是否成熟，是否有遠見，是否有世界眼光的試金石。

康熙當時對科技產生了濃厚興趣後，一方面積極向傳教士學習各門科技知識；另一方面積極鑽研，開掘祖國科技遺產，培養科技人才，鼓勵科技人才脫穎而出。除了學習之外，康熙還親自主持編輯科技書籍。

康熙曾說：「己不知，焉能斷人之是非。」透過勤奮地學習，特別是學習西方先進的科學技術，他能夠以更遠大的眼光來引領國家的走向。

發揚「孝治天下」

康熙是歷史上有名的聖君，以「仁治天下」是其鮮明的執政風格。但康熙對於孝道也有深刻的理解和體會。他說：「凡人盡孝道欲得父母之歡心，不在衣食之奉養，唯持善心行合道理以慰父母而得其歡心，這才是真孝。」

康熙深諳「孝」的觀念而加以運用，將「孝」的精神推廣到治理天下的層面，他說，人君以孝治天下，則臣下觀感以作忠，兆民親睦而成俗，真所謂至德、要道也。康熙認為：「如果把每一個青年都訓練得聽父母的話，那麼又有哪一個老夫、老嫗肯要兒子去做殺頭造反的事呢？」

因此，康熙巧妙地運用了「孝治天下」的策略。而要天下人盡孝，皇帝自己應該是遵守孝道的楷模。康熙對於太皇太后孝莊的孝，是足以示範天下兒孫的。

康熙之所以能成為皇帝，孝莊造成了最重要的作用。孝莊一開始就把玄燁當作帝王來培養。由於母子不能同居一室，玄燁剛生下來就被送給保母撫養，母子很難見面。而孝莊則不受這種制度的限制，身為祖母，她對玄燁的生活、學習無不精心關注，甚至經常親自教導孫子。

康熙後來回憶說：「我從幼齡剛開始學走路、說話時，即奉聖母慈訓，不管是吃飯、坐立行走、說話，都要按規矩來。就算自己一個人獨處的時候，也不能放縱自己，如果讓祖母知道我有不合規矩的地方，她就要責罰我。其實老人家是希望我能成就大業。」

「儼然端坐」是皇帝舉止修養最起碼的功夫。為了讓孫子養成這種習慣，孝莊經常告誡他：「凡是行為坐臥，不可回顧斜視。」由此可見，孝莊是嚴格按著帝王的標準訓練孫子的，為此，她還指派自己的密友蘇麻喇姑親自教導幼年的玄燁。

康熙很少能見到自己的母親，又不被父親重視，因此得到的父愛母愛很少，用他自己的話說是「父母膝下，未得一日承歡」，倒是從寬厚、慈愛而又有政治頭腦的祖母身上，得到了源源不斷的愛。愛是一個人生命的泉源。尤其是在他八歲和九歲之際，父母相繼去世，他和孝莊祖孫二人相依為命，依戀更深。

在祖母的寵愛、眷顧下成長起來的康熙，也把自己的愛回報給了這位老祖母。康熙可以說是帝王中最孝順的一位，他對祖母真是竭盡了孝道。這一點，天下人有目共睹，當時大臣們就說：

我皇上至德純孝，侍奉太皇太后三十餘年，極四海九州之養，盡一日三朝之禮，無一時不盡敬，無一事不竭誠。居則視膳於寢門，出則親扶於雕輦。萬機稍暇，則修溫之儀；千里時巡，恆馳絡繹之使。此皇上事太皇太后於平日，誠自古帝王所未有也。

康熙對孝莊的孝順，是發自內心深處的，這從他一言一行的小事之中淋漓盡致地表現出來。不論政務多麼繁忙，每隔兩三日，他一定到孝莊所住的慈寧宮問安，向她彙報朝中的情況。如果時間允許，或祖母身體不適，便一連多日，每天前往探視，每天問候一兩次、三四次不等。

這樣，既可及時了解祖母健康狀況，知道該為祖母做些什麼，又可

讓祖母見到自己，以慰老人想念、惦念之心。在問安時間上，也經過精心安排，通常在上午八至十時，因為這時老人比較閒暇，精神狀態也好，正好陪著說說話。

康熙十一年，也就是 1672 年，農曆二月初六日晨四時左右，宮中馳奏：皇后赫舍芮氏所生的皇長子、年方四歲的承祜，於昨日上午病逝。皇長子天性聰慧，康熙最為鍾愛，聽此不幸消息，康熙甚感悲痛。但八時左右仍到祖母行宮問安，瞞著愛子的死訊，對祖母「笑語如常」。

此後很長時間，康熙仍每日照常到祖母行宮問安，到祖母面前，他一直把喪失愛子之痛埋在心底，像什麼事都沒發生似的。扈從官員稱讚康熙：「天性純孝，古帝王未之有也。」逢年過節，康熙都要集合全家人，和祖母歡聚一堂，吃個團圓飯。有一年，康熙到關外祭奠祖陵，正趕上過端午節，為了不耽誤和祖母團聚，他快馬加鞭，特意在節前一天趕回京城，一回到宮中，就趕往慈寧宮問安。

康熙經常到外地出巡，為了不讓祖母擔心，他每隔幾天就要派人送信，向祖母報個平安。還令人及時向他奏報祖母的情況。每次圍獵獲得野味，康熙也馬上令人送回宮，請祖母品嘗。

康熙二十一年，也就是 1682 年，康熙到奉天祭謁皇陵，多次回書向祖母問安，並派人送回當地土特產，問安書中說道：「孫兒來到盛京，親手用網獲得鱘魚、鱘魚，浸以羊脂，在山中野燒，味道很好；還有自落的榛子果及山核桃，朝鮮所進柿餅、松、慄、銀杏，我讓使臣送回京城給祖母嘗嘗，只要您吃了心裡高興，那孫兒也心裡高興。」

康熙二十三年，也就是 1684 年，農曆九月，康熙第一次南巡，途中從黃河打撈的鮮魚，也立即派人飛速送回京城。最能展現康熙孝心的，是他陪祖母出巡五臺山。孝莊篤信佛教，而五臺山是北方最著名的佛教名山，孝莊多年來就夢想到那裡拜佛，但都沒能實現。

康熙為了滿足祖母的願望，於康熙二十二年，也就是 1683 年，農曆二月，親自率領皇太子到五臺山菩薩頂喇嘛寺拜佛，為祖母祈福，為祖母出巡打前站。

當時，孝莊畢竟是七十多歲高齡的老人了，為了確保萬無一失，康熙下令重新修建從北京去五臺山的道路和橋梁。這一年的九月分，準備工作完成，康熙就和自己的哥哥和碩裕親王福全、弟弟恭親王常寧，一起陪同祖母去五臺山。他自己率人先行探路，由福全和常寧隨祖母在後面行進。

九月十九日，康熙先到了五臺山菩薩頂，長城嶺一帶地勢險峻，他讓校尉們共同抬輦，試驗是否平穩，結果校尉都很難站穩。二十二日，康熙命內大臣佟國維、公福善率侍衛等修整這一帶道路，自己親自回頭迎接祖母。

康熙見到孝莊，向祖母彙報了詳情。孝莊認為自己多年來的夙願，不能半途而廢，仍然堅持前行。到達長城嶺後，因山路坎坷，乘車不穩，康熙請祖母改乘八人暖轎，並親自指揮校尉攙扶著祖母上轎。

走了一段路，孝莊見校尉們在山路上抬轎步履維艱，於心不忍，堅持乘車。康熙勸請再三，祖母不允，只得從命。但他還是瞞著祖母，讓校尉們抬著轎子跟在隊伍後面，他自己則跟在祖母車旁，隨時照應。

又走了幾裡路，車子顛簸得厲害，康熙怕祖母不舒服，就請改乘暖轎。孝莊為難地說：「我已經改乘車了，不知轎在哪裡，能說要就到嗎？」康熙回答說：「轎就在車後。」不一會兒，轎子就抬到了身前。孝莊非常感動，她撫摸著孫子的後背說道：「連車轎這樣的小事你都想到了，實在是大孝啊！」

接下來的路更加險峻，孝莊畢竟年紀大了，她覺得不能再給孫子們添麻煩，於是決定就此而止，讓康熙代她到佛前膜拜，完成自己的心

願。儘管這次沒能登上菩薩頂，但她已經非常滿足了。

康熙時刻關心著祖母的健康。每當孝莊身體不適，康熙一定要親自探視，命人煎好湯藥，親自送去。蒙古族和滿族有溫泉療養的傳統，當孝莊身體欠安時，康熙都陪她到溫泉療養。一路之上，他親自關照祖母的衣食住行，無微不至。吃飯時，都是先安排好祖母的膳食，自己才進膳。遇到坎坷不平的地方，他都要親自護駕，有時甚至要下馬步行，陪侍在車駕之側。他的這些孝行，不但令孝莊感動不已，而且身邊的大臣也無不感嘆。

康熙二十四年，也就是 1685 年以後，孝莊身體每況愈下。這年九月，康熙正在塞外出巡，接到了祖母中風的奏報，心急如焚，馬上啟行，日夜兼程，趕回京城，親自照顧。

康熙二十六年，也就是 1687 年，農曆十一月，孝莊再次發病，臥床不起，康熙日夜不離，指揮搶救，用盡了一切辦法，但孝莊仍不見好轉。康熙希望能用自己的誠意打動上天，他在十二月初一，率領滿朝文武，從乾清宮步行到天壇祭奠，祈請上天讓祖母轉危為安，情願自己減壽來增加祖母的壽命。

孝莊的病情一天比一天嚴重，康熙為了親自照顧祖母，決定暫停御門聽政，寸步不離祖母身旁。暫停御門聽政，在康熙在位數十年間，這是僅有的幾次，可見他對祖母孝心的真誠。因為悲傷、焦慮和操勞，康熙在這些天也消瘦了很多，大臣們勸他早一點休息，按時進膳，不要過度操勞。

而康熙則說：「我自幼蒙太皇太后撫養教訓三十餘年，無限深恩，難以報答。今見太皇太后病體依然不見好轉，五內俱焚。當此之時，不竭盡心力，略微盡些報答之情，到時候雖然想依戀祖母，盡心盡孝，還有機會嗎？況且太皇太后病勢越來越重，我片刻難離，即使回宮，也放心

不下，不如在病榻旁看護，心裡反而更安定一些。」

後來康熙在給諸皇子的家訓中特別提到了這一段經歷，他說道：

昔日太皇太后聖躬不豫，朕侍湯藥三十五晝夜，衣不解帶，目不交睫，竭力盡心，唯恐聖祖母有所欲用而不能備。故凡坐臥所需以及飲食餚饌無不備具，如糜粥之類備有三十餘品，其時聖祖母病勢漸增，實不思食，有時故意索未備之品，不意隨所欲用一呼即至，聖祖母捫朕之背垂泣讚嘆曰：因我老病，汝日夜焦勞，竭盡心思，諸凡服用以及飲食之類無所不備，我實不思食，適所欲用不過藉此支吾安慰汝心，誰知汝皆先令備在彼，如此竭誠體貼，肫肫懇至孝之至也，唯願天下後世，人人法皇帝如此大孝可也。

孝莊太皇太后共生三女一男。兒子與三女已不在人世。次女阿圖，即固倫淑慧長公主，十二歲下嫁喀爾喀蒙古額駙博爾濟吉特氏恩格德裡之子索爾哈。順治初年索爾哈亡。順治五年，也就是 1648 年，阿圖又嫁給蒙古巴林部輔國公博爾濟吉特氏色布騰，故人稱巴林公主。順治七年，也就是 1650 年，色布騰晉封巴林郡王。不幸的是，康熙七年，也就是 1668 年，農曆二月，色布騰也故去。

當時，阿圖便被人認為命硬剋夫，她不但忍受中年喪夫之苦，而且承受輿論的壓力和折磨。次女巴林公主阿圖經歷坎坷，身為母親，孝莊太皇太后時常為她的處境和歸宿牽腸掛肚。而且，孝莊太皇太后特別喜愛這個女兒。

康熙十二年，也就是 1673 年，端午節時，康熙得知祖母想念姑母固倫淑慧長公主時，立即派乾清門侍衛武格，用御轎馳驛往迎。公主很快到來，於五月初六日到慈寧宮拜見母親。孝莊太皇太后原本有些身體不適，但見到自己日夜想念的女兒，喜出望外，竟然精神好了很多，幾乎跟正常時候一樣了。

康熙二十六年，也就是 1687 年，夏，聽說巴林公主居住的地方年景不好，流行牲畜瘟疫，馬牛羊多「染疫倒斃」，莊稼顆粒不收，孝莊太皇太后掛念女兒的生活，不知女兒在遭受什麼樣的困苦。

康熙向祖母請安時，了解到老人的心事，又派人把姑母接進京城，並帶去馬駝糧米以救急。巴林公主的到來，給孝莊太皇太后以莫大的安慰。孝莊太皇太后已七十五歲高齡，鍾愛的女兒和皇孫圍繞在她的身邊，其樂融融，使她在無比的幸福和滿足中度過了人生最後的四個月。

孝莊把巴林公主託付給皇孫，算是對身後事的安排。康熙當著祖母與公主的面承諾：「待姑母年邁時，我將她迎接到北京，凡一切應用之物，全部由孫兒承理，以終天年。」孝莊深知皇孫言而有信，她了卻了心中唯一的牽掛，安然地走向生命的盡頭。

康熙二十六年，也就是 1687 年，農曆十二月二十五日午夜，孝莊病逝，享年七十五歲。康熙悲痛欲絕，幾次昏迷，好幾天都沒有進膳。此後，一直到他的晚年，康熙都沒有忘卻祖母的養育之恩，每當想起來，都情難自禁而痛哭流涕。

康熙用自己的行為，實踐了儒家的「忠孝」精神。「孝」這個字，對康熙來說，就是人生最重要的原則。他最喜歡的人是孝子，最痛恨的，便是不孝之人。康熙在位，很少殺人，但對不孝之人，從來都不手軟。

噶禮雖然貪汙巨大，康熙也沒有重罰，但後來噶禮的老母告發他欲加害自己，康熙大怒，因其不忠不孝，下令他自盡。還有趙申喬之子趙鳳詔，就因為他「不忠不孝」，康熙認為「不忠不孝之人，應當處斬」，因此毫不客氣地殺了趙鳳詔。

康熙「孝治天下」的非常高明之處在於，他將「孝」推廣到臣子對君主的層面，說：「由各人的孝父母，擴而充之愛天下人，就是孝的精神。果能盡心體貼君親，凡事出於至誠，未有不得君親之歡心的。」

多子多福的生活

康熙八歲即位，六十九歲駕崩，在位六十一年，是中國歷史上在位時間最長的皇帝。他對這件事做過調查，說自秦始皇元年以下，稱帝而有年號者二百一十一人，「在位久者，朕為之首」，為此感到無比欣慰。

康熙之後，清代諸帝在位時間也沒有超過康熙的：雍正在位十三年，乾隆在位六十年，嘉慶在位二十五年，道光在位三十年，咸豐在位十一年，同治在位十三年，光緒在位三十四年，宣統在位三年。

其中乾隆本可與先祖比美，只因他不肯上同皇祖紀年，故在位六十年即傳位嗣子，自己當了太上皇。所以康熙與以後諸帝比，也是在位久的皇帝。

皇帝在位時間長短，由諸多因素促成。其中主要是御極早晚、政局如何、壽命長短三項。順治帝早喪，選中康熙即位，康熙以八歲少年當皇帝。前數年，他實際上沒有也無能力掌握政權。

不過，康熙親理朝政是很早的，只有十幾歲，屬於政治上早熟。當時，客觀急需，促使他少年老成，及早主持國事。所以康熙御極早，雖由其父所定，也是他本人有才能，有謀略，能夠勝任。

康熙當政期間，雖然也出現過外來侵擾，內部陰謀、叛亂和儲位之爭，但並未釀成重大禍亂，沒有大規模的農民起義，沒有宮廷政變，沒有造成國家危機的外患，政局基本上穩定。

大清帝國是強大無敵的，這與康熙的治理密不可分。康熙透過各項政策提升了國家的經濟實力與軍事實力，國用充足，兵強馬壯，邊疆鞏固。不論內部還是外部敵人都望而生畏，這是最根本的問題。康熙的內政、外交剛柔適當。

剛，表現於常以敏銳的目光洞察事物，精明果斷，不避艱險，勇於進取，國家的大權、大利不丟、不讓；柔，則表現於對下屬和人民比較寬和，政策較靈活，不做激化矛盾之舉，盡可能息事寧人，讓各階層的人們或多或少地從皇帝的「仁政」中得到好處，能夠過得去，活得下去。

康熙的作為，使他在全國贏得了崇高的威信。他「受到本國人民及鄰國人民的崇敬。從其宏偉的業績來看，他不僅威名顯赫，而且是位實力雄厚、德高望重的帝王」。

人到七十古來稀。康熙在人們準備為他慶祝七十大壽的時候去世，已登古稀之年。古代皇帝長壽少，短命者多。康熙屬於長壽者。他與一般帝王不同，從來不追求長生不老，也不幻想返老還童。他幼年時期，身體不算太好，吐過血，「常灸病」，直至多少年後，仍念念不忘灸病之苦，即「艾味亦惡聞」「聞即頭痛」。

但他一生不消極保養，而是以積極態度從事騎射、狩獵和田園勞動，「或獵於邊牆，或田於塞外」，增強身體素養，鍛鍊「勇果無敵」精神。

康熙五十八年八月十九日，他將自幼至今狩獵所獲做了一個統計：「凡用鳥槍弓矢，獲虎一百三十五、熊二十、豹二十五、猞猁猻十、麋鹿十四、狼九十六、野豬一百三十二，哨獲之鹿凡數百。其餘圍場內隨便射獲諸獸不勝記矣。」

比方說野兔為小動物，不屑詳計總數，但最高紀錄尚能記憶，最多時「曾於一日內射兔三百十八」，超過庸常人畢生所獲。他認為「恆勞而知逸」，如果長期安逸，勞累就經受不住。

他一生讀書、治理朝政向來不辭辛勞。並於日理萬機之餘暇，充滿樂趣並心神寧靜地潛修技藝，其興趣、嗜好高雅不俗。生活上節飲食，慎起居；「不喜厚味」，喜「粗食軟蔬」，所好之物不多食，不尚豪華，

愛簡潔。

這種良好的精神狀態和習慣，使他避免了糜亂生活之害，因此始終保持了旺盛的精力，並健康長壽。他在迎接古稀之年作詩一首：

　　淡泊生津液，清虛樂有餘。
　　鬢霜慚薄德，神憊恐高譽。
　　苦好山林趣，深耽性道書。
　　山翁多耄耋，粗食並園蔬。

康熙當時是就飲食一事書懷，其心境極為平和。但詩中涵義很深，既講養身之道，又將養心、養性融合其中。

康熙很欣賞自己的健康和壽命，說，五十歲「方有白鬚數莖。」有人向他進烏須方，康熙笑而辭之，說：「自古帝王鬢斑須白者史書罕載。吾今幸而斑白矣。」「朕若鬚鬢皓然，豈不為萬世之美談乎？」

幾十年間，他繼承祖業，治理國家，不曾虛度時光。他非常滿意地說：「賴祖宗積善累德之效，所以受無疆之福，得四海餘慶，萬類仁壽，使元元之眾安生樂業。於此觀之，可謂足矣。」這是就過去而言，康熙直到生命最後的日子裡，也沒停止操勞和思慮。康熙一生是充實而又碩果纍纍的。

康熙帝的妻子，從清東陵陵寢安葬者統計，共有四位皇后：孝誠仁皇后赫舍芮氏、孝昭仁皇后鈕祜祿氏、孝懿仁皇后佟佳氏、孝恭仁皇后烏雅氏。其中赫舍芮氏為康熙四年冊封，於康熙十三年生胤礽之日死。康熙十六年，冊封鈕祜祿氏為皇后。康熙二十八年冊封佟佳氏為皇后。烏雅氏是雍正即位尊為皇太后的。

妃嬪等有敬敏皇貴妃章佳氏、怡皇貴妃瓜爾佳氏、愨惠皇貴妃佟佳

氏、溫僖貴妃鈕祜祿氏、定妃萬琉哈氏、順懿密妃王氏、純裕勤妃陳氏、惠妃納拉氏、宜妃郭絡羅氏、榮妃馬佳氏、成妃戴佳氏、良妃衛氏、平妃赫舍芮氏、慧妃、宣妃、通嬪納拉氏、襄嬪高氏、謹嬪色赫圖氏、靜嬪石氏、熙嬪陳氏、穆嬪陳氏、端嬪董氏、僖嬪、布貴人、伊貴人、蘭貴人、馬貴人、袁貴人、文貴人、尹貴人、新貴人、常貴人、勒貴人、妙答應、秀答應、慶答應、靈答應、春答應、曉答應、治答應、牛答應、雙答應、貴答應、瑞常在、常常在、尹常在、祿常在、徐常在、石常在、壽常在、色常在。共後、妃、嬪、貴人、答應、常在55人。

多妻必多子，據《清實錄》載康熙子、孫、曾孫一百五十餘人。多妻多子孫，是康熙家庭的一大特點。長期以來，中國是個體小生產經濟占絕對優勢地位的社會，家庭不僅是生活單位，也是經濟單位。人們觀念中子孫多是一大幸福，平民百姓如此，帝王將相更是如此。

其實不然。如果說貧苦勞動人民家庭成員之間同甘共苦，無所爭奪，能享天倫之樂，皇帝則很難有這種幸福。爭奪皇位就是一大不幸。康熙共生子三十五人，其中早殤沒來得及齒者十一人，序齒者二十四人。

皇長子胤禔，康熙十一年生。母惠妃納拉氏。據傳教士白晉說：「皇上特別寵愛這個皇子，這個皇子確實很可愛。他是個俊美男子，才華橫溢，並具有其他種種美德。」

由於他在皇子中年齡居長，替康熙做事最多。征討噶爾丹時，康熙任命裕親王福全為撫遠大將軍，十九歲的他從征，任副將軍，參與指揮戰事。還銜命祭華山，管理永定河工程。二十六歲，被封為直郡王。因爭儲位，謀害太子，被康熙革王爵，監禁。雍正十二年，卒。

皇二子胤礽，康熙十三年生。因系孝誠仁皇后所生，為嫡長子。康熙十四年，在他還是個一歲多的嬰兒時，就被立為太子。但是康熙

四十七年九月被廢；四十八年，復立；五十一年十月，再廢，受禁錮。雍正二年，卒。

皇三子胤祉，康熙十六年生。母榮妃馬佳氏。胤祉博學多才，成為康熙學術上的最有力助手。康熙征噶爾丹時，胤祉領鑲紅旗大營。二十一歲，被封為誠郡王；次年，降為貝勒；三十二歲，晉誠親王。雍正即皇位，命胤祉守護景陵。雍正八年，被奪爵、囚禁；十年，去世。

皇四子胤禛，康熙十七年生。母孝恭仁皇后。康熙親征噶爾丹時，胤禛奉命掌管正紅旗大營。二十歲，被封為貝勒；三十一歲，晉雍親王。康熙駕崩，胤禛繼位，為雍正帝。

皇五子胤祺，康熙十八年生。母宜妃郭絡羅氏。康熙認為此子心性甚善，為人淳厚。康熙征噶爾丹時，胤祺奉命領正黃旗大營。十九歲，被封為貝勒；時年三十歲，晉恆親王。雍正十年，卒。

皇六子胤祚，康熙十九年生。母孝恭仁皇后。康熙二十四年，夭折。

皇七子胤祐，康熙十九年。母成妃戴佳氏。康熙誇他「心好，舉止和藹可親」。康熙親征噶爾丹時，命胤祐領鑲黃旗大營。十八歲，被封為貝勒；二十九歲，晉淳郡王。後管正藍三旗事務。雍正元年，封淳親王；八年，卒。

皇八子胤禩，康熙二十年生。母良妃衛氏。少時為允母惠妃撫養。諸臣奏稱其賢，康熙的哥哥裕親王也在皇帝面前誇他「心性好，不務矜誇」。康熙自然喜歡，十七歲即被封為貝勒。後署內務府總管事。因爭儲位被奪貝勒，並受拘禁。胤禩獲釋，復為貝勒。雍正即位，為穩定其情緒，命總理事務，進封廉親王，授理藩院尚書。雍正元年，命辦理工部事務；四年，雍正以其結黨妄行等罪削其王爵，圈禁，並削宗籍，更名為阿其那；同年，卒。

皇九子胤禟，康熙二十二年生。母宜妃郭絡羅氏。二十六歲，被封

為貝子。雍正命其駐紮西寧。後以其違法肆行，與胤禩等結黨營私為由，於雍正三年奪爵，幽禁；四年，削宗籍，令改名塞思黑，卒。

皇十子胤䄉，康熙二十二年生。母溫僖貴妃鈕鈷祿氏。二十六歲，被封敦郡王。康熙五十七年，奉命辦理正黃旗滿洲、蒙古、漢軍三旗事。因黨附胤禩，雍正元年，被奪爵拘禁。乾隆二年，得以釋放，封輔國公；六年，卒。

皇十一子胤禌，康熙二十四年生。母宜妃郭絡羅氏，與胤祺、胤禟同母。康熙三十五年，年幼夭折。

皇十二子胤祹，康熙二十四年生。母定妃萬琉哈氏。康熙四十八年，封貝子。曾署內務府總管事務，辦理正白旗滿洲、蒙古、漢軍三旗事。康熙御極六十年，派胤祹祭盛京三陵。次年，任鑲黃旗滿洲都統。雍正即位後，進封履郡王。乾隆即位後，進封履親王。乾隆二十八年，卒。

皇十三子胤祥，康熙二十五年生。母敬敏皇貴妃章佳氏。康熙六十一年，雍正即位，封為怡親王，命總理戶部三庫。雍正元年，總理戶部。為人「敬謹廉潔」，雍正照例賜錢糧、官物，均辭而不受；對雍正「克盡臣弟之道」，總理事務「謹慎忠誠」，為雍正所賞識。

三年，從優議敘，復加封郡王，任王於諸子中指封。後總理京畿水利，多有建樹。又辦理西北兩路軍機。八年，卒。是雍正最知心、也得其協助最多的兄弟。

皇十四子胤禵，康熙二十七年生。母孝恭仁皇后。與雍正、胤祚同母。但黨附胤禩，與雍正對立。康熙四十八年，封貝子；五十七年，任撫遠大將軍，征討策妄阿拉布坦；六十年，率師駐甘州，進次吐魯番。雍正元年，晉為郡王；三年，被降為貝子；四年，禁錮。乾隆即位後，下令釋放，封輔國公。乾隆十二年，晉升貝勒；十三年，進封恂郡王；

二十年，卒。

皇十五子胤禑，康熙三十二年生。母順懿密妃王氏。雍正四年，封貝勒，命守景陵；八年，封愉郡王；九年，卒。

皇十六子胤祿，康熙三十四年生。與胤禑同母。因莊親王死後無嗣，雍正命他襲封。乾隆三十二年，卒。

皇十七子胤禮，康熙三十六年生。母純裕勤妃陳氏。雍正元年，封果郡王，管理理藩院事；六年，晉親王；七年，奉命管工部事；八年，總理戶部三庫；十一年，授宗令，管戶部；十二年，赴泰寧，送達賴喇嘛還西藏，沿途巡閱各省駐防及綠營兵；十三年，返回京城，協助辦理苗族事務。乾隆即位，命總理事務，解宗令，管刑部。乾隆三年，卒。

皇十八子胤祄，康熙四十年生。與胤禑、胤祿同母。康熙四十七年，夭折。

皇十九子胤禝，康熙四十一年生。母襄嬪高氏。康熙四十三年，夭折。

皇二十子胤禕，康熙四十五年生。與胤禝同母。雍正四年，封貝子；八年，晉貝勒；十二年，命祭陵，稱病不行，降輔國公。乾隆即位後，復封貝勒，守泰陵；二十年，卒。

皇二十一子胤禧，康熙五十年生。熙嬪陳氏生。立志向上，頗有文才。雍正八年，加封貝子，晉貝勒。乾隆即位，晉慎郡王。乾隆二十三年，卒。

皇二十二子胤祜，康熙五十年生。母謹嬪色赫圖氏。雍正八年，封貝子；十二年，晉貝勒。乾隆八年，卒。

皇二十三子胤祁，康熙五十二年生。母靜嬪石氏。雍正八年，封鎮國公。乾隆即位，晉貝勒，後降鎮國公；四十五年，復封貝子；兩年後，晉貝勒；四十九年，加郡王銜；五十年，卒。

皇二十四子胤祕，康熙五十五年生。母穆嬪陳氏。秉性忠厚和平，有學識。雍正十一年，胤祕十七歲，被封為誠親王。乾隆三十八年，卒。

康熙諸子，能文能武，多為奇英之才。康熙對皇子教育自幼年抓起，慎選教師，並親自教誨督促，多方面嚴格要求。康熙談起對皇子的教育，曾說：「朕深唯列後付託之重，諭教宜早，弗敢辭勞，未明而興，身親督課，東宮及諸子以次上殿，背誦經書，至於日昃，還令習字、習射、覆講，尤至宵分。自首春以及歲晚無有曠日。」

教育內容很全面，經、史、文、算術、幾何、天文、騎馬、射箭、游泳等，使用各種火器，還兼以書畫、音樂。尤其注重教以治道，「上下千古成敗理亂，已瞭然於胸中」。

康熙寄希望於子孫，要把他們培養成自己事業的優秀繼承人。為了同一目的，皇子長到幾歲或十幾歲、二十幾歲就開始跟隨康熙外出巡視、謁陵，增長見識，了解各地風情、民間疾苦。尤其征討噶爾丹之役，令十九歲的皇長子任副將軍，率師隨裕親王出征，開創皇子領兵之制。

康熙三十五年親征時，命太子坐鎮京師代理朝政，皇三子、皇四子、皇五子、皇七子等分別管理鑲紅旗、正紅旗、正黃旗、鑲黃旗大營，從父皇出征，參與軍事討論，接受鍛鍊，稱得上一次諸子接替朝廷大業的演習。康熙無意戀棧，渴望兒孫們盡快成長起來，肩負起清朝統治重任。

盛世暗藏危機

康熙召諸王大臣侍衛文武官員等齊集在行宮前，令胤礽下跪，然後釋出諭旨，歷數其罪狀：「胤礽不聽教誨，目無法度，朕包容二十多年，他不但不改悔，反而愈演愈烈，實難承祖宗的宏業。」

康熙邊哭邊訴，竟至氣得昏倒在地，被大臣急忙扶起。康熙下令，首先懲辦了慫恿皇太子的官員，繼而又廢了皇太子，令胤禔監視胤礽。

這次廢皇太子，在精神上對康熙刺激很大，致使他六天六夜不能入睡。康熙召見隨從大臣，邊說邊哭，羅列了胤礽的罪狀。群臣也為之傷感，泣不成聲。康熙還將廢皇太子胤礽之事宣示天下。

先後兩次廢立皇太子

晚年，康熙一直被皇太子的廢立問題困擾著，諸子爭奪嗣位的激烈鬥爭，使他心情憂鬱，精力耗盡。歷史似乎有個規律：雄才大略的君主晚年往往會為繼承人問題苦惱，甚至成為困擾統治者的最大難題，也往往成為政治動盪的主因。

隋文帝楊堅晚年在立太子問題上幾經反覆，卻選擇了陰謀家楊廣，不但自己死在兒子手裡，建立的隋王朝也二世而亡；唐太宗晚年為立太子事常忽然如痴如狂，甚至在大臣面前引刀自盡，幸被救下，結果還是選了懦弱的李治；武則天晚年在立武立李的問題上猶豫不決，結果被李唐派所乘，在軟禁中度過餘生。

　　康熙不同於以往君主的是，他直至臨終前始終能控制政局，給身後留下了一位勵精圖治、勤勉有為的皇帝。在複雜激烈而又特殊的立嗣鬥爭中，康熙的縝密幫助他直至終局而握有全盤。

　　康熙在早年就立下胤礽為皇太子。胤礽生於康熙十三年，也就是1674年，他在康熙的兒子裡原本排行第六，後因前五個哥哥有四個幼年夭折，不序齒，所以成為了二阿哥。他的生母是康熙的結髮妻子孝誠仁皇后赫舍芮氏，赫舍芮氏皇后因生此子產後大出血而去世，康熙的愛妻之情就全都轉移到了這個孩子的身上，自幼即被父皇鍾愛。

　　康熙十四年，也就是1675年，康熙二十歲時就意識到立儲是關係清朝統治是否能長治久安的重大問題，根據儒家立嫡立長的傳統，他選中了剛剛一歲的胤礽為皇太子，皇帝親自教他讀書，六歲時又特請大學士為師。

　　而胤礽經過父親和老師的指點，確實顯露出幾分聰明。他文通滿漢，武熟騎射，加上一副儀表，著實惹人喜愛。康熙特在暢春園之西為胤礽修了一座小園林，賞他居住，出巡時也命他隨侍左右。但後來，這位皇太子由於十分受寵，且被康熙批准具有特殊的權力，因而養成了過分驕縱和暴戾的性情，這些又引起了康熙的不滿。

　　康熙二十九年，也就是1690年，康熙在親征噶爾丹的歸途中生了病，十分想念皇太子胤礽，特召他至行宮。胤礽在行宮侍候康熙的時候，竟然一點擔心的神色也沒有。康熙看出皇太子無忠君愛父的心思，實屬不孝，大怒之下讓胤礽先回京了。

　　康熙四十七年，也就是1708年，農曆八月，康熙帶皇太子胤礽、皇長子多羅直郡王胤禔、皇十三子胤祥、皇十四子胤禵、皇十六子胤祿、皇十七子胤禮等西巡。九月，康熙貴妃王氏所生的皇十八子胤祄因病而亡，年僅八歲。

康熙非常悲痛，眾位皇子也都很悲哀，可胤礽卻顯出對其親兄弟毫無友愛之意，這就更加深了康熙對他的厭惡。康熙對此深加指責，胤礽不但不反省還委屈地大聲抱怨。在行軍途中，每夜逼近父皇所居的帳篷，扒裂縫隙，鬼頭鬼腦地向裡窺視，不知意欲何為。這些舉動使康熙日夜戒備，不得安寧。

而且，胤礽平時對臣民百姓稍有不從便任意毆打，其侍從肆意敲詐勒索，仗勢欺人，也激起公憤。鑒於皇太子以往的惡行，尤其是他派人窺視康熙在行宮中的動靜，使康熙深為憤怒。於是康熙召諸王大臣侍衛文武官員等齊集在行宮前，令胤礽下跪，然後釋出諭旨，歷數其罪狀：

胤礽不聽教誨，目無法度，朕包容二十多年，他不但不改悔，反而愈演愈烈，實難承祖宗的宏業。

康熙邊哭邊訴，竟至氣得昏倒在地，被大臣急忙扶起。康熙下令，首先懲辦了慫恿皇太子的官員，繼而又廢了皇太子，令胤禔監視胤礽。

這次廢皇太子，在精神上對康熙刺激很大，致使他六天六夜不能入睡。康熙召見隨從大臣，邊說邊哭，羅列了胤礽的罪狀。群臣也為之傷感，泣不成聲。康熙還將廢皇太子胤礽之事宣示天下。

大阿哥胤禔起初在康熙諸子中排行第五，因為前面四個皇子均早殤，按封建禮法，在成年皇子中他的年齡最大，所以被列為皇長子。但是，他的生母惠妃那拉氏只是一位庶妃，遠不及皇二子胤礽的生母皇后的身分高貴。胤禔表面上遵從父命，內心裡對太子的地位是十分渴望的。胤禔在諸皇子中是比較聰明能幹的，三次隨康熙出征、巡視，都有所作為。

第一次是康熙二十九年，也就是 1690 年，年僅十八歲的胤禔奉命隨伯父撫遠大將軍福全出征，指揮軍隊。第二次是康熙三十五年，也就是 1696 年，隨康熙親征噶爾丹，他與內大臣索額圖領御營前鋒營，參贊軍

機，這年三月被封為直郡王。第三次是康熙三十九年，也就是 1700 年，隨同父皇巡視永定河河堤，任總管。三次都取得了康熙的信任。

胤禔一心想奪嫡繼大統，他密切注視著康熙對皇太子胤礽的態度。從康熙二十九年，也就是 1690 年開始，直至康熙四十七年，也就是 1708 年，這近二十年中皇帝和太子之間發生的一系列事件以及隨之引起的關係變化，胤禔看在眼裡，記在心上。

他認為對他謀取皇儲之位創造了有利的條件與時機。胤禔迷信喇嘛教「魘勝」巫術，企圖以喇嘛巴漢格隆的邪術咒死皇太子胤礽，以便取而代之。

康熙四十七年，也就是 1708 年，農曆九月，在塞外行圍時胤礽被廢，胤禔十分得意。康熙器重胤禔，讓他負責監視胤礽，從塞外至京城都由他看守。胤禔認為時機已到，便向父皇進言說：「胤礽所行，卑汙失人心，相面人張明德曾給八阿哥胤禩相面，說他後必大貴。如果您想誅殺他，不必出自皇父之手。」

康熙聽了為之驚異。他暗自思忖：胤禔為人凶頑愚昧，不知義理，倘果同胤禩聚集黨羽，殺害胤礽怎麼辦？但康熙不動聲色，他一面仍令胤禔衛護自己、看管胤礽，私下卻派侍衛暗地裡保護著胤礽，防止胤禔暗害；另一面向諸子大臣宣布：「朕命直郡王胤禔善護朕躬，並無慾立胤禔為皇太子之意。胤禔秉性躁急愚頑，豈可立為皇太子？」

隨後，康熙令胤禔擒獲相面人張明德，叫刑部尚書巢可託、都察院左都御史穆和倫等審訊。經查訊證實，胤禔、胤禩串通一氣，利用相面人張明德圖謀刺殺皇太子胤礽。廢皇太子胤礽後不久，皇三子胤祉向父皇告發胤禔用喇嘛巴漢格隆魘術詛咒廢皇太子之事。

康熙聞聽此事，當即派人前往胤礽住處搜查，果然搜出「魘勝」，確信胤礽為魔術致狂。康熙對胤禔「不顧君臣大義，不念父子之情」氣憤

萬分，斥其為亂臣賊子。康熙四十七年，也就是 1708 年，農曆十一月將胤禔奪爵，在府第高牆之內幽禁起來，嚴加看守。

康熙四十八年，也就是 1709 年，農曆四月，康熙在巡視塞外臨行時又下了一道諭旨：「胤禔鎮魘皇太子及諸皇子，不念父母兄弟，事無顧忌，萬一禍發，我在塞外，我三日後才能知道，何由制止？」

大臣們急忙商議，最後決定派遣八旗護軍參領八人、護軍校八十人、護軍八十人在胤禔府中監守。康熙還不放心，又加派了貝勒延壽，貝子蘇努、公鄂飛，都統辛泰，護軍統領圖爾海、陳泰，並八旗章京十七人，更番監視，還對這些官員下了一道嚴諭：「如果誰玩忽職守，將遭到滅九族之災。」胤禔奪嫡失敗時只有三十七歲，他被囚禁在高牆內竟然長達二十六年。

康熙弄清胤礽是被魘至狂之後，立即召見胤礽，問及以前所作所為，胤礽竟全然不知，是魘勝之術真靈驗還是現在裝傻，只有他自己心裡清楚。

康熙確信胤礽被害，群臣又紛紛建議復立皇太子，康熙經過反覆內心糾結，於康熙四十八年，也就是 1709 年，農曆三月，復立胤礽為皇太子，立太子福晉石氏為太子妃。

時過兩年，康熙又發覺大臣們為太子結黨會飲，於是將這些大臣分別譴責、絞殺、緝捕、幽禁。康熙手諭：

諸事皆因胤礽，胤礽不仁不孝，徒以言語發財囑此輩貪得諂媚之人，潛通消息，尤無恥之甚。

康熙五十一年，也就是 1712 年，再次將皇太子胤礽廢除，禁錮在咸安宮內。胤礽並不甘心，借醫生為其妻石氏診病之機，用礬水寫信與外界連繫，不料又被發覺。

自此，康熙加強戒備，凡大臣上疏立儲者，或處死，或入獄。康熙

認為《尚書・洪範》中記載的「壽、富、康寧、所好德、得善終」這五福中前四項比較容易做到，面對諸皇子爭位，他時刻擔心有被暗害的危險，所以對他來說，最難做到的是第五項。

康熙六十年，也就是 1721 年，農曆三月在康熙慶壽之日，有的大臣上疏立皇太子之事，康熙對此置之不理；事過數日，又有十二人聯名上疏立儲，康熙懷疑這些人為胤礽同黨，均給予處罰。

臨終傳位於四阿哥胤禛

康熙六十一年，也就是 1722 年，農曆十一月十三日，康熙病重，臨終前傳位皇四子胤禛。胤禛將康熙朝兩立兩廢的皇太子胤礽遷居到祁縣鄭家莊，派重兵嚴加看守。雍正二年，也就是 1724 年，農曆十二月胤礽病死於囚禁之地，時年五十一歲。

太子被廢之後，與胤禛爭奪皇位的還有八阿哥胤禩。胤禩生於康熙二十年，也就是 1681 年，農曆二月初十，在康熙諸子中排行第八。胤禩的生母衛氏出生於內管領下奴僕之家，是皇家的家奴，地位比較低微。但是他自幼聰明機靈，工於心計，不甘心因母家卑賤而屈居於眾皇子之後，不但千方百計地討得父親的歡心，而且還盡量交結可資利用的各階層人物。

同時，胤禩很善於與其他皇子搞好關係，並使其中的一些人成為自己的支持者。皇九子胤禟、皇十子胤䄉、皇十四子胤禵都黨附於他，就連大阿哥胤禔也曾為其所用。在當時，胤禩在朝中被稱為「八賢王」。胤禩的目標很明確，他不想只做一個所謂的「賢王」，他瞄準的是太子

的寶座。

　　然而，要實現這一夢想對他來說真不是一件容易的事情，因此，他只能慢慢網羅私黨，積蓄力量，等待時機。對於王公大臣、各級官吏，甚至江湖術士，只要有利用價值，都是胤禩收買的對象。除此之外，胤禩還想方設法在社會上博得好名聲，以為將來晉身獲取更多的資本和輿論支持。

　　康熙四十七年，也就是 1708 年，農曆九月，皇太子胤礽第一次被廢，胤禩及其同黨躍躍欲試。但是康熙對胤禩利用張明德相面為自己立嗣造輿論的行為深惡痛絕，導致胤禩在他心裡的形象大損。不久，康熙召來滿漢大臣，面諭他們除皇長子胤禔外，可從諸阿哥中推舉一人為皇太子，實際上皇帝是希望大家給個臺階，讓胤礽重登太子寶座。

　　康熙還特別提醒眾大臣：「若議論時互相瞻顧，別有探聽，都是不允許的。」這時，領侍衛內大臣阿靈阿、鄂倫岱及尚書王鴻緒私相密議，暗通消息，最後書寫「八阿哥」三字於紙，交給內侍梁九功等轉奏。

　　康熙得知諸王和滿漢大臣一致請立當時被自己關在牢獄中的胤禩為皇太子，完全出乎他的意料，十分憤怒，暗自思慮，如以胤禩為皇太子，勢必會出現一個自己所不能控制的權力中心，由此日後必亂。

　　康熙感到事有蹊蹺，深疑其中有鬼，即令內侍梁九功等向諸王和滿漢大臣傳諭說：「立皇太子之事，關係甚大，你們應該憑著公心盡心詳議。八阿哥未嘗經歷大事，近又獲罪，且其母家亦甚微賤，你們再好好想想。」

　　後來，諸大臣奏說：「此事甚大，本非臣等所能定，諸皇子天姿俱聰明過人，臣等在外廷不能悉知……皇上如何指授，臣等無不一意遵行。」與此同時，康熙卻暗自做出釋放胤礽的決定，並為此做了大量準備工作。

　　康熙釋放胤礽的同時，復封胤禩為多羅貝勒，以緩衝因廢立太子引

起的激烈矛盾，穩定人心。然而，康熙對諸臣保舉胤禩為皇太子這件事，仍耿耿於懷。他自謂聽政四十九年以來，唯獨對這件事特別憤懣，要追查幕後根源。康熙意識到，胤禩在朝中已經形成了自己的政治勢力，如果不加以抑制的話，將來會危害到自身。於是對胤禩及其同黨進行了嚴厲的打擊。

康熙四十八年，也就是 1709 年，正月，康熙召來侍衛內大臣、滿漢大學士、尚書等人，當場追查「首倡之人」。經康熙一再追問，有人供出由領侍衛內大臣巴渾德先發言保奏胤禩，康熙立即指出：「我知道了，此事必然是舅舅佟國維、大學士馬齊以當舉胤禩暗示眾人，眾人都畏懼他們，所以才出現了那種結果。」

又經追蹤查問，才證實是由大學士馬齊暗中喻人，互相傳遞所致。於是，馬齊交代胤禩拘禁後，舅舅佟國維與胤禔、胤禩等結黨，謀立胤禩為皇太子，康熙給予嚴厲斥責，不予追究。

由此，胤禩的個人威望和私黨勢力元氣大傷，但胤禩本人並不肯認輸，在康熙朝的最後十年裡，他都沒有放棄對太子之位的爭奪。終於使得康熙痛罵他「系辛者庫賤婦所生，自幼心高陰險，聽信相面人張明德之言，大背臣道，僱人謀殺胤礽，與亂臣賊子結成黨羽，密行險奸，因不得立為皇太子恨朕入骨，此人之險倍於二阿哥也」，並宣稱與胤禩斷決父子之恩。

經過廢立皇太子一番激烈的、複雜的鬥爭，康熙自思身後託付之事，是關係著大清的基業安危的大事，康熙已決意生前不再預立皇太子。康熙五十二年，也就是 1713 年，農曆二月，當大臣們向他陳奏立皇太子時，康熙深有感觸地說：

朕自幼讀書，凡事留意，纖悉無遺，況建儲大事，朕豈忘懷，但關係甚重，有未可輕立者。

　　康熙追述了皇太子胤礽結黨謀權及其驕縱的經歷後，就向大臣們表白不復預立皇太子的心意。他說：

　　宋仁宗三十年未立太子，我太祖皇帝並未預立皇太子，太宗皇帝也未預立皇太子。漢唐以來，太子都很年幼，還能保全無事，而反觀那些太子年紀大了的，其左右群小結黨營私，很少有不發生事端的……我的諸位皇子學問見識都不輸於那些人，但年俱長成，已經分封，其所屬人員，沒有不各擁護他們的主子的，即使立之，能保將來無事嗎？

　　康熙不預立皇太子，卻仍然在選擇著合乎自己心願的繼位人。他說：「太子為國本，朕豈不知，立非其人，關係非輕。……今欲立皇太子，必以朕心為心者，方可立之，豈宜輕舉。」

　　這是康熙在與諸皇子交鋒中逐步意識到的，身為皇位繼承者的太子，直接關係著清朝的前途和命運，因此，康熙一直把他放在重要地位。他心目中的繼位人，必須是「以朕心為心」的人，即是要按照他的意旨行事，並要像他那樣，具有為清王朝的綿延不絕，竭盡心力，孜孜求治的人。

　　所以自康熙四十七年，也就是 1708 年，廢胤礽後，他就立意從德才兩方面對諸皇子進行長期考察，從中選擇合適的繼位人。該年十月，他對諸皇子及眾大臣說：「朕豈敢不慎重地把祖宗基業安置得如磐石般堅固？」

　　晚年，康熙還曾降過旨：

　　朕萬年後，必擇一堅固可託之人與爾等做主，必令爾等傾心悅服，斷不至把麻煩留給諸臣。

　　自康熙四十七年，也就是 1708 年開始，康熙就將自己經歷的事和他的想法，都一一記載下來，封固儲存，尤其是繼位大事，康熙絕不掉以輕心。

到康熙五十六年，也就是 1717 年，農曆十一月，在向諸子與大臣們剖白自己為鞏固清王朝打拚一生的心血與苦衷時，康熙曾說：「十年以來，朕將所行之事，所存之心，俱書寫封固，仍未告竣，立儲大事，朕豈忘耶？」

就這樣，康熙按「以朕心為心者」的標準，長期默默地甄選著最符合自己心意的繼位人。同在立嗣鬥爭中失勢的胤礽、胤禔、胤禩相比，皇四子胤禛則既努力經營自己的勢力，又深藏城府，縝密從事。

在鬥爭中，胤禛一直隱於幕後，他對這場鬥爭知之甚悉，曾竭力站在康熙的立場上，而在背地裡，卻處心積慮時刻進行著有綱領有計畫的經營。他結納人才，籠絡人心，積蓄實力，獲取消息，然而又竭力不讓別人把自己與結黨營私連繫起來。

為了讓競爭對手們放鬆警惕，胤禛故意以富貴閒人的面目出現，給世人留下了一些充滿閒適意味的詩句：

千載勳名身外影，百歲榮辱鏡中華。

聞道五湖煙景好，何緣蓑笠釣汀沙。

為了把自己打扮成與世無爭的逍遙派，胤禛還從諸多佛經中抄錄許多名句，編成《悅心集》，用佛道的遁世思想來掩蓋自己奪取帝位的圖謀。這些做法確實造成了作用，不但迷惑了其他的兄弟，就連英明的康熙也被矇蔽了。

胤禛奪嫡，與順治出家、太后下嫁，並列為清初三大疑案，一直縈繞在人們心頭，無法索解。胤禛在諸皇子中，算得上最有心機的。他生於康熙十七年，也就是 1678 年，農曆十月三十日，一歲的時候，被抱給皇貴妃佟佳氏撫養。因為有了這個淵源，他後來才能認下佟貴妃的弟弟隆科多，而隆科多在胤禛即位的過程中發揮了最關鍵的作用。

胤禛自幼高傲多疑，康熙曾說他「喜怒不定」，在諸皇子中，人緣不

是很好，在相當長的時期內，也沒有顯露出來，康熙也從來沒有正式任命他擔任重要的固定職務。

在康熙四十七年，也就是 1708 年，農曆九月廢太子的時候，他還被拘禁過一段時間。可以說，康熙對他並沒有給予較多的關注。胤禛則把自己打扮成「天下第一閒人」，暗地裡窺伺著機會。他的門下人戴鐸也為他出謀劃策，提出了所謂的奪儲密策。

康熙五十五年，也就是 1716 年，戴鐸到福建擔任知府，在給胤禛寄送土特產的盒子夾層中，暗藏了一封密函，函中稱他在武夷山遇到了一位道士，戴鐸就請他給胤禛算命，結果得的是「萬字命」。胤禛讀後，高興不已，立即密令他「細細寫來」。胤禛得到這個消息，更激起了奪嫡的野心。

戴鐸也在為主子四處活動。康熙五十六年，也就是 1717 年，皇帝召在家養病的大臣李光地入京，戴鐸認為這次可能涉及立太子的事情，於是就在李光地還沒有動身的時候，就到李家拜訪，刺探口風。李光地直言相告：「眼下諸王，只有八王胤禩最賢。」給胤禛當頭潑了一盆冷水。

康熙五十七年，也就是 1718 年，胤禵被封為撫遠大將軍，率軍入藏，一時朝野傳出了皇帝將要立胤禵為太子的說法，這更刺激了胤禛。他比較康熙對自己和其他皇子的態度得出了自己不可能是繼承者人選的結論。這樣一來，他就只有用別的辦法了。

胤禛的主要辦法：一是繼續韜光養晦，避免引起其他人的注意；二是竭力留在京城，等待機會；三是拉攏皇帝親信，積攢力量。康熙幾次要把胤禛派出，胤禛都想盡辦法推託，待在皇帝身邊。

胤禛拉攏的對象，一個是川陝總督年羹堯，他是胤禛原來的門下之人，其妹妹是胤禛的側福晉，他手握重兵，可以監視十四皇子允禵。第二人是理藩院尚書、步兵統領隆科多，他也手握兵權，負責保衛京城宿

衛和暢春園以及宮禁警衛，是個十分關鍵人物。此外還有武英殿大學士馬齊等。

　　為了拉攏禮部侍郎蔡珽，胤禛命馬齊連繫，召其來見，蔡珽以身居學士，不便往來於王府辭謝。康熙六十年，也就是 1721 年，年羹堯入京覲見，再次推薦蔡珽，胤禛讓年羹堯親自去請，但蔡珽仍然不就召，胤禛十分氣憤。

　　到了康熙六十一年，也就是 1722 年，蔡珽到熱河行宮覲見康熙，正好胤禛也在，這才由年羹堯之子年熙引領晉謁了胤禛，從此成為胤禛的心腹，還把左副都御史李紱介紹給了胤禛。由此可見，胤禛在拉攏大臣方面下了多大的力氣。

　　康熙五十七年，也就是 1718 年以後，康熙的身體是每況愈下，經常頭暈目眩，手顫心跳。在康熙六十一年，也就是 1722 年，農曆十月二十一日，他還到南苑打獵，十一月七日，回到暢春園。九日，他身體不適，命胤禛代替自己到南郊行祭天大禮，同時為以防萬一，派人密召胤禵回京。

　　這對胤禛來說，是最後的機會。他利用隆科多的關係，很快控制了暢春園到皇宮的所有地方，實際上是把康熙軟禁了起來。在十、十一、十二日三天中，都是胤禛派護衛、太監到暢春園請安，其他皇子根本沒有面見康熙的機會。康熙本來身體就弱，一直處在感冒發燒狀態，胤禛卻進上參湯，如同火上澆油。因此康熙服用後，病情不但沒有好轉，反而越來越嚴重。

　　胤禛乘機逼宮，康熙連氣帶病，在十一月十三日晚上，就撒手人寰了。而胤禛選擇了祕不發喪，利用這個時間偽造了所謂的康熙遺詔，稱康熙臨終傳位於自己，然後在第二天下午宣布康熙駕崩的消息。所有康熙最後兩天的消息，都是由隆科多和胤禛傳出的，在這個新舊交替的時

間裡，充滿了詭異的氣氛。

在康熙帝統治的六十一年間，他在內政、外交、經濟、科技、文化、軍事等幾乎所有領域，都有非凡的建樹。他對中國歷史和世界文明發展的巨大貢獻，集中地展現了這位千古一帝的豐功偉業。其八大貢獻分別為：

（一）削平「三藩」，鞏固統一；

（二）統一臺灣，開府設縣；

（三）抵禦外侵，締結和約；

（四）親征朔漠，善治蒙古；

（五）重農治河，興修水利；

（六）移天縮地，興建園林；

（七）興文重教，編纂典籍；

（八）吸納西學，學習科技。

任何一個君主，如果做出了上面八項中的任何一項，都足以彪炳史冊，而康熙帝勵精圖治，在這八個方面，都做出了非凡的貢獻，確實做到了空前無人能及。在他統治下，清朝成為當時世界上最大的帝國，幅員最遼闊、人口最眾多、經濟最富庶、文化最繁榮、國力最強盛。

經過苦心經營，清朝的疆域，東起大海，西至蔥嶺，南達曾母暗沙，北跨外興安嶺，西北到巴爾喀什湖，東北到庫頁島，總面積約一千三百萬平方公里，為今天中國的版圖奠定了基礎。

附：康熙朝年表大事記

康熙元年，也就是 1662 年，八齡幼主承大統。1661 年，鄭成功率軍渡過臺灣海峽，在臺灣南部登陸，攻克荷蘭殖民者的巢穴赤嵌城。次年，荷蘭總督投降，鄭氏占領臺灣。

康熙二年，也就是 1663 年，農曆五月，詔天下錢糧統歸戶部，部寺應用，俱向戶部領取，著為令。為慈和皇太后上尊謚孝康慈和莊懿恭惠溫穆端靖崇天育聖章皇后。奉移世祖梓宮往孝陵，奉安地宮。

康熙三年，也就是 1664 年，農曆四月，鰲拜奏內大臣費揚古之子侍衛倭赫擅騎御馬，費揚古怨，被籍家棄市。詔令工部織染局歸內務府。

康熙四年，也就是 1665 年，農曆九月，冊立輔臣索尼之孫女赫舍芮氏為皇后；十月，康熙帝首至南苑校射行圍。

康熙五年，也就是 1666 年，農曆十二月，鰲拜矯旨殺蘇納海、朱昌祚、王登連。

康熙六年，也就是 1667 年，正月，封世祖第二子皇兄福全為裕親王。六月，索尼病死。七月，康熙親政。九月，命修《世祖實錄》。康親王傑書議蘇克薩哈罪。十一月冬至，祀天於圜丘，奉世祖章皇帝配享。

康熙七年，也就是 1668 年，正月，建孝陵神功聖德碑。加鰲拜、遏必隆太師。三月結束清初的曆法之爭，授南懷仁為欽天監監副。調整墾荒政策。

康熙八年，也就是 1669 年，農曆五月，擒鰲拜。禁止虐待奴僕和人殉。

康熙九年，也就是 1670 年，正月，祈谷於上帝，奉太祖高皇帝、太宗文皇帝、世祖章皇帝配享。起遏必隆公爵，宿衛內廷。五月，加上孝

康章皇后尊諡，升祔太廟。七月，奉祀孝康章皇后於奉先殿。十月，頒《聖諭》十六條。改內三院為內閣，復設中和殿、保和殿、文華殿大學士。諭禮部舉行經筵。

康熙十年，也就是 1671 年，正月，封世祖第五子常寧為恭親王。二月，命編纂《孝經衍義》。

康熙十一年，也就是 1672 年，農曆二月，康熙帝至先農壇首次行耕籍禮。朝日於東郊。愛新覺羅·胤禔出生，是為皇長子。

康熙十二年，也就是 1673 年，正月，幸南苑，大閱八旗將士。此後或行大閱於盧溝橋，或玉泉山，或多倫諾爾，地無一定，時間亦不以三年為限。「三藩之亂」爆發。再次禁止虐待奴僕和人殉。準噶爾部內亂。

康熙十三年，也就是 1674 年，農曆五月，嫡長子、皇次子胤礽生，皇后崩於坤寧宮，諡號「仁孝皇后」。十二月，康熙帝擬前往親征「三藩」叛亂，王大臣以京師為根本重地，且太皇太后年事已高，力諫乃止。提督王輔臣在陝西策應「三藩」叛亂，殺經略莫洛。

康熙十四年，也就是 1675 年，農曆四月，以上諭確立經筵的形式為侍臣進講，然後皇帝復講，互相討論以達到對經義有所闡發。十二月，冊嫡子胤礽為皇太子，詔告天下。

康熙十五年，也就是 1676 年，正月，以建儲上太皇太后、皇太后徽號。因軍需浩繁，民力唯艱，暫停仁孝皇后陵寢建造之工。十月，康熙帝命講官進講《通鑑》。耿精忠勢窮而降，「三藩」叛域浙、閩、陝漸次平定。

康熙十六年，也就是 1677 年，農曆二月，幸南苑行圍。大閱於南苑，命內大臣、大學士、學士諸文臣亦俱披甲。皇三子愛新覺羅·胤祉出生。

康熙十七年，也就是 1678 年，正月，詔中外臣工各舉博學通才之

人，以備顧問，由皇帝親試。大學士李霨等舉薦曹溶等 71 人，命赴京齊集請旨。二月，制《四書講疏義序》。皇后鈕祜祿氏崩於坤寧宮，輟朝五日，諡曰孝昭皇后。十月三十日，皇四子愛新覺羅‧胤禛出世。

康熙十八年，也就是 1679 年，正月，平定「三藩之亂」已取得階段性勝利，康熙帝御午門宣捷。達賴授予噶爾丹博碩克圖汗稱號。

康熙十九年，也就是 1680 年，農曆四月，以學士張英等供奉內廷，日備顧問，下部優恤，高士奇、杜訥均授翰林官。命南書房翰林每日晚講《通鑑》。宗人府進《玉牒》。設武英殿造辦處。諭：凡放匠之處，妃、嬪、貴人等不許行走，待晚間放匠後方許行走。

康熙二十年，也就是 1681 年正月，增置講官。平定「三藩之亂」。皇八子愛新覺羅‧胤禩出生。

康熙二十一年，也就是 1682 年正月，上元節，賜群臣宴，觀燈，用柏梁體賦詩。上為制《昇平嘉宴詩序》，刊石於翰林院。

康熙二十二年，也就是 1683 年，農曆二月，康熙帝初次幸五臺山。五月，設漢軍火器營。皇九子愛新覺羅‧胤禟出生；皇十子愛新覺羅‧胤䄉出生。

康熙二十三年，也就是 1684 年，正月，命整肅朝會禮儀。首次纂修《大清會典》，自崇德元年至康熙二十五年。二月，以薩克素兵臨雅克薩。四月，諭講官，講章以精切明晰為尚，毋取繁衍。九月，康熙帝初次南巡啟鑾。十月，開放海禁。南巡途徑黃河，視察北岸諸險。十一月，南巡至江寧，謁明孝陵。迴鑾時次曲阜，詣孔廟，瞻先聖像，講《日經》，詣孔林酹酒，書「萬世師表」，留曲柄黃蓋。是年，用施琅議，於臺灣設府、縣等，隸福建行省。

康熙二十四年，也就是 1685 年，正月，諭內務府總管大臣：將皇城外三宮女子養病之吉徵房移至皇城內幽靜處。諭享太廟時贊禮郎讀祝

文對御名可不避。試翰詹官於保和殿，康熙帝親定甲乙，其不稱職者改官。二月，諭滿洲家奴及漢人太監家奴有逃走在外私自淨身者，不宜內用。廢除圈地令。收復雅克薩，簽訂《尼布楚條約》。

康熙二十五年，也就是 1686 年，正月，俄重據雅克薩。二月，重修《太祖實錄》完成。皇十三子愛新覺羅·胤祥生。

康熙二十六年，也就是 1687 年，農曆二月，命八旗都統、副都統更番入直紫禁城。三月，康熙帝御太和門視朝，諭大學士等詳議政務缺失，有所見聞，應入陳無隱。十二月，孝莊太皇太后去世。

康熙二十七年，也就是 1688 年，農曆二月，定宗室襲封年例。御史郭琇參奏明珠、余國柱等結黨，明珠、余國柱免職，明珠之黨遭罷免。四月，康熙帝躬送太皇太后靈柩奉安暫安奉殿。其後起陵，稱昭陵。噶爾丹進攻漠北蒙古部。皇十四子愛新覺羅·胤禵出生。

康熙二十八年，也就是 1689 年，正月，康熙帝第二次南巡，臨閱河工。二月，康熙帝抵達浙江紹興，祭大禹陵，親制祭文，書名，行九叩禮，制頌刊石，書額曰「地平天成」。七月初九，立皇貴妃佟佳氏為皇后，初十皇后去世，諡「孝懿皇后」。

康熙二十九年，也就是 1690 年，農曆二月，謁遵化孝陵。三月，詔修三朝國史。康熙御駕親征，一征噶爾丹。

康熙三十年，也就是 1691 年，農曆三月，翻譯《通鑑綱目》成，康熙帝制序文。

康熙三十一年，也就是 1692 年，農曆九月，大閱於玉泉山，改玉泉山澄心園為靜明園。十月，停直省進鮮茶及賚送表箋。十二月，召科爾沁親王沙津入京，面授機宜，使誘噶爾丹。

康熙三十二年，也就是 1693 年，農曆二月，因太監月錢領到隨即花掉，以至衣衫襤褸，諭令照八旗之例，借給官銀。策旺阿拉布坦遣使入

貢，報告使臣馬迪被害及噶爾丹密事。九月，修盛京城。

康熙三十三年，也就是 1694 年，農曆二月，大學士請間三四日一御門聽政。康熙帝曰：「昨諭六十以上大臣間日奏事，乃優禮老臣耳。若朕躬豈敢暇逸，其每日聽政如常。」因康熙帝優禮老臣，諭六十以上大臣隔日奏事，故而大學士請問皇帝可否三四日舉行一次御門聽政，康熙帝不允。

康熙三十四年，也就是 1695 年，農曆二月，太和殿修繕完成。五月，上巡畿甸，閱新堤及海口運道，建海神廟。六月，冊封皇太子妃石氏。十一月，大閱於南苑，定大閱鳴角擊鼓聲金之制。

康熙三十五年，也就是 1696 年，正月，下詔親征噶爾丹。於西苑蕉園設內監官學，以敕授太監讀書。二月，康熙帝親統六師啟行，二征噶爾丹。命皇太子留守，凡部院章奏聽皇太子處理。妃赫舍芮氏逝，追贈平妃。

康熙三十六年，也就是 1697 年，正月，上諭：「朕觀《明史》，一代並無女後預政，以臣凌君之事。我朝事例，因之者多。朕不似前人輒譏亡國也。現修《明史》，其以此諭增入敕書。」二月，康熙帝第三次親征噶爾丹於寧夏，命皇太子留守京師。遣官祭黃河之神。四月，費揚古疏報閏三月十三日噶爾丹仰藥死。康熙帝率百官行拜天禮。敕諸路班師。七月，以朔漠平定，遣官告祭郊廟、陵寢、先師。十一月，和碩恪靖公主下嫁喀爾喀郡王敦布多爾濟。

康熙三十七年，也就是 1698 年，正月，康熙帝巡幸五臺山。命皇長子胤禔、大學上伊桑阿祭金太祖、世宗陵。三月，封皇長子胤禔為直郡王、皇三子胤祉為誠郡王，皇四子胤禛、皇五子胤祺、皇七子胤祐、皇八子胤禩俱為貝勒。五月，裁上林苑。七月，命吏部月選同、通、州、縣官引見。霸州新河成，賜名永定河，建河神廟。奉皇太后東巡，取

道塞外。

康熙三十八年，也就是 1699 年，正月，釋出南巡詔旨：一切供給，由京備辦，勿擾民間。二月，第三次南巡啟鑾。閏七月，巡塞外。

康熙三十九年，也就是 1700 年，正月，閱視永定河工程。二月，親自指示修永定河方略。命費揚古、伊桑阿考試宗室子弟騎射。

康熙四十年，也就是 1701 年，正月，以河伯效靈，封為金龍四大王。五月，御史張瑗請毀前明內監魏忠賢墓，從之。

康熙四十一年，也就是 1702 年，正月，詔修國子監。六月，康熙帝制《訓飭士子文》，頒發直省，勒石學宮。

康熙四十二年，也就是 1703 年，正月，大學士諸臣祝賀康熙帝五旬萬壽，進「萬壽無疆」屏風，卻之，僅收其寫冊。南巡，閱視黃河。

康熙四十四年，也就是 1705 年，正月，《古文淵鑑》成，頒賜廷臣，及於學宮。二月，康熙帝第五次南巡閱河。嚴禁太監與各宮女子認親戚、叔伯、姐妹，違者置於重典。

康熙四十五年，也就是 1706 年，農曆五月，巡幸塞外。建避暑山莊於熱河，為每年秋獮駐蹕行宮。六月，詔修《功臣傳》。七月，駐蹕熱河。十月，行武殿試。

康熙四十六年，也就是 1707 年，正月，康熙帝第六次南巡。六月，巡幸塞外。皇三子胤祉迎康熙帝於自己邸園，侍宴，嗣是歲以為常。南書房翰林陳邦彥輯唐宋元明題畫諸詩成，康熙帝親為閱定成《歷代題畫詩類》一部。七月，駐蹕熱河。巡幸諸蒙古部落。

康熙四十七年，也就是 1708 年，正月，重修南嶽廟成，御製碑文。四月，捕獲明崇禎帝後裔，年已七旬的朱三及其子，斬於市。重修北鎮廟成，御製碑文。六月，駐蹕熱河。《清文鑑》成，上制序文。九月，垂淚廢太子。

康熙四十八年，也就是 1709 年，正月，召集廷臣，審問誰為首倡立胤礽者，群臣惶恐。乃問張廷玉，對曰「聞之馬齊」，次日，列馬齊罪狀，宥死拘禁。後察其有誣，釋放馬齊。三月，復立太子。

康熙四十九年，也就是 1710 年，正月，皇太后七旬萬壽，諭禮部：「瑪克式舞，乃滿洲筵宴大禮，典至隆重。今歲皇太后七旬大慶，朕亦五十有七，欲親舞稱觴。」命刊刻《淵鑑類函》四十四部。命修《滿漢合璧清文鑑》。

康熙五十年，也就是 1711 年，免除全國錢糧，並帶積欠。皇孫愛新覺羅‧弘曆出生。

康熙五十一年，也就是 1712 年，盛世滋丁不加賦。九月，廢太子。

康熙五十二年，也就是 1713 年，農曆二月，大臣趙申喬疏言太子國本，應行冊立。上以建儲大事，未可輕定，宣諭廷臣，以原疏還之予以否決。三月，六旬萬壽節，舉行千叟宴，此為千叟宴之創始。七月，詔宗人削屬籍者，子孫分別繫紅帶、紫帶，載名《玉牒》。

康熙五十三年，也就是 1714 年，正月，命修壇廟殿廷樂器。二月，前尚書王鴻緒進《明史列傳》二百八十卷，命付史館。十月，命大學士、南書房翰林考定樂章。十一月，誠親王胤祉等以御製《律呂正義》進呈。冬至，祀天於圜丘，奏新樂。

康熙五十四年，也就是 1715 年，正月，詔貝勒胤禩：延壽溺職，停食俸。十月，諭大學士：「朕右手病不能寫字，用左手執筆批答奏摺，期於不洩露也。」十一月，廢太子胤礽以礬水作書，囑大臣普奇舉己為大將軍，事發，普奇獲罪。於京畿小湯山建湯山行宮。

康熙五十五年，也就是 1716 年，農曆十一月，準噶爾部策旺阿拉布坦禍亂西藏。是年校刊《康熙字典》，康熙帝自為序。

康熙五十六年，也就是 1717 年，正月，修《周易折中》成，頒行學

宮。五月，九卿議王貝勒差人出外，查無勘合，即行參究。七月，策旺阿拉布坦遣將侵擾西藏，殺拉藏汗，囚其所立達賴。十一月，皇太后不豫，上省疾慈寧宮。釋出詔書，回顧一生，闡述為君之難；並言自今春開始有頭暈之症，形漸消瘦；特召諸子諸卿詳議立儲大事。十二月，皇太后逝。康熙帝亦病七十餘日，腳面浮腫。是年，禁赴南洋貿易，赴東洋者照舊。

康熙五十七年，也就是 1718 年，農曆二月，翰林院檢討朱天保上疏請復立胤礽為皇太子，康熙帝於行宮訓斥之，命誅之。三月，上大行皇后諡號為孝惠仁憲端懿純德順天翊聖章皇后。裁起居注官。四月，葬孝惠章皇后於孝東陵。七月，修《省方盛典》。十月，命皇十四子胤禵為撫遠大將軍，進軍青海。命翰林、科道官入直。命皇七子胤祐、皇十子胤䄉、皇十二子胤祹分理正黃、正白、正藍滿蒙漢三旗事務。

康熙五十八年，也就是 1719 年，正月，詔立功之臣退閒，世職准子弟承襲，若無承襲之人，給俸終其身。二月，學士蔣廷錫表進《皇輿全覽圖》，頒賜廷臣。四月，命撫遠大將軍胤禵駐師西寧。十月，命豢養齋舉人王蘭生修《正音韻圖》。

康熙五十九年，也就是 1720 年，農曆二月，冊封新胡畢勒罕為六世達賴喇嘛，結束了五世達賴喇嘛之後的西藏宗教領袖不定的局面。十月，詔撫遠大將軍胤禵會議明年師期。皇三子胤祉之子弘晟被封為世子，皇五子胤祺之子弘升為世子，班俸均視貝子。定外藩朝覲年例。

康熙六十年，也就是 1721 年，正月，康熙帝以御極六十年，遣皇四子胤禛、皇十二子胤祹、世子弘晟祭永陵、福陵、昭陵。三月，大學士王掞先密疏復儲，後御史陶彝等十三人疏請建儲，康熙帝不許，王掞、陶彝等被治罪，遣往軍前效力。四月，詔釐定歷代帝王廟崇祀祀典。九月，上制平定西藏碑文。十月，召撫遠大將軍胤禵來京。

康熙六十一年，也就是 1722 年，正月，舉行千叟宴，康熙帝賦詩，諸臣屬和，題曰《千叟宴詩》。三月，至皇四子胤禛邸園飲酒賞花，命將其子弘曆養育宮中。十月，命雍親王胤禛等視察倉儲。十一月，康熙帝不豫，還駐暢春園。命皇四子胤禛恭代祀天。病逝。即夕移入大內發喪。

遺詔皇四子胤禛繼位，是謂雍正帝。遺詔真偽，引發繼位之謎。以貝勒胤禩、皇十三子胤祥、大學士馬齊、尚書隆科多為總理事務王大臣。召撫遠大將軍胤禵回京奔喪。誠親王胤祉上疏，援例陳請將諸皇子名中「胤」字改為「允」字。

康熙盛治，清帝國的奠基者：
創建盛世背後的危機與轉機

編　　著：陳深名，李丹丹

發 行 人：黃振庭

出 版 者：崧燁文化事業有限公司

發 行 者：崧燁文化事業有限公司

E-mail：sonbookservice@gmail.com

粉 絲 頁：https://www.facebook.com/
　　　　　sonbookss/

網　　址：https://sonbook.net/

地　　址：台北市中正區重慶南路一段六十一號八
　　　　　樓 815 室

Rm. 815, 8F., No.61, Sec. 1, Chongqing S. Rd.,
Zhongzheng Dist., Taipei City 100, Taiwan

電　　話：(02)2370-3310

傳　　真：(02)2388-1990

印　　刷：京峯數位服務有限公司

律師顧問：廣華律師事務所 張珮琦律師

-版權聲明

定　　價：420 元

發行日期：2024 年 04 月第一版

◎本書以 POD 印製

國家圖書館出版品預行編目資料

康熙盛治，清帝國的奠基者：創建
盛世背後的危機與轉機 / 陳深名，
李丹丹 編著 . -- 第一版 . -- 臺北市
：崧燁文化事業有限公司 , 2024.04
面；　公分
POD 版
ISBN 978-626-394-122-9(平裝)
1.CST: 清聖祖 2.CST: 傳記
627.2　　113002989

電子書購買

臉書

爽讀 APP